促进新农村建设的
投融资体系研究

Cujin Xinnongcun Jianshe De
Tourongzi Tixi Yanjiu

谢升峰◎著

人民出版社

前　言

　　农村投融资问题一直以来备受国内外学者的广泛关注，相关研究主要集中在关于农村投融资制度的重要性、发展中国家农村投融资不足及农村投融资体制落后的制度根源性分析等方面。此外，关于农村财政、金融及农民投融资的分项研究文献也十分丰富。在农村投融资实践方面，美国、日本、韩国、欧盟等国家和地区提供了有益的经验借鉴。

　　党的十六届五中全会提出了建设社会主义新农村的重大课题。为适应现实需要，本书做出了关于"建立促进社会主义新农村建设的投融资体系"的研究选题，目的是为完善新农村建设的融资服务体系提供对策建议，为确定新农村建设投资目标、方向、结构，提高新农村建设的社会效益提供指导，为完善新农村建设投融资制度及运行机制提供理论依据。

　　新农村建设面临着巨大的资金缺口。根据本书的预测，从2009 年到2020 年，每年的资金缺口高达3000 亿元。解析农村投融资存在着巨大缺口的原因，本书认为根源于农村金融生态恶化、农业投资体制与经营体制不完善以及各农业投资主体行为不合理三个方面：我国广大农村的金融生态相当脆弱，已经成为我国新农村建设中金融机构实现有效投融资的制约因素；产业投资体制改革客观上弱化了国家农业投资的宏观调控功能，政府可增加农业投资的财力也受到现行产业投资体制的制约；现行税制缺陷成为农村基层财源不足的根源之一，事权不分导致农业财政投资主体模糊；固化的农业经营体制也使得农户对农业追加投资的热情和动力受到抑制；农民、中央政府与地方政府的行为博弈也弱化了农业投资的动力与规模。

从财政对农业的投融资方面而言，总量不足、结构不完善及效率不高是一大特征。我国财政农业投融资总量不足主要体现在相对量增长不足，地方政府财政自给能力不够以及财政融资渠道单一等方面；财政农业投资结构也不尽合理，表现为财政支农资金也并未全部用于农业、农村和农民，经济性支出比重过大而社会性支出比重明显不足，对大江大河治理投入过多而小型水利建设严重落后，农村科技推广经费也严重不足。农业财政投融资制度也处于缺失状态，缺乏必要的运作制度，运作机构不健全，引导机制不活。财政在农业方面的资金使用上存在着低效率和软约束问题，投资效率亟待提高。

金融方面，如何建立一个功能完善、分工合理、产权明晰、监管有力的农村金融的投融资体制尤显重要。但现状是：农村金融资源配置极不均衡，部分地区还存在金融服务空白；农村金融机构定位仍不很明确，法人治理结构不完善的问题仍较为突出；虽然近年来农村金融机构不良贷款率有所下降，相对仍然较高；农业保险、信贷抵押担保、农村信用体系建设以及农村地区的金融生态环境等方面也还存在一些问题，尚不能完全适应农村金融发展的要求。首先，在农村政策性金融方面，主要表现为政策性金融投融资体制与机制不活。由于资本不足，融资结构与业务单一，中国农业发展银行投融资能力存在功能障碍；作为国有商业银行的中国农业银行，其市场定位和经营策略发生了重大变化，商业化经营行为日趋突出，离农化趋势明显；而由于历史遗留问题、产权与体制障碍、经营机制、环境与业务问题，农村信用社难以适应农村经济发展的需要，跟不上新农村如火如荼建设的步伐；邮政储蓄银行仍然没有改变其在农村资金流向城市过程中所起到的"虹吸器"功能；中国新型农村金融机构适应了农村金融多元化的需求，但在发展目标定位、覆盖面及可持续性方面面临挑战；农村非正规金融对于新农村建设的融资体系而言是有益的补充，但发展亟待规范。

农民投融资方面。改革开放以来，农民已经成为了农业投资的基本主体。但现实中农民对新农村建设总体认识不够，在新农村建设中的投融资行为并不必然具有主动性和积极性。从农民投资行为方面看，数量萎缩与"去农化"突出，且其投资规模受收入、信贷约束等多重限制；从农民融资行为看，主要体现为逆向脱媒与金融啄序的现象比较严重。由于融资渠道尤其是小额信贷渠道不通，导致农民资金匮乏。政府对农民在新农村建设中的投资行为缺乏引导，在硬环境投资不足的同时忽视了"软环境"投资。

为了构建促进新农村建设的投融资体系，首先，必须重构农村财政投融资制度。在总量层面，除了中央财政可每年从财政收入增量中安排一块，增加投入之外，还要重点增强农村基层政府自主培育财力的能力；在制度层面，要实施农村财政融资制度创新；在运作层面，必须构建统一的农村财政投融资运作体系；在效率层面，必须将结构的改善与管理体制的创新并重。其次，要创新农村金融机构的投融资体制。通过将政策性业务集中管理，拓宽农业发展银行的业务范围与融资渠道，完善财务补偿制度，建立政策性金融法规及有效的金融管制制度等措施，来深化政策性金融投融资制度改革；通过历史包袱的化解，保证合作性质的体制改革，健全经营机制与融资环境，实施业务的回归与创新，来优化农村信用社在新农村建设中的融资保障机制；通过大力发展农村社区银行，解决发展目标问题，以市场化手段解决贫困者及低收入群体发展所需的金融服务，以创新与风险防范实现农村微型金融的可持续发展；通过合理引导农村非正规金融的发展，稳步推进利率市场化进程，来规范农村非正规金融；通过调整邮政储蓄银行的经营制度，进一步建立农村资金的良性循环机制；还要大力发展农村资本市场，建立新农村建设中的资金回流机制。最后，要优化新农村建设中农户投融资行为。通过重塑微观农业投入机制，改革农用土地制度以强化农民对土地投资的制度动因，深化农业产业化战略以强化农民投资的利益分配机制，增强农民积累投资能力，提高农民的劳动投入对资本投入的替代程度，达到优化农民投资行为与投资结构的目的。还要通过扩大农村担保物范围，对涉农金融机构实行涉农贷款优惠，改变以农民为主体的农村信用形态，以减少逆向脱媒，改善农户融资环境。

目　录

一、研究背景与研究意义

党的十六届五中全会提出了建设社会主义新农村的重大课题。社会主义新农村，是指在社会主义条件或社会主义制度下，反映一定时期农村社会以经济发展为基础，以社会全面进步为标志的社会状态。建设社会主义新农村是我国现代化进程中的重大历史任务，是统筹城乡发展和以工促农、以城带乡的具体化，是制止城乡差距拉大趋势、扩大农村市场需求的根本出路，是解决"三农"问题、全面建设小康社会的重大战略举措。建设社会主义新农村，对于当前我国扩大内需与发展经济、缩小城乡差距与实现共同富裕以及构建社会主义和谐社会具有重大意义。

建设社会主义新农村，总的要求是"生产发展、生活宽裕、乡风文明、村容整洁、管理民主"。这20个字表明，社会主义新农村建设主要包括以下几个方面：一是发展经济、增加收入。这是建设社会主义新农村的首要前提。要通过高产高效、优质特色、规模经营等产业化手段，提高农业生产效益，不断提高农村生产力水平；二是千方百计改善农民生活，这是建设新农村的根本目标。推进新农村建设，必须千方百计增加农民收入，提高农民生活水平和生活质量，努力使广大农民的生活有比较明显的改善；三是培育新型农民、提高农民素质。必须加快发展农村教育和文化事业，加大农村劳动力技能培训力度，培养造就有文化、懂技术、会经营的新型农民，提高农民的整体素质。要加强精神文明建设，倡导健康文明的社会风尚；要发展农村文化设施，丰富农民精神文化生活；四是建设村镇、改善环境。包括住房改造、垃圾处理、安全用水、道路整治、村屯绿化等内容；五是积极健全乡村治理。尊重农民的民主权利，是党处理与农民关系的一个基本经验和基本准则，也是确保新农村建设顺利推进的重要保障。因此必须加强村级自治组织建设，引导农民主动有序参与乡村建设事业。此外，还必须扩大公益、促进和谐。如实施新型农村合作医疗，使农民享受基本的公共卫生服务；要加强农村养老和贫困户的社会保障；要统筹城乡就业，为农民进城提供方便。由此看来，社会主义新农村建设既是物质文明的建设，也是精神文明的建设，是一个庞大的系统工程，涵盖了经济建设、政治建设、文化建设和社会建设，需要庞大的资金支持。基于此，本书提出如何促进新农村建设的投融资体系的建设问题，具有如下重大意义。

（一）为完善新农村建设的融资服务体系提供对策建议

构建新农村建设的融资服务体系是一个全局性与系统性的工程。当前我国农村融资服务体系尚不健全，一方面财政支农欠力度、支农效果不明显；另一方面农村资金外流严重，金融服务整体上不能满足新农村建设要求。集中体现在：

第一，财政预算资金有限，使用效率不高。财政支农资金是我国财政支出的一个重要组成部分，对农业的支持也一直是我国财政工作的一项重要任务。改革开放以来，我国对财政税收分配关系进行了较大范围的调整，实行分税制的财税体制以后，地方财政特别是省级以下财政支农资金明显弱于中央，地方农业发展在很大程度上依赖于上级财政。国家财政收入相对规模的减少和地方财力的有限性使得财政支农支出规模下降。自1991年始，财政支农支出占财政支出的比重进入了一个持续下降的阶段，由

1991年的10.26%下降到1997年的8.3%；1998年如果剔除增发国债因素，财政支农支出的比重只有8.2%；1999年又比1998年大幅下降了2.9个百分点，2000～2005年支农支出的比重分别为7.75%、7.71%、7.17%、7.12%、9.67%、7.22%。财政支农绝对量虽说随着政府对农业的重视有所增加，但财政支农占整体财政支出的比重依然偏低。2006年中央财政支农总额为3172.97元，占当年财政总支出比重也仅为7.85%。此外，财政支农资金在使用上一直存在着低效率问题，农村财政投融资制度缺失，管理体制与运行机制也亟待理顺。

第二，我国农村金融机构未能为农村经济发展提供高效的金融服务，成为制约新农村建设与农村经济发展的一个瓶颈。目前我国农村金融服务主体仍然是传统的农村信用合作社，农村融资服务体系尚不健全。大多数年份，农村地区从国家金融系统获得的金融资源不到总量的1/7，农业贷款及乡镇企业贷款分别占全国贷款余额的5%和6%左右，而这不到11%的贷款却支撑着超过40%GDP财富的创造。1994年到2004年农村存贷差额累计达到40876.52亿元（尚不包括乡镇企业存款），大量商业性金融机构撤离农村，造成农信社"一农独大"，垄断地位不断强化。与此同时，农村对非正规金融的融资依赖性增强。我国现有2.4亿农民，只有15%的农民获得过正规金融机构的贷款，其余85%都是通过民间借贷融资，农村大部分私营中小企业基本上是寻求非正式债权、股权市场融资。这就是农村的融资现状。而对于农村非正规金融，由于缺乏合理的引导和监管，加之其固有的分散性、隐蔽性等特征，容易产生较多的纠纷，因而往往成为政府遏制和打压的对象，长期处于"黑市"状态，而不能很好地服务于农村投融资活动。

第三，农业资金外流及资金的非农化使用现象十分严重。根据杨少俊2002年的研究结果，邮政储蓄系统在县及县以下年吸收三千多亿元存款直接流出了农村，另外，商业银行吸储年流出农村的资金也有 2000 亿～3000 亿元。截至 2005 年，为农村服务的主要金融机构共从农村转移了 1.87 万亿元，2005 年年底邮政储蓄从农村吸收的存款余额达到 8839 亿元，并转存中央银行，加剧了农村资金供求矛盾。随着银行类金融机构的大撤退，农村经济的"贫血症"和"失血症"日益严重。据中国人民银行郑州中心支行对河南全省 120 多家县市国有商业银行的调查统计，截至 2006 年 6 月末，这些银行各项存款余额为 1808.02 亿元，各项贷款余额为 1496.77 亿元，净存差 1311.25 亿元。剔除法定准备金、备付金、固定资产、联行汇差和亏损占用等因素，约有 1230 亿元资金被上存而外流。而 1997 年，这 120 多家县市国有商业银行的净存差只有 121.8 亿元。各地只存不贷的邮政储蓄机构被人们称为"资金漏斗"。此外，农业资金非农化现象也十分突出。表现为：信贷资金向中心城市和工业城市集中，向优势行业集中，向大型骨干企业和上市公司集中。中国人民银行郑州中心支行调查统计表明，2004 年年末，郑州、洛阳、安阳、新乡、焦作五个工业城市贷款余额占全省贷款余额的 72.47%。其中，仅郑州市贷款余额就占全省的 57.02%。电力、电信、交通、钢铁、电解铝、石化六个行业的 26 户企业贷款余额，占到全省贷款余额的 23.68%。

第四，农民融资受限，对农业投资缺乏激励机制。在我国现有农村经营体制下，在坚持农地使用权永久不变的前提下，人们很少重点研究如何激励农民长期投资。农民长期投资可以分解为对土地投资、固定资产投资和劳动投资三个方面，三个方面的投资缺一不可，但是在现行农村经营体制下，我们还不能通过保障农民投资收益权、建立农地流通机制和弱化乡村集体权利，以建立农民家庭的长期投资激励机制。另外，农村长期的金融抑制使得农民投资缺乏金融支持，尤其是正规金融信贷支持缺乏，使得农民不得不借助于非正规金融，形成严重的逆向脱媒和金融啄序现象。

（二）为确定新农村建设投资目标、结构，提高新农村建设的社会效益提供指导

目前许多基层县市对新农村建设投资目标不太清楚，容易导致重复建设及无效投资，浪费资金，甚至加重农民负担。一些地方把新农村建设等同于"新村建设"，把新农村规划搞成了"新村规划"，对解决农民生产生活实际问题力度不大。很多地方干部错误地认为，新农村贵在一个"新"字，所以首要的是让旧村换新装，为此把有限的财力投入到村容整洁上。中部地区有个乡镇要求各村将墙壁统一粉刷成"上黄下蓝"，给民房"穿裙戴帽"，结果有个村筹集到新农村建设资金 20 万元，仅粉刷墙面就花去 9 万元，装饰屋顶花去 6 万元。一些地方超越发展水平，攀比发达地区，把新农村建设规划和建设标准定得太高；有的地方不恰当地要求，甚至在公路沿线用涂料"画"新房；有的地方新村建设不突出乡村、民族特色。一些地方将新农村建设资金全部投于物质建设，而忽视了对于培养新型农民、强化民主管理制度等方面的精神文化建设方面的投入，甚至走向舍本逐末的异端。这种重外轻内、重村庄整治轻产业发展、重物质建设轻精神文明建设的投入观，显示出不科学的发展观，而这种急功近利的做法背后，是"干部任内快速出成果"的扭曲政绩观，亟须纠正。本书试图在重点研究新农村建设融资体系同时，对如何优化新农村建设的投资体系也提出了一些建议，以确定投资重点与次序，内容与范围，从而提高社会效益，达到党中央预定的目标。

（三）为完善新农村建设投融资制度及运行机制提供理论依据

新农村建设是系统工程，新农村建设的投融资制度的建立及运行机制的重铸是此系统工程中复杂与关键的一环。农业和农村经济是我国产业和经济发展中最为薄弱的环节，具有高投入、低产出的显著特征。目前国内农村经济普遍存在着农民收入水平较低、发展农业产业化资金严重短缺、生产经营资金自给能力不足等问题。如对农村公共产品和公共服务的投入不足，对农村基础设施、基础教育和公共卫生等基础性建设的缺失，都反映了建立农村投融资体系的迫切性。融资是经济发展的第一推动力，只有有了充足的资金，新农村建设的很多工作才可以开展起来。新农村建设的融资和投资问题不仅仅是资金的问题，农村财政、农村金融既要为新农村建设提供必要的财力和物质基础，又要建立一个健康稳定运行的通畅的资金融通体系。健康的农村财政与金融投融资体系可以有效地进行资本要素配置，建立起支持农村建设资金循环的长效机制，进而可以有效地解决市场空白、缺损和体制落后等深层次问题，使新农村建设发展步入良性循环的轨道。因此，根据农村资金需求的特点，探讨如何建立一个功能完善、分工合理、产权明晰、监管有力的农村财政、农村金融机构及农民与农村集体经济组织的投融资体制，发挥农村全方位的投融资在农村经济建设中的作用，有着非常重要的意义。新农村建设是一项全局性的长期的系统工程，需要各方面各部门共同努力。构建新农村建设的投融资体系，以最终确立起支持新农村建设的资金良性循环的长效机制，是我们在新农村建设中面临的重大挑战和课题。本书从总体方面进行了理论设计，包括提出促进新农村建设的农村投融资制度、完善新农村建设投融资运行机制方面的理论，以为政府部门提供创新性和可操作性建议。

二、研究方法与创新之处

本书主要以马克思主义的唯物辩证法和历史唯物主义方法为

研究的指导思想，重点采用抽样调查从而推断总体的方法，同时将需求分析与供给分析相结合，突出对两者关联性的分析；将变量分析与制度分析相结合，突出制度分析；将定性分析与定量分析相结合，突出定量分析；将规范研究与实证研究相结合，突出实证分析。此外，纳入比较的方法进行研究。

本书研究的创新之处主要体现在以下四个方面。

其一，通过数据对新农村建设资金供求缺口进行分析。国家发展改革委员会、银监会等权威机构给出了新农村建设的资金缺口估算数据，但缺乏具体的预测。本书通过历史数据，利用统计回归方法，分别从财政、金融机构及农民角度对新农村建设的资金供求进行预测，求出至2020年新农村建设的资金缺口总量。

其二，从制度视角分析农村投融资不足的成因。纳入博弈论方法、生态学方法及行为学方法，重点突出制度变量，分析金融机构、中央政府与地方政府、农民对农业投资的行为。

其三，在构建农村投融资制度方面的理论性突破。农村投融资制度（尤其是农村财政投融资制度）目前并没有建立。本书提出针对新农村建设成立专门的"农村投融资制度"的构想，涉及主体层面（包括政府、金融机构、农民及社会资金）、运作层面（包括制度设计、体制运行机制）以及保障层面（包括立法规范、担保机制）等三个层面以及投资体系与融资体系两个体系，以保证新农村建设的长期性及可持续性，具有新意，可望突破已有的理论体系。在具体论述当中，本书分别就农村财政投融资体系、农村金融投融资体系以及农民投融资体系进行了论述。

其四，在确立新农村建设投资体系方面的创新。当前对新农村建设的投资问题存在模糊的概念，如以为新农村建设就是新村庄建设等观点。新农村建设的投入问题是重点，包括投入模式、投入方向、目标、主次结构等。本书在部分章节探讨了因地制宜的新农村建设投入模式；探讨了如何同时处理好软件投入（如教育、科技）与硬件投入（如基础设施建设）的关系与投入顺序；也探讨了如何保证投资的社会效益，进行节约性投资，不搞重复建设及无效投资。这些研究有助于在确立新农村建设投资体系方面取得突破性进展。

三、研究结构和主体内容

本书共分九个部分：绪论和八个主体部分。本书首先在绪论中提出本题研究的意义，然后对与本题相关的国内外理论文献进行回顾，对国外农村投融资的有益实践进行探析与比较，再通过时间序列数据预测 2009～2020 年新农村建设的资金供给与需求缺口，对此供求缺口存在的原因进行制度分析；然后分别对财政、金融机构与农民在新农村建设中的投融资问题进行分析；最后提出对策与建议。本书的研究工作方案体现在图 1 中。

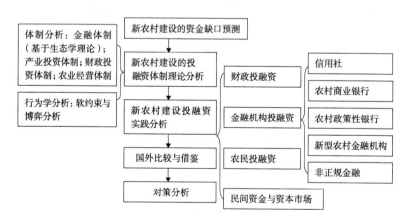

图 1　本书的基本研究框架

本书着手从以下方面构建研究的主体内容框架：

第一章：理论回顾及国外农村投融资实践。在回顾农村投融资的相关理论文献后，主要探讨国外农村投融资的经验，包括日本的"造村运动"以及财政投融资制度，美国西部大开发时的大规模政府投融资，韩国的"新村运动"以及墨西哥、印度、欧盟、孟加拉国等国家的农村投融资情况，在此基础上提炼出了几条值得借鉴的特点。

第二章：新农村建设的资金供求预测。首先，回顾与总结了政府部门以及相关学者对新农村建设资金供求的一些估算；然后，参考统计资料文献，借助时间序列数据，对我国2009～2020年新农村建设的资金供求缺口进行了预测。

第三章：制约新农村建设投融资体系的理论分析。针对新农村建设资金供求缺口，本章将从制度经济学、行为学与博弈论及生态学理论角度来研究农村投融资体制所存在问题的原因。

第四章：促进新农村建设的财政投融资体系。在概述我国财政对农业投融资现状的基础上，对财政农业投融资不足及原因进行剖析，提出了建立农村财政投融资制度的概念。

第五章：促进新农村建设的金融机构投融资体系。这也是本书的研究重点。主要包括对政策性金融机构、农业银行、农村信用社、农村商业银行、邮政储蓄银行、农村新型金融机构的现状考察及问题分析。

第六章：新农村建设中的农民投融资。主要研究影响农民投资及融资的因素，借助全国调查数据资料及湖北省农村固定观察点观测数据进行了实证考察与分析。

第七章：新农村建设投融资实证分析——以武汉市农村金融为例。本章的实证分析以武汉市农村金融投融资情况为例，调查与研究了武汉金融业在新农村建设中的基本情况，尤其在以武汉郊区新洲区为重点样本进行调研的基础上，指出了武汉金融机构对于新农村建设投入的作用和不足之处，进而提出了一些展望。

第八章：重塑新农村建设投融资体系格局的对策。分别就财政、金融机构以及农民等三类重点主体提出对策，这些对策涉及新农村建设投融资的主体结构与组织重塑；新农村建设投融资体制与运行机制创新；新农村建设投融资体系的风险管理、控制及效率整合等问题。

第 一 章

理论回顾及国外农村投融资实践

第一节　农村投融资问题理论研究概况

农村投融资问题一直以来备受国内外学者的广泛关注，相关研究主要集中在以下方面。

一、关于农村投融资的制度分析

这部分的研究主要集中在两个方面。其一，是关于农村投融资制度的重要性及发展中国家农村投融资不足的制度性分析。King 和 Levine（1993）较早就提出以农村金融信贷为主的资金要素是推动农村经济增长的重要金融服务因子，对经济增长至关重要。但同时又指出，发展中国家农村普遍存在金融抑制现象，从而形成了海拉·明特（1964）、爱德华·肖与罗纳德·麦金农提出的所谓"二元金融"问题，导致农村融资制度障碍与投资不足。近来越来越多的文献指出富有效率的农村金融体系及农业投融资对农村经济发展及贫困的缓解效果是显著的（World bank，2004；DFID，2004a），但发展中国家大量的农村金融需求却普遍得不到满足，政策性金融又面临着难以为继的情况（Zeller and Sharma，1998；Buchenau，2003）。其二，是研究农村投融资体制发展落后的制度根源问题。在此方面著名学者林毅夫、何广文、张杰等做了大量研究。张杰（2003）指出，以信用社为主体的农村金融的残缺不全、金融创新能力低下及业务种类贫乏等问题源于根深蒂固的"二元金融结构"。而林毅夫则提出农村投融资体制发展滞后原因内生于中国工业和城市发展的中国金融发展战略缺陷（林毅夫，2003）。

二、关于农村财政、金融及农民投融资的分项研究

（一）对农村财政投融资的研究

在农村投融资中，政府是重要的主体之一。关于农村财政投融资问题，国外理论研究颇为丰富。马克思很早就提出，"在农业中，……，问题不只是劳动的社会生产率，而且还有由劳动的自然条件决定的劳动的自然生产率。可能有这种情况：在农业中，社会生产力的增长仅仅补偿或甚至还补偿不了自然力的减少——这种补偿总是只能起暂时作用"[①]。因此，他认为，农业部门为了不断提高生产率，必须不断提高政府投资水平，从而改善装备条件和生产条件。日本东京大学教授火田精一（1936）在《日本农业的展开过程》一书提出了几个结论：一是传统农业要发展成现代农业必须追加资本；二是追加资本的主体是政府；三是政府追加资本的主要手段是农业补助金和政策性金融；四是农协充当推行补助金农政的"别动队"。这些诊断科学地揭示出政府是农村投融资的重要主体。众多计量研究结果也表明：政府投资政策在影响农业部门的产出方面起着极为重要的作用，并且政府投资的不稳定性对农业发展会产生不良影响。据D. 代·阿科萨瓦斯利用1974～1984年数据对35个发展中国家政府农业投资与产出增长数据的分析[②]表明，日常支出和基建投资平均每增长10%，在非洲，农业产出增长3.5%，在亚洲和中东地区增长3.35%，在拉丁美洲大约增长1%。Antle（1993）

---

① 马克思：《资本论》第3卷，人民出版社1975年版，第846页。
② D. 代·阿科萨瓦斯著：《农村经济文稿》1991年第6期，第46页。

估计了一个单方程生产函数，指出财政对农业基础设施和科学研究的投入能够降低农业生产成本，从而能够提高农业生产力。Binswanger et. al（1993）估计了印度的政府进行基础设施和R&D投入对农业的影响，指出公共基础设施应该投向生产率较高的地区。研究结果还表明，政府对农业投资的不稳定性每增长10%，单位劳动力的农业生产增长率将下降0.36%，揭示政府对农业的财政投资是农业增长的重要因素，要实现经济增长的目标，必须增加政府对农业的投资。在财政预算紧张的情况下，削减政府对农业的投资，从长期来看，将要承担更大的经济代价。

国内大多数学者认为，中国自改革开放以来，财政对农业投融资规模偏小，并据此认为政府应大幅度扩大财政支农规模。苏明（1997）分析了实施分税制以来地方财政农业投资弱化的原因，指出地方财政支农力度下降是由于分税制改革的不完善。侯石安（2001）认为，中国财政支农支出占农业国内生产总值的比重一直处于4%左右的水平上，即使与发展中国家相比，这一比例也偏低。未来5年内财政对农业的投入占农业生产总值的比重应该达到5%以上，未来10年内需达到10%的水平（含"绿箱"投入）。依据WTO农业协议及中国与其他国家达成的双边协议，中国农业的支持还有很大的提升空间。朱志刚（2003）依据财政支农支出占财政总支出份额、财政支农支出占农业GDP份额、财政总支出占GDP份额以及农业与非农业部门每万元增加值占用财政资金这三个指标分析了中国财政支农规模问题。他认为，国家财政占国内生产总值的比重远高于财政支农支出占农业增加值的比重，这表明国家财政对非农部门的投入多而对农业部门的投入少。虽然1984年后农业与非农产业占有的财政资金差距逐年缩小，但财政支农资金的缺口却在不断增加。1978～2000年国家财政累计少向农业投入16458亿元，年均少投748亿元，相当于同期国家财政支农支出的1.73倍。安广实

（1999）在对我国农业财政投入问题进行探讨时，指出了我国农业支出中存在的问题，例如，对农业财政支出量少、支出结构不合理、资金到位率低、支农重点不突出、投入体制不完善等。当然，也有学者提出了不同的看法。如朱钢等（1998）依据财政支农支出占财政总支出的份额和财政支出占农业 GDP 的份额这两项指标对中国 1978～1997 年间财政支农支出的变动情况做了初步描述。他认为，尽管财政支农支出占财政总支出的份额呈波动性下降趋势，但其下降速度并未快于农业占 GDP 份额下降的速度，因而财政支农支出的相对规模并未下降。通过国际比较，朱钢认为，中国财政支农支出规模仍处于一个较正常的水平上。他认为，目前大幅度提高财政支农支出占财政总支出的比重既不现实，也缺乏有力依据。此外，也有一些学者做了计量研究，如樊胜根、张秀林等（2002）构建了一个包含农村道路、教育、通讯等多变量内生决定的联立方程模型，测算了各种公共支出对农村经济增长以及农村扶贫的影响。由于影响农业经济增长的各变量（如教育、道路等）相互影响，运用联立方程模型具有较好的说服力。钱克明（2003）运用单方程模型，估计各种农业公共投入品对农牧业总产值的贡献大小依次为：农业科技投入、农村教育投入、农村基础设施投入、农牧户物质投入。李焕彰、钱忠好（2004）运用单方程模型从三大支出结构（支援农业生产支出和农林牧副渔事业费、基本建设支出、科技三项服务）来分析财政性农业支出的边际产出率，得出农业科技三项服务和农业基本建设支出对农业产出增长有显著作用，而支援农业生产支出和事业费对农业产出的贡献为负。

（二）关于农村金融机构投融资的研究

首先，是关于农村金融机构支农的基础理论问题。在农村金融领域，一直存在着观点对立的理论：一种是主张政府干预的农业信贷补贴论；另一种是主张市场调节的农村金融市场论。20

世纪 80 年代以前，农业信贷补贴论是农村金融理论界的传统学说，它认为农村居民没有储蓄能力，而商业银行出于其营利性的考虑不可能为农村提供其所需资金，因此政府需要从外部注入低息的政策性资金，以满足农民的需求。但是该理论所认为的农民不具有储蓄能力是不具普遍性的，而且由于贷款的用途可替换，所以低息贷款政策也难以实现促进农业生产和向穷人倾斜的收入再分配目标。20 世纪 80 年代以后，农村金融市场论逐渐替代了农业补贴论，该理论强调市场机制的作用，认为农民有储蓄能力，农村内部的金融中介应该动员居民储蓄，利率应该由市场决定，应该将正规金融和非正规金融机构结合起来，该理论反对政府对市场的扭曲。20 世纪 90 年代后，为了培育更有效率的金融市场，人们认识到仍需要一些社会性的、非市场的要素去支持它。其中斯蒂格利茨（Stiglitz，1981）的不完全竞争市场论认为发展中国家的金融市场是一个不完全竞争的市场，借款方只掌握贷款方的不完全信息，为了补救市场的失效部分，政府应该适当介入金融市场。最近有学者运用哈耶克的局部知识论来研究农村金融问题，他们的主要观点是：农村信贷补贴论只能应用于农村金融市场机制失灵的地方，而农村金融市场论是规范分析和实证分析的结果，也是农村金融实践的结果，所以它最终替代了农业信贷补贴论的主流地位；农村金融市场可以建设成为一种竞争性的金融市场，在竞争性金融市场不能发挥作用之处，农业政策性融资工具仍然是有用的。

其次，是应对农村投融资需求问题，关于农村金融机构改革模式的探究。国外，积极关注中国农村经济问题的国外专家戴维·斯科特及凯思琳·卓舍尔（David Scott and Kathleen Druschel，2003）在法国召开的中国农村金融与信贷研讨会上提交的论文指出，中国农村投融资的主体是合作金融，帮助像中国这样的发展中国家的金融投融资机构摆脱困境的首要任务，就是解决产权问题，明确机构所有者，创建具有法定约束力的机制，允许所有者自行管理业务，创建真正的合作金融。针对中国农村资金投入不足的问题，Vincent，Yiu Por Chen（2004）通过分析农村金融机构业务非农化的特点时指出，中国政府明确定义在农村领域服务的农村信用社，为了自己脱困，也开始了走规模经营、撤并集中之路，基层业务代办点大量撤并、人员清退、决策权上收，从而导致农村金融机构无意向农村和农业提供资金支持，或在这方面缺乏效率。国内，王曙光（2006）较早提出了"系统性负投资"的现象，认为银行或其他金融机构从农村地区居民手中获得储蓄，而没有以相应的比例向该地区发放贷款。中国人民银行天津分行调研组（2001）在分析了农村金融机构，尤其是信用社的风险问题、社员代表大会问题、民主管理问题及业务经营的商业化问题后提出，可以按"农村商业银行模式"、"股份合作模式"及"合作制模式"因地制宜进行农村金融机构模式改革；在关于对农村金融体系支农现状的系统性研究方面，杜晓山（2002）指出当前农村金融机构支农地位不突出，问题主要是农村金融机构职能定位不清、产权虚置和内部管理机制残缺，提出必须进行职能定位、产权制度改革及内部管理机制的完善。

（三）对农民投融资的研究

首先，关于农民投资问题的研究。在以往研究中，关于农民投资的文献十分丰富。陈水文（1990）、胡继连（1992）、马鸿运（1993）从心理学、社会学角度对农民投资进行了研究；Feder（1987）对各项制度与农民投资间的关系进行了研究。国家统计局课题组（1992）利用全国农民调查资料分析了农民投资问题，得出了基于相应农业投资背景下的中国农民投资的基本投资模式。林毅夫（1994）利用农民调查资料就农民的特征、抑制农民农业投资的潜在因素进行了计量研究。孔祥智（1998）

利用三大地带划分法对我国不同类型农民各个要素投入的产业特点进行了分析，探讨了农民投入对粮食生产的影响。Wu 和 Meng（1997）对 1000 个样本农民粮食生产的投资情况进行了计量研究。这些研究揭示出，影响农民投资的因素具有多样化和复杂化特征。

其次，关于农民融资难这一问题的分析。多数学者认为，正规金融对农民融资的交易费用高昂是导致农民融资难的一个重要原因。周脉伏、徐进前（2004）运用信息成本理论与契约理论对此问题进行了探究；刘朝晖、徐丽（2005）进一步考虑了农民交易所需发生的高运营成本这一因素。与此形成鲜明对比的是，民间金融在克服高昂成本方面具有相当的优势。农民融资难的另一个原因是所谓的"金融歧视论"。这种观点认为，我国长期以来实行的是金融歧视政策，走的是"重城市、轻农村"的金融发展道路（谢平，2004），实行的是农村资金补贴城市的"以弱补强"政策（周立，2004），农民贷款需求因而很难以得到满足。为了解决农民融资难的问题，温铁军建议应引入互助性质的合作金融，同时借鉴东亚经验，通过市场内部化的办法改造已经普通化了的民间金融；何广文则主张建立多元化的农村金融机构，尤其是微型金融组织。

上述文献大多是从总量角度及制度角度进行研究的，且多侧重于宏观层次，从微观主体农民的角度进行分析的并不多。而且，一些假设前提缺乏科学性，没有客观、科学地界定农民的类型（如农民的信贷偏好、农耕文化与农民之间的异质性不同），没有充分地考虑到影响农民投融资意愿与行为的复杂因素。

以上国内外学者的观点为本书的研究提供了良好的基础和视角。但上述理论显然都没能从根本上解决农村投融资机构与主体如何在效率与产业发展之间实现有效的激励与运作机制问题，以及如何克服因利率市场化及商业化动机造成的农业投融资萎缩等问题。随着新农村建设号角的吹响，全面建设新农村文化、增加新农村公共供给投入等赋予了政府、金融机构和农民新的历史使命。新农村建设是一个系统的复杂工程，新农村建设的投融资体系如何构建？其投资方向、投资结构及投资效益问题，以及融资渠道、融资体制构建等问题都将是我们需要重点研究的方向。

第二节　国外农村投融资实践及借鉴

一、国外农村投融资实践

（一）美国农村投融资概况

美国解决农业资金问题的一个显著措施是通过各种渠道包括民间资金为农场提供支持，见表1-1所示。

表1-1　美国各信贷渠道农贷统计（1978年）

农贷类别	累计金额（亿美元）	各信贷渠道所占比重（%）					
		商业银行	农业合作信贷系统	个人及其他	人寿保险公司	政府农贷机构	合计
长期贷款	642.2	12.1	33.4	34.7	13.6	6.2	100
中短期贷款	554.7	46.3	25.0	14.9	—	13.8	100
合计	1196.9	27.9	29.5	25.5	7.4	9.7	100

资料来源：《外国农业金融》编写组：《外国农业金融》，中国金融出版社1988年版，第54页。

具体而言，美国农村投融资实践具有如下特点：

1. 美国财政对农村投入很大

主要体现在庞大的财政补贴政策上。美国是全球最大的农产品出口大国，在很大程度上依靠的是政府向农民提供的巨额补贴。2002年，现任美国总统布什签署了《农业补助法案》。根据该法案，在 10 年内美国政府向农业提供 1900 亿美元补贴。2006 年 2 月 14 日，美国农业部宣布开始发放对 2005 年度农作物，包括玉米、陆地棉和水稻的第二轮补贴政策，约为整个年度补贴额度的 70%。此时距离香港部长级世贸会议结束仅仅两个月的时间，美国敢冒天下之大不韪，如此大力度地加大对国内农业补贴，是有着深层次原因的。美国对农业的高额补贴做法已受到世贸组织成员的广泛批评，因为这种补贴造成了国际农产品贸易的严重扭曲，威胁到贫穷国家农民的生计。美国政府还对农业实行抵押贷款计划和信贷担保，有力地解决了农场主的资金缺乏问题。一是在作物收获之后如果价格偏低，农民可以用农产品进行抵押而不偿还贷款；二是政府提供信贷担保。农业贷款期限短则 1～5 年，长的可达 40 年，利率都比较低，其中政府的信贷担保起了很大作用。在农业发展的早期，与农业发展有关的基础设施，因为投资大、收效慢，曾经是政府担保投资的重点。

2. 注重政策性金融对农村的信贷投入

美国根据《农业信贷法》建立了一个分工合理、相互配合的政策性金融体系，为农业生产和与之有关的活动提供信贷资金和服务，并通过信贷活动调节农业生产规模和发展方向，贯彻实施农村金融政策。主要包括：（1）农民家计局。其主要是针对农产品进行价格支持和对农业生产给予补贴。（2）商品信贷公司。其职能是对农产品进行价格支持或对农业生产给予补贴，借以提高农民收入。这种通过以促进农业稳定并实施保护为目的的地方机构或生产信贷协会向农民提供农产品抵押贷款，从销售和生产两方面实行政府干预，有效地增加了农场经营收入。（3）农村电气化管理局。于 1935 年 5 月筹备，主要是对农村非营利性的电业合作组织和农场等发放贷款，用于架设大型电线、组建农村电网、购买发电设备以及电话通讯设备等。"农村电气化管理局"以复兴金融公司（相当于政策性金融机构）作为筹资机构，给农民非营利合作机构以低利息率贷款，主要用来修建通向农村的电线、输变电设备和电站。1936～1940 年，联邦政府为政府电气化开支达 10.1 亿美元，结果使得美国农村电力消费大大增加，农村中用电的农民人数从 1934 年的 70 万人猛增到 1941 年的 225 万人，农民的生活水平在得到很大提高的同时有力地促进了农村消费与投资。（4）小企业管理局。其职能主要是针对不能从其他渠道获得资金的独立经营与农业生产有关的企业提供信贷援助，以促进这些企业的发展，维护他们的利益。

3. 注重通过立法保障来完善农村投融资体制

如《史密斯—利弗合作推广法》、《联邦农业信贷法》、《中间信贷法》、《农业信贷法》等法律的颁布使美国逐步建立并完善农村投融资体制，以法律形式保障对农场主进行信贷支持。

4. 农村金融机构形式多样化

美国的农村金融体系以合作金融为主体，以政策金融为保障，以商业金融为补充。农村合作金融由联邦土地银行、联邦中期信贷银行和合作银行三大系统构成；政策金融由美国农民家计局、商品信贷公司、农村电气化管理局、中小企业管理局构成；商业金融由从事农业金融业务的一般商业性金融机构和农村商业信贷银行构成。

5. 社区银行对美国农村与中小企业投资提供了强大的资金支持

根据资产规模大小，美国的银行组织可以分为社区银行、中型银行和 25 强银行。最早的美国社区银行可追溯至 1986 年成立的 Lykens Valley 银行。该银行由 Lykens Valley 市民集资组建，银行服务区域仅限于 Harrisburg、Sunburg 和 Pottsville 三地。经营范围锁定在储蓄、兑现、简易结算三项。若进一步细分，可以以资产 1 亿美元以下、1 亿～5 亿美元和 5 亿～10 亿美元为标准将社区银行划分为小、中、大三个层次，见表 1‑2 所示。

表 1-2 1985～2003 年美国社区银行各类机构数量变化情况

（单位：个、%）

社区银行类别		1985 年		1990 年		1995 年		2000 年		2003 年	
		数量	比例	数量	比例	数量	比例	数量	比例	数量	比例
		14064	95.20	11692	95.10	9139	95.40	7781	94.30	7335	93.60
其中	小	9738	65.90	7826	63.60	5740	59.90	4338	52.60	3683	47.00
	中	3845	26.00	3401	27.70	3031	31.60	3027	36.70	3172	40.50
	大	481	3.26	163	3.77	368	3.84	416	5.04	480	6.12
大型银行		683	4.62	582	4.73	418	4.36	444	5.38	480	6.12
25 强银行		25	0.17	25	0.20	25	0.26	25	0.30	25	0.32
机构总数		14772		12297		9582		8247		7840	

资料来源：美国联邦存款保险公司 FDIC（Federal Deposit Insurance Corporation）网站。

美国的社区银行发展可以表现为以下几个方面：（1）社区银行为美国银行机构的主体，如表 1-2 所示。美国的银行机构以社区银行为主，社区银行平均资产总额仅为 1.11 亿美元，所有者权益为 1111 万美元。在这些社区银行中，又以资产 1 亿美元以下的小型社区银行为主。（2）社区银行是小额贷款的重要来源。截至 2002 年 6 月底，社区银行在大企业贷款中只占 4%，而在小企业贷款中占了 33%，在对特别小的企业贷款中，比例高达 36%。在 2002 年年底，社区银行平均把 17% 的总资产用在小企业上。（3）社区银行的业务集中向农村发展。像美国南部、中部和西部过去是农业地区，目前中小企业和农户的经营仍十分活跃，所以社区银行在这些地区的业务十分集中，而这些地区的小企业与农民对社区银行的需求也十分旺盛，构成了社区银行发展的基础。2002 年 6 月，社区银行在农村的分支机构占银行分支机构总数的 58%，在这些地区的存款总额中占 49%。2006 年年底，社区银行在全部商业银行对农村的不动产贷款中占比达到 65%，在农村营业性贷款中占 61%。（4）社区银行的服务费用较大型银行要低。美国有关服务机构 2004 年统计，美国的社区银行在支票账户等服务的收费方面较之大型银行要低 15% 左右。

（5）美国社区银行对客户深入了解并提供个性化的服务。社区银行主要从事关系型信贷业务。所谓关系型信贷，是指社区银行主要凭借与贷款者长时期交往中所获取的定性"软"信息来发放贷款。这些"软"信息包括：常年直接交往中形成的对贷款人的人品、可信度的评价；银行过去为贷款者提供存贷款或其他金融服务时获得的收支记录等。在这种关系型贷款模式中，社区银行所坚持的贴近社区、方便百姓、亲情服务、灵活应变的经营理念成为了其制胜的法宝。

总之，美国对农业的投资政策在农业与农村的生产和发展中发挥了较大的效能，并使农业基本上形成了一个可持续发展的模式。单就美国的农业投资政策而言，农业投资被认为是农场主合法的"避税所"，其中，政府的力量不可小视。政府对农业投资实行税收优惠，税收减免可达到应税收入的 48%。政府还专门成立一些促进农业投资的官方机构，比如，在美国的农场经营基本上是私人投资的情况下，联邦政府在 1933 年成立了田纳西流域管理局，对该流域进行了综合治理，不仅控制了洪水，而且还提供了廉价的电力，获得了巨大的经济和社会效益。美国实行的作物保险制度也有利于农业发展。可以说，美国的农业投资基本上抓住了农业可持续发展的命脉，一是一切从市场条件出发，制定支持农业发展的政策；二是从保护整体农民的利益出发，合理地制定补贴政策；三是对正常的生产经营性建设项目，只以优惠贷款和担保以及减免税的方式给予支持，一般不进行无偿投资，以保证投资的公平性。

（二）日本农村投融资概况

日本的发展经验中值得中国借鉴的方面很多，因为历史上中日两国都是小农国家，至今农民经营规模仍然都很小。日本的经验主要有三条：一是自耕农体制。保护农民不受地主剥削，这与我国农业中的农民经营体制大体相同。二是农协体制。即农民联合起来组成合作经济组织，保护农民不受工商业资本剥削。三是补助金农政。以下我们主要探讨日本的农业与农村投资及其资金来源问题。

1. 日本的农业与农村投资

1955 年，日本农林大臣提出了振兴农村与农业的构想，开始了第二次世界大战后的首次类似我国新农村建设的大规模活动。此阶段的突出措施是，在政府指定的区域成立农业振兴协会，制定振兴规划并使其付诸实施。同时政府加大对农村建设的资金扶持力度。据统计，平均每个实施新农村建设的市町村费用中有 40% 是来自中央政府补贴。在投资结构方面，日本将投资的重点放在调整种植结构和增加农民收入两个方面。这次长达 7 年的"新农村建设"效果是良好的：农业总产值由 1955 年的 16617 亿元增至 1962 年的 24381 亿日元，农民平均年纯收入也增长了 47%。

日本农村建设的第二个阶段始自 1967 年日本政府"经济社会发展计划"的制定与颁布，该计划主要针对日本区域间与行业间差距的扩大的现实，寻求区域与产业的均衡发展。实施重点是，政府指定了在约 80% 的市町村里推进农村基本建设和经营现代化建设。每个市町村除政府补贴 9000 万日元外，还由国家农业金融机构贷款 2000 万日元。为了配合这次发展计划的实施，1972 年，日本成立了构造改善局，从事农村规划、水利建设等工作，并制定地域整备法，积极推动农村建设。此次农村建设使得 20 世纪 70 年代初日本农业基本上实现了机械化、化肥化、水利化和良种化。农业生产总值由 1967 年的 41661 亿日元增至 1979 年的 115640 亿日元，增幅高达 177.6%。农民人均收入从 1973 年起就超过了城市居民，截至 1979 年，农民平均纯收入已达 3313 万日元，比城市工薪家庭高出 12.7%。

　　20 世纪 70 年代末，日本又开始了第三次"新农村建设"。这次活动又被称为"造村运动"。日本开展"造村运动"的原因主要有三个方面。第一，是提高农业生产率及寻找农业之外的致富途径的需要。1975 年日本共有 477 万农民，其中 41.3% 的农民耕地不足 0.5hm²，0.5～2hm² 的农民只占 52.2%，2hm² 以上耕地的农民只有 6.5%。分散的以个体为主的农民经营使得农业机械浪费，降低了农业生产率，在生产费用与生活费用不断提高的情况下，许多农民难以维持生活而不得不流入城市。第二，是实现可持续发展的需要。20 世纪 70 年代的石油危机对日本影响巨大，在石油等资源严重匮乏的情况下，如何实现经济社会的可持续发展显得非常重要，同时由于财政困难，单纯依赖财政投资与信贷很难扭转局面，而当时自下而上的"造村运动"可以在不消耗大量能源和财政资源的情况下实现农村的发展。第三，日本"造村运动"是破解"地域过疏"、缓解城乡差距过大难题的需要。第二次世界大战之后，日本经济遭受沉重打击，故致力于重建城市，把主要的资本集中在东京、大阪、神户等大都市上，因而导致巨大的城乡差距。20 世纪 50 至 60 年代，日本工业现代化全面开展，工业和其他非农产业的就业人口急剧增长，在1955～1971 年的 16 年间，增加了 1830 多万人，达到了 4340 多万人，占就业总人数的比重从 61% 提高到 85%；与此相反，农业劳动力从 1600 万人减少到 760 多万人，这就是说，日本在第二次世界大战后如此迅速增长的劳动力，有一半以上是通过农村劳动力的大量转移而得到补充的。农业人口外流使得农业生产难以正常进行，农村、农业面临因劳动力短缺而萎缩衰退的危机。因此，以重新振兴农村为目标的造村运动，便在乡村自发性地展开。

　　日本"造村运动"遵循了如下原则：立足乡土，放眼国际。体现自主自立，是自下而上的体现农民意愿的行动；在"造物"（即投资性投入）同时更重要的是"造人"（即注重精神文明建设和提高农民素质）。在开展形式上，主要是由大分县前知事平松守彦于1979年开始提倡的"一村一品"运动。所谓"一村一品"，就是一个村子的居民，充分利用本地资源优势，因地制宜，自力更生，建设家乡，发展农村经济的活动。开展"一村一品"运动，就是使每个市町村都充分发挥自己的优势，开发具有地方特色的"精品"或"拳头产品"，打入国内和国际市场。

日本"造村运动"在投融资方面成功经验主要有：在投资方向及投资结构上，兼顾软（精神文明）硬（物质与经济实体建设）两个方面，并且体现重点和特色。一是自主自立，锐意创新，靠质量打造产品知名度；二是立足本地，面向世界，占领消费市场；三是培养人才，面向未来，创造最好的经济效益。在融资方面，"造村运动"以创设合理的融资制度为途径，提供农业低息贷款。为了振兴农村的产业，需要投入资金，因此，必须有完善的融资制度来配合，这项工作主要由农协来负责。日本的法律规定农协可以自办信用事业。日本农协从组建后就抓自己的金融系统，它以独立于商业银行的方式组织农协会员手中的剩余资金开展以农协会员为对象的信贷业务。日本农协金融活动的主要特点是：不以营利为目的，旨在为农协全体成员服务；资金主要用于发展农业生产，提高农民生活水平；同国家的农业政策和金融政策密切配合。日本农协对资金的组织和信贷非常重视，要求农协会员将闲置资金存入自己的信用组合，如存入商业银行则视为背叛行为。为保证资金的顺利组织，农协狠抓资金的投放和信誉，坚持服务的宗旨，保证用在农业生产和农民生活两大领域，确保信用工作真正成为会员办事的金融组织。在"造村运动"中，日本农协信用系统以略高于普通银行利率的优惠利率来吸引农民存款，并以优惠条件向农民发放贷款，因此，日本农协吸收了大量农村闲散资金，从本质上讲，农协所办的信用业务是以分散农民为单位，农民能以较低利率进行相互融资的制度。

据统计，农协贷款余额中，对社员发放的农业和生活贷款占80%以上，另外，政府发放的政策性贷款和向农业部门投入的贷款资金和利息补贴资金，也通过各级农协的窗口发放给农民。

2. 日本农业与农村投资资金的来源

日本投向农村建设方面的资金来源有两个很重要的渠道。

其一是政府投资与贷款计划（FILP），也就是在财政预算之外，日本政府把政府金融机构（主要是邮政储蓄和简易保险）吸收的存款和其他民间资金集中起来，作为财政性资金使用，主要是用于支持基础设施建设和基础产业的发展。其中一小部分作为财政资金无偿投入，将来以税收偿还，大部分则通过政策性金融机构投入。日本政府投资与贷款计划的规模变化见表1-3所示。

表1-3 日本政府投资与贷款计划（FILP）的规模变化情况

财年度	FILP（万亿日元）	GDP（万亿日元）	FILP/GDP（%）
1953	0.3		
1955	0.3	8.6	3.7
1960	0.6	16.7	3.6
1965	1.6	33.8	4.8
1970	3.6	75.3	4.8
1975	9.3	152.4	6.1
1980	18.2	245.5	7.4
1985	20.9	324.3	6.4
1990	27.6	438.8	6.3
1991	29.1	463.2	6.3
1992	32.3	471.9	6.8
1993	36.6	476.7	7.7
1994	39.4	478.8	8.2
1995	40.2	489.7	8.2
1996	40.5	504.4	8.0
1997	39.3	507.6	7.7

财年度	FILP（万亿日元）	GDP（万亿日元）	FILP/GDP（%）
1998	36.7	497.3	7.4
1999	39.3	493.9	8.0
2000	37.5	490.1	7.6
2001	32.5	NA	NA
2002	26.8	NA	NA

资料来源：Yasushi Iwamoto：The Fiscal Investment and Loan Program in Transition，Working Papers，August 2002。

由表1-3可见，FILP规模是十分庞大的。借贷额占GDP的比重，1955年为3.7%，而1994年最高峰达到了8.2%。另有数据表明，1955年FILP融资额只构成一般会计预算的30%，但1999年达到了60%。FILP的投向主要倾向于住宅投资，用于中小企业及农林牧渔业的比率则维持在4%左右，见表1-4所示。

表1-4　日本财政投融资资金的投向构成比

（单位:%）

投向结构　　年份	1957	1961	1975	1985	1993	1995
（1）住宅	13.8	13.9	21.4	25.4	29.5	35.3
（2）生活环境建设	7.7	12.4	16.7	15.7	16.6	16.4
（3）卫生福利	2.1	3.6	3.4	2.8	3.8	4.0
（4）文教	4.5	3.1	2.9	3.6	1.8	2.0
（5）中小企业	8.1	12.6	15.6	18.0	14.6	15.3
（6）农林牧渔业	8.9	7.2	4.1	4.3	2.5	3.0
（7）国土保全、赈灾	7.7	3.1	1.2	2.3	1.4	1.3
（8）道路	3.7	7.9	8.0	8.8	9.9	7.7
（9）运输	12.2	13.9	12.7	8.4	7.9	4.6
（10）区域开发	8.5	7.0	3.3	2.4	2.7	2.6
（11）产业、技术	15.8	7.8	3.0	2.9	3.5	3.1
（12）贸易、经济合作	7.0	7.5	7.7	5.4	5.8	4.7

资料来源：据［日］大藏省《财政统计》1995年版数据。

第一章　理论回顾及国外农村投融资实践

日本 FILP 的资金主要来源于邮政储蓄、生命保险储备等。值得注意的是，FILP 在 2000 年以后进行了大力改革，通过市场进行财政融资是核心内容。对比此前，邮政储蓄、退休金以及邮政生命储蓄不再是自动、强制性地被存储于财政部信托资金局，而是开始独立地在金融市场上运作。FILP 资金流由通过公共部门体转向通过金融市场。三种债券将被 FILP 代理机构们加以运用：每个机构将通过金融市场发行"政府投资与贷款机构"债券，其运作信息将充分暴露在市场上，这将迫使这些机构努力提高效率以提升自身信誉。对于难以发行"政府投资与贷款机构"债券的机构，政府可进行有限的担保（严格讲，这些债券不是政府债券，但市场人士认为因为它们有政府信誉担保，因而类似于政府债券），而对于那些为了贯彻某种政策意图，即使有政府支持也难以筹措到长期资金的机构或项目，将经国会批准，由政府特别会计发行"政府投资和贷款"债券，以有限度地进行资助。为了缓解因取消邮政储蓄和退休金的强制性储蓄对于 FILP 的影响，作为 2001 年至 2007 年的过渡手段，一个三方（指财政部、邮政和通信部、健康福利部）协议于 1999 年 11 月得以通过：在改革的最初几年，邮政储蓄与退休金将吸收 50% 左右新发行的政府投资与贷款债券，吸收比例将逐年减少；邮政生命保险资金将接受一些政府投资与贷款债券，政府特别会计收支积累的盈余将强制性地存储于新的信托资金局特别会计，会计体系也将增加透明度和信息披露力度。

图 1-1 是日本改革后的政府投资与贷款计划（FILP）资金结构。

以上改革主要与 FILP 以前的投资效率低下问题有关。Doi 和 Hoshi（2002）估计 2000 年改革之前 FILP 形成的坏账达到了 78.9 亿日元。FILP 投资效率的低下与其僵化的行政性确定部门和领域的投资项目的公共投资决策和分配体制是分不开的。在其

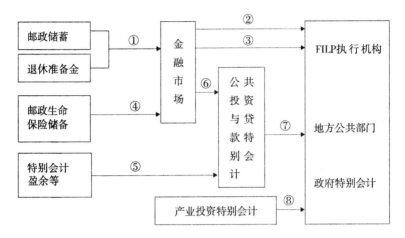

图1-1　日本改革后的政府投资与贷款计划（FILP）资金结构

注：①根据金融市场的内部管理；②通过金融市场发行FILP机构债券；③通过金融市场发行政府担保债券；④通过金融市场的内部管理；⑤存储；⑥通过金融市场发行的政府投资与贷款债券；⑦贷款；⑧投资。

规模日益膨胀的同时，由于对FILP代理机构的政策性贷款利率始终保持在低水平上，使得来自一般会计的利率补贴增加，也增加了税赋的压力。此外，FILP投资结构与经济增长结构转换相脱节，成为坏账产生的源头之一，使得财政赤字激增。

日本的财政投融资制度灵敏度大，可采取反周期支出政策来调节经济波动，通过大力投资于基础设施建设为农村的私人投资创造有利条件，同时通过扶持农村开发和新兴农业基地建设促进经济结构的调整、区域经济结构的调整和经济波动的调整。此外，日本财政投融资制度有"第二预算"之称，通过建立这一制度，为统一管理国家有偿资金、提高财政资金使用的效率创造了有利条件。由于日本掌握的财政金融资金约占国民生产总值的37%，政策性金融资产约占国民生产总值的10%，这样国家掌握的财政金融资产与政策性金融资产达到了国民生产总值的47%，在强有力的财政投融资计划的支持下，保证了日本产业政策的实施和产业结构的不断优化升级。

其次，补助金农政是另一个支持农村建设发展的很重要途径。补助金农政，即政府把推行农业政策所必须的经费（人员经费、材料费、补助费、补助金、委托费等）列入财政预算，交付给执行政策的地方公共团体、法人、个人或者其他团体，以求农业政策的落实。农协充当推行补助金农政的"别动队"。补助金农政包括两个部分内容：一是无偿的财政性投入；二是有偿的政策性融资。无法回收项目的投入靠财政，能够回收的靠政策性金融。所谓政策性金融，是指由政府出资组建的金融机构，向政府希望发展，但在商业性金融市场上难以筹集资金的产业部门融资。政策性金融与普通商业性金融的不同之处主要体现在两点上：一是融资期限比较长，可达 20 年甚至是 30 年以上；二是利息低，甚至可由财政贴息。日本政府靠这种政策彻底解决了农业发展资金不足问题。日本普通农民在补助金农政下只需要做两件事情，一是拿钱（项目经费）干活儿；二是干完活儿拿钱（劳务收入）。这样，日本改造农村落后面貌顺利，农民增收很快。

此外，日本在农业与农村投入方面立法完备。第二次世界大战后日本政府为促进农村经济的恢复和发展，积极出台新的法律法规，如日本政府在 1961 年制定了《农业基本法》，通过财政预算为农业提供大量投资、贷款和补贴。还有诸如《土地改革法》、《农业合作法》、《农林渔业金融公库法》、《农业协同组合法》等，以法律规范农村投融资活动。

（三）韩国的"新村运动"及农村投融资做法

从 20 世纪 60 年代开始，韩国经历了两个五年计划，开展了所谓的"新村运动"。20 世纪 70 年代初，韩国工农业发展严重失调，城市居民和农民的年平均收入水平差距拉大，农村劳动力老龄化严重，农村人口的大量无序迁移等带来了诸多的城市问题和社会难题。为解决农村社会问题，时任总统朴正熙在 1970 年

4月道长官会议上提出了"新村培养运动"的建议，开展了试验性的强调环境改造的"新村培养工程"。由政府出资给全国33267个村庄每村提供335袋水泥，用于各村庄自我拟定的改造项目。各村的改造项目要参照政府提出的10项内容进行：在周围山上植树造林；拓宽连接村庄和主要公路的道路；修整村庄周围的河岸；建设粪肥库；修整小水塘；修理灌溉水塘；清理村庄道路和沟渠；修建公共水井；建立公共洗衣设施；控制鼠害等等。通过建设，1971～1975年间，全国农村共新架设了6.5万多座桥梁，各村都修筑了宽3.5米、长2～4公里的进村公路。到20世纪70年代后期，除了个别极为偏僻的农村外，全国都实现了村村通车。村民们又自发修筑了许多政府还没有顾及的大小河堤，不少农民无偿让出了自己的土地，供村里修路。

为了建设"新村培养工程"，政府建立了领导全国"新村运动"的中央协议会，以协调中央各部门，并负责新村运动的政策制定工作。政府从中央和地方各级机关中抽调大批干部派往农村，直接指导运动，正式称之为"新村运动"。与"新村培养运动"相比，"新村运动"提出了更宽泛的任务。包括：第一，"农村启蒙"。韩国农民缺乏个性和开创精神，带有浓厚的宿命论色彩。为此，韩国政府通过一些具有感召力的活动和国民喜闻乐见、易于接受的形式而不是政治宣传口号，使国民长期受抑制而潜在的良好社会伦理道德迸发出来，释放出了无穷无尽的效能。政府专门成立了一个新村培训院，其主要职责就是培训"新村领袖"。其培训方法和内容主要是：强调"精神"培养、请成功者介绍经验、政府官员进行政策说明、实地考察、研究讨论、制定计划等。另外，他们把参与相关工作的公务员也派到研修院，与"新村领袖"同吃、同住、同培训。培训院是新村运动中一个成绩非常突出的机构。第二，"经济发展"主题。核心是完善农业基础设施和增加家庭收入。完善农业基础设施是

"新村运动"第一阶段的主要内容。国家提出包括草屋顶改造、道路硬化、改造卫生间、供水设施建设如集中建水池或给水井加盖、架桥、盖村活动室等 20 种工程项目，由村民民主讨论、自主选择。在增加家庭收入方面，政府推出增加农、渔民收入计划，支持农村调整农业结构，推广良种和先进技术，普及高产水稻新品种"统一稻"，1974 年达到大米自给，1975～1978 年实现自给有余。畜牧业、渔业、林业也都有了较快发展。这样，韩国农民收入明显提高，1970 年农户年平均收入为 25.6 万元（当时可折合成 824 美元），按每户 6 口人算，人均收入 137 美元；到了 1978 年，农户年平均收入达到了 3893 美元，人均 649 美元。第三个主题是"社会发展"。包括三个方面：一是环境改善。修建卫生的供水系统、改造排污系统。二是住房改善。包括房屋维修和村庄重建。三是公共建设。包括扩张农村电网、通讯网等等。电气化工程是公共设施建设中的一项核心内容。20 世纪 60 年代末，在韩国的农村只有 20% 的农户安上了电灯，其余的农户还在传统的煤油灯下生活。到 1978 年，全国 98% 的农户都装上了电灯。20 世纪 90 年代全国已实现了电气化。

韩国在农村投资方面非常注重结构问题与投资内容。其经验之一是以改善生产、生活环境为重点的"新村运动"，创造了发展中国家农村建设投资跨越式、超常规发展的成功模式。其主要做法是将资金运用于改善农村公路、改善农民住房条件、推动农村电气化、推广高产水稻品种、增加农民收入、积极发展农协组织和兴建村民会馆等八个方面。最重要的是，韩国在"新村运动"中对农村投资的主要做法，是采取了政府主导、民间资金跟进的模式。一是在"新村运动"发展初期主要采用政府主导型的发展模式，由政府通过对改善农民居住环境和生活质量、新村项目开发和工程建设、新村教育等公共基础设施的投资来扩大内需，消化过剩的产能，充分调动农民建设新农村的积极性，从

1970～1980 年 10 年间政府投入了 2.8 万亿韩元。"新村运动"后期则逐步转入国民主导型发展模式，民间投资逐步成为主流，尤其是农协的作用很大。"新村运动"对韩国农协，尤其是基层农协的发展起了巨大作用。1961 年在政府主导下，韩国成立了全国性农民组织"农协"。"农协"向农民普及农业新技术；建立自己的购销渠道，解决农民所需农业物资和销售农产品；还向农民提供信贷和保险，为农民致富提供资金保障。二是"农协"为农村投资建设提供了资金支持。20 世纪 60 年代中期，由"农协"提供的生产资金中，70% 来自政府的财政资金或金融资金，而到 20 世纪 70 年代中期，这一比重下降到 25%，"农协"的资金随之增加。"农协"的信用资金主要来源于农民的储蓄，"农协"的金融组织在农村金融业中占据重要的位置。

经验之二是在投资结构与投资模式方面比较科学，值得借鉴。在投资结构方面，韩国的"新村运动"重点建设内容包括以下三类：农村区域性的基础设施和公共服务设施项目；直接面向村庄的公益类（或准公益类）建设项目；农户自主参与、直接受益的项目。这些投资项目考虑了农村发展的实际情况，取得了很好的效益，缩小了城乡差距。"新村运动"之后，经过四十多年的发展，到 2004 年，韩国人均 GDP 已跃升至 1.4 万美元，城乡居民收入比为 1：0.84，在工业化、城市化快速推进过程中，实现了城乡经济协调发展和城乡居民收入的同步提高。韩国还因地制宜，确立了不同的农村投资模式。1973 年起，政府开始对不同情况的乡村进行分类，全国的乡村分为三类：一类是基础村，新农村投资的内容是继续改善生活环境，培育自助精神；二类是自助村，投资的内容是改良土壤，疏通河道，改善村镇结构，发展多种经营，扩大农业收入；三类是自立村，投资的内容是发展乡村工业、畜牧业和农副业，鼓励和指导农民采用机械化、电气化、良种化等先进技术，指定生产标准，组织集体耕作，建立标准住宅，修建简易供水、通讯和沼气等生活福利设施。目前韩国又发起了"一社一村"运动，就是一家公司、企业（"社"即"会社"的韩文简称）自愿与一个农村建立交流关系，对其进行"一帮一"的支援。这样，将企业与农民实现了有效对接。

（四）欧盟农村投融资概况

欧盟对农村投资的重头戏是政府补贴：如果农民生产高质量的产品需要宣传和促销的话，则可以对该促销活动予以支持，最多可以按实际费用的70%给予补贴；支持农民按照欧盟标准进行生产，给予临时性补贴，如农民需要有关的咨询服务，则可以对该咨询费用进行补贴，最高可达80%，数额上不超过1500欧元；对采用高标准福利饲养动物的农民给予补贴；增加对年轻农民进入农业所进行的投资补贴，目的是鼓励年轻人进入农业行业和从事农业活动。1999年欧盟理事会颁布了《关于欧盟农业指导与保证基金支持农村发展条例》。该条例围绕农业部门、林业部门、环境和农村遗产保护、农村地区竞争力等四个方面，提出了优先资助的发展目标，制定了农村发展的政策措施，并落实了相应的资金。欧盟地区发展基金、欧盟社会基金和渔业指导财政资金也支持了农村发展。欧盟50%左右的人口居住在占国土面积90%的农村地区。过去若干年来，欧盟的第一产业持续衰退，为应对这种情况，欧盟出台了《2007～2013年农村发展政策》，它实际上是2004年10月通过的欧盟《共同农业政策》（CAP）在今后的具体行动方案，其核心之一是如何分配欧盟农村发展公共资金和如何引导各国、各地和私人在农村地区的投资。按照《2007～2013年农村发展政策》，"欧洲农业农村基金"（EARFD）将集中管理全部农村发展资金。欧盟七年计划投入资金为970亿欧元（2004年不变价），约合人民币9350亿元，其中3%即26.6亿元作为规划专项基金。与此相配套，欧盟各国还需拿出几乎相同数目的配套资金。这样，欧盟和25个成员国7年计划投入农村建设的资金将达到2000亿欧元，或20000亿人民币，平均每年2850亿人民币。

欧盟在"2007～2013的农村发展政策"中实行了三项改革：首先，在管理体制改革中，强调农村地区的所有建设项目都必须以"领导+"的方式由地方社会团体联合机构主持制定规划，在规划制定后方能获得和使用"欧洲农业农村基金"。其次，明确农村建设的三项基本目标：实施农业结构调整以提高农业的竞争性；加强土地管理以改善环境和改善农村；推进农村地区的经济多样性以提高农村地区的生活质量。最后，是配套的财政体制改革：把目前对农村地区投资的五个项目和三个基金合并到"欧洲农业农村基金"，由这一个基金对欧盟农村发展资金的投入、管理和审计实施统一管理。这项改革与中国政府目前提出的"改革政府支农投资管理方式，整合支农投资，提高资金使用效率"的设想如出一辙。

（五）墨西哥与印度农村投融资概况

墨西哥是传统的农业国，号称"玉米之乡"。随着工业化的推进，农业在国民经济中的地位不断下降，农业产值占国民生产总值的比重由20世纪60年代的15%下降到2007年的5.4%，农村人口则只占全国总人口的25%。墨西哥的农业有过辉煌的发展史，但是随着世界经贸环境的变化和墨西哥农业自身的衰退，到20世纪80、90年代，墨西哥已经要进口一部分农产品来满足国内需求。近年来，墨西哥政府看到了这一问题，于是努力将依赖性强的旧农业转变为产业化程度高的现代新农业。在墨西哥不断加快自己进入全球化体系的脚步时，农业却受到外部的强烈冲击。虽说墨西哥北部地区大多是机械化的大农场作业，但这只占全国农业人口的少数，而全国人口60%以上的农民却基本上是小规模种植，平均每户拥有耕地面积不超过5公顷。这些小农民根本无法抵挡美国、加拿大低价农产品的汹涌进入，导致大量农业人口流失。墨西哥政府近年针对这一问题采取了扶持措施，农村扶持计划就是其一。农村扶持计划1994年开始实施，是一项政府根据每户土地直接向农民发放补贴的措施，农民只要在当地农业部门登记注册，并提出申请，有关部门经过审核后，就会发放一定数量的补贴。政府对发放的补贴去向没有硬性要求，农民可以根据自己的需要购置肥料、设备或者增加灌溉能力。由于补贴按照各户耕种土地面积发放，这项政策提高了农民扩大种植面积的积极性和自主性，也改善了农民的收入状况。农村扶持计划实施10多年来，投入额不断增加，到2004年，总投入达到了5亿多比索（约合4600万美元）。农村扶持计划在一定程度上帮助农民提高了对外来农产品的抵御能力。

墨西哥是自给自足的农业生产方式，政府改造传统的生产和经营方式的经验是：一是政府2002年推出"农村发展计划"，通过联合零散的农业生产者建立合作社，达到一体化的规模生产，以批量的生产、加工和销售模式增加农业的竞争力。二是政府成立"联盟在身边"互助基金。基金由政府补贴、私人投资和农民自己上缴3部分组成，用于发展农业生产、基础设施建设、技术改造和开拓市场。三是政府在各州各市以及农村社区建立信息亭，为农民提供生产、销售信息。四是扩大农民技术培训方面的投资，其中"联盟在身边"基金中有7%投入到农业技术研发上。此外，墨西哥的土地改革经验值得我们借鉴和参考。墨西哥政府在推动农业规模经营、土地流转和农村土地承包权、经营权质押融资方面做出了实际行动，还通过做好粮食生产等农业功能区的规划建设，切实抓好标准农田建设和管理，推进农业生产准入制度等，以农业经营体制的变革促进农民的自主投资热情。

此外，和中国较为类似的发展中国家如印度也有许多值得中国借鉴的做法。印度是典型的农业大国。从 20 世纪 60 年代开始，印度就实施绿色革命，以推动现代化农业技术为中心，辅之以农业信贷、财政补贴、价格支持等措施支持农业发展。其中起到重要作用的是逐步完善的农村政策性金融组织系统，主要包括：（1）国家农业和农村开发银行。该行成立于 1982 年，是印度当前最高一级的农业金融机构，它有权监督和检查农村合作信贷机构、地区农业银行的业务发展，资助商业银行的农村信贷活动。（2）地区农业银行。作为一所政策性银行，地区农业银行不追求盈利，主要建立在农村金融机构较为薄弱的地区，为生产急需的贫困农民提供与农业生产发展有关的农业信贷和消费贷款。（3）农业中间信贷和开发公司。该机构成立于 1963 年，主要对各种农贷机构提供中长期农业发展信贷资金，接受和管理国外农业贷款援助资金，它主要为大型农业基础项目提供贷款，其中以水利贷款居多。

　　印度在农村建设中，特别突出强调增加农民福祉。值得称道的是，2006 年 2 月 2 日，印度实施了《全国农村就业保障法案》，法案规定，政府每年要为农村每个家庭提供 100 天的就业机会，工作是非技术性的手工劳动，如修路、架桥、平整土地、开凿运河、兴修水利等。工资每天不低于 60 卢比（1 美元约合 45 卢比）。就业工程分阶段分地区逐步实施。首先要在全国 200 个经济最落后的地区展开，5 年内，覆盖全国。印度有 70% 的人口居住在农村，该工程是印度向福利社会迈进的第一步，将有力缓解农村人口大量向人口拥挤的城市过度迁移的紧张趋势。在资金落实问题与管理问题方面，法案规定，该计划所需大约 1.4 万亿卢比，其中 90% 由中央财政支付，10% 由地方财政负担。有人担心政府很难在本来就很拮据的财政支出中拨出这笔巨款。即使资金没有问题，但由于管理不力，最后所谓"农民的工资"也会掉进各级政府官员的腰包。对此，印度财政部通过制定预

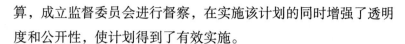

算，成立监督委员会进行督察，在实施该计划的同时增强了透明度和公开性，使计划得到了有效实施。

（六）孟加拉国以微型金融小额信贷为特色的农村投融资体制

孟加拉国是亚洲最为贫困的地区之一，在长期的改革和探索中，其创立的以小额信贷体系（micro finance system）为特色的农村投融资制度和方法受到世界各国的广泛关注和效仿。2006年，诺贝尔和平奖史无前例地颁给了一位商业人士——孟加拉乡村银行的创建者尤努斯，理由是表彰他从社会底层推动经济和社会发展的努力。仅30年的时间，尤努斯就已经在孟加拉国的46620个村庄中建立了1277家银行，服务639万借款人的成绩。通过无抵押小额信贷，孟加拉国银行家穆罕默德·尤努斯及其创办的孟加拉格莱珉银行（GB，又称乡村银行）已使孟加拉国639万穷人受益，为人类解决贫困难题提供了一个可行的办法。孟加拉格莱珉乡村银行模式（GB）的初期特点是：以贫困妇女为主要对象；贷款资金用于快速见效的生产活动，主要是小手工业和副业；实行小组联保贷款，小组成员之间承担连带责任，采取无抵押次序贷款模式；限制贷款额度，严控贷款流程；实行强制储蓄计划，建立小组基金；利率市场化，比一般银行利率高4%；贷款期限为1年，分期等额还款；通过中心会议保持业务透明度：乡村中心定期召开会议，进行集中放款和还贷，并集体进行培训，以形成激励约束机制。随着发展的深入，格莱珉银行通过不断的改革创新来促进自身的可持续发展：（1）GB在贷款额度、期限结构、还款机制等方面灵活多样化：向企业提供较大金额的贷款；向非常贫穷的借款人提供特殊期限贷款；向贫困家庭提供教育贷款；提供分期不等额的还款计划，并允许部分提前还款；将无法按期偿还的贷款划入"弹性贷款"，并不追究联保责任人的担保责任。（2）GB的金融业务和产品不断推陈出新：由原来仅接受成员存款变为接受所有公众存款；出现了"格莱珉退休储蓄金账户"、"信用人寿保险储蓄基金账户"等。（3）GB的所有权也日益多元化：乡村银行最初由政府所有，后来鼓励贷款者参股，目前94%的股权由借款人持有。目前，孟加拉国由微型金融机构提供的小额信贷已经发展为类似一个集团的一揽子业务：包括一个批发性机构即农村就业支持基金会，一个托拉斯组织——孟加拉乡村托拉斯，两个专业性机构，乡村银行和孟加拉农村发展委员会，两个基金项目即政府小额信贷项目、国有商业银行小额信贷项目，以及一些兼营性的非政府组织即孟加拉农村进步委员会、社会进步协会等。

当前，众多经济学者、金融学者和银行界人士都热烈地研究探讨微型金融小额信贷这一崭新的金融机构信贷模式，希望可以将此模式复制到其他类似的地区，为人类提供一个摆脱贫困的途径。GB模式也已被发展中国家广泛借鉴，其成功得益于：小组联保贷款机制，以需求为导向的产品设计，市场化的利率机制，灵活的还款机制，鼓励储蓄和参股，中心会议制度和层级组织结构。

二、国外农村投融资值得借鉴的特点

通过比较以上国外的经验，我们总结出国外农村投融资的共性特点：

（一）财政及政策性金融对农村地区的资金投入力度大

无论是美国、日本、韩国，还是欧盟国家，政府都给农村地区进行了很多方面的补贴，促进农村的全面发展。美国的补贴还非常全面，涵盖农业生产的全过程。日本政府财政对山区农民的粮食生产给予财政补贴，对农业生产设施投资额给予补贴，而且自1975年开始投入于农村生活基础设施项目，至2002年已经达到30%的比例。另外，世界各国在经济发展中都十分重视发挥政策性金融在支持和保护农业发展中的积极作用，运用农业政策性金融手段保护农业是国外市场经济国家的通行做法，美国通过农民家计局、商品信贷公司、农村电气化管理局及小企业管理局实施对农村投入的政策性金融功能；在日本的农村金融中，除存在大量的具有民间互助性质的合作金融机构外，还有政府组织或直接办理的政府金融机构，这些由政府组建的农业金融机构都受到不同程度的财政干预，如提供贷款资金、补贴贷款利息、补偿损失和债务保证等，确保其顺利贯彻政府的既定农业经济政策。日本农业中的政府金融机构是农林渔业金融公库，农林渔业金融公库的资金来源由三部分构成：一部分是由一般会计和产业特别会计历年所拨入的预算资金；另一部分是向资金运用部、简易人寿保险及邮政年金等处的借入资金；还有一部分即为以贷款回收款为主体的自有资金农林渔业金融公库的贷款业务，主要是对森林渔业的公共事业提供低息长期贷款。就其提供的农业贷款来说，有土地改良贷款、农地购置贷款、综合设施贷款和自耕农维持贷款等。印度是典型的农业大国，从 20 世纪 60 年代开始，印度就实施绿色革命，以推动现代化农业技术为中心，辅之以农业信贷、财政补贴、价格支持等措施支持农业发展，逐步完善农村政策性金融组织系统，主要包括国家农业和农村开发银行、地区农业银行和农业中间信贷和开发公司。在欧盟中，法国是农业最发达的国家，在农业发展过程中贡献最大的是法国农业信贷银行系统，其特点是"上官下民，官办为主"，既承担普通的农业贷款业务，又与国家政策紧密结合，优先支持符合国家政策和国家发展规划的项目。它由三个层次即总行、地区及基层三级组成。法国农业信贷银行总行是会计独立的官方金融机构，同时也是全国农业信贷互助银行，资金由法兰西银行和国家预算拨款提供，负责协调省辖基层农业信贷互助银行的业务，分配管理资金，办理转账、投资等业务；而中层地区农业互助信贷银行和基层地方农业互助信贷合作社均为互助合作银行，实行自治；地方金库和地方公库是互助合作性质的，地方金库吸收存款，交付所属的地区金库向金库会员发放贷款，多余的存款交由全国农业信贷金库统一调配使用。法国农业信贷银行资金来源基本不依赖于政府，是一家典型的商业化运作的政策性金融机构，资金来源主要是吸收存款、发行债券、在货币市场上从事经营活动筹措的资金和政府借款等。

（二）多渠道的融资手段与工具

在国外，农村投资的资金来源主要有政府资金、发行债券、向其他金融机构借款、吸收存款、邮政储蓄资金、向国外借款及利用民间资金等多种方式。其一是政府资金，美国的农业合作信贷机构均由联邦政府出资建立，商品信贷公司则由国库拨付；法国的农业信贷银行在很长一段时期都向国家借款。其二是发行由政府担保的债券，如美国的农业合作信贷机构发行的统一债券，欧盟中法国的农业信贷银行、韩国农协均发行债券，这种做法适应中长期的资金需求，又有政府担保，被视为政府债券，筹资能力较强。其三是向中央银行或其他金融机构借入资金，对于金融业发展水平较低的国家来说，一般由中央银行直接发放或充当农村政策性金融机构的"最后贷款人"，作为中央银行行为规范化进程的一部分。其四是少数机构吸收存款，如法国农业信贷银行吸收活期、定期、储蓄存款。其五是邮政储蓄资金，如日本的农林渔业金融公库，其资金的主要来源是邮政储蓄资金和邮政简易保险。其六是从国外借款，发展中国家普遍都从国外借款。

（三）重视农村合作金融组织和政策性金融的互助作用

国外的一些国家既重视政府的农业政策性金融机构，又重视利用互助合作性质的农业信贷机构，实行官民并列模式。在农村投融资体制运行中，各国基本上均形成了以政策性投融资模式为导向，以合作性投融资模式为主体，以商业性投融资和民间资金为补充，农民广泛参与的农村投融资体系。如美国在全美十二个农业信贷区，都有一个由联邦土地银行、联邦中期信贷银行和合作银行组成的互助合作性质的农业信贷机构；而有些国家甚至将政策性金融机构与互助合作性质金融机构有机地结合起来，如法国的农业信贷银行就是一种"上官下民"的所有制模式，它的中央机构——国家农业信贷银行是政府所有的公有性质，而省级农业互助信贷银行和地方农业互助信贷合作社均为合作性质，实行自治，有自己专门的管理机构和权力机构。

（四）发达完备的法律体系以保障农村投资

各国在进行农村投融资体制改革的过程中，都将法律制度的建设摆在首位，法律、制度和规章是农村投融资体制改革取得成效的重要前提和根本保障。目前，美、日等发达国家普遍建立了比较完善的农业政策性金融法律体系，对农业政策性金融业的监管严格规范。在美国，经过半个多世纪的发展与进化，目前已形成了一个以《农业法》为基础与核心的、一百多个重要法律为配套的比较完善的农业法律体系。因此，美国的农业已经走上了一个以法治农的轨道。美国的农业立法主要体现在以下几个方面：制定和修订适应各个时期统帅农业整个经济活动的农业法；加强农地开发和利用方面的立法；注重农业投入的立法和健全农业的信贷机构。如美国关于农业政策性金融机构的专门法律有《农业信贷法》、《农林渔业金融公库法》等。关于农业信贷、信用保险的专门法律有《农业信贷法》、《农业信用保证》、《保险法》等。2002 年，时任美国总统布什签署了《农业补助法案》，根据该法案，其后 10 年内美国政府将向农业提供 1900 亿美元补贴。美国在农业与农村建设投入中的规则和法律保障具体体现在以下几个方面：法律规定一个投资比例，每年在国家预算中用一定的比例扶持农业；规定取得政府投资的条件和程序；法律授权农业部门在规定的权限范围内决定投资的数量；政府提供贷款担保，美国政府提供的农业贷款担保高达贷款额的90%；政府通过资助特许的执行特殊信贷职能的金融机构来实施贷款计划；政府对信贷机构提供的低息农业贷款进行贴息；实施出口信贷和出口信贷保证。日本颁布了《农业基本法》、《农业现代化资金筹措法》等一系列法律，主要内容是围绕如何推进农业现代化，提高农业生产率，扩大农民经营规模，增加农民收入，以缩小工农产业和城乡收入差距。1999年以后，日本出台了《食品·农业·农村基本法》以及《山区振兴法》等配套法律，农村与农业并行发展，并制定了具体的实施计划。据统计，日本两次推进新农村建设前后，共出台三十多部法律与法令。日本农经学家普遍认为，农村建设比城市建设更复杂，必须有相应的制度保障，争取让农民尽快受益。否则，农民会认为政府只是在空喊口号。韩国政府则在新农村运动中制定了《城乡交流促进法》，以保证"一社一村"运动的开展。

（五）将农业保险的建立作为金融政策性支农的一个重要举措

各国都认识到农业保险制度的建立，是转移农业风险的一个重要手段，因此，各国都非常重视农业保险的发展。以美国、欧盟和日本为例，美国自1938年颁布《联邦农作物保险法》以来，其农作物保险经历了试办、加速发展、政府出政策并与私营保险公司混合经营、政府出政策并完全交由私营企业经营和代理的四个阶段；而法国是典型的私有化主导型农业保险国家，农业保险体系基本上由私有保险公司组成，政府只是提供必要的政策支持。日本在风险防范方面，则形成了包括存款保险制度、相互援助制度、农业信用保证制度三位一体的风险防范制度体系，以保证农村投融资体制的顺利运行。

（六）利用市场和宏观调控等多种协调手段

各国在农村投融资体制改革初期普遍采取单一的协调手段，

不是寄希望于市场协调，就是完全依赖政府协调。从各国实践来看，单一手段不可能取得完全的成功，甚至可能失败。鉴于此，各国开始探索并采用政府、市场等多种协调手段相互配合的模式，最终形成以政府为主导，以市场为基础，政府和市场相结合的与本国农村投融资体制相适应的综合协调手段。例如，美国原来信奉市场机制是万能的，但大危机之后，政府开始加强对农业投资的宏观调控，为保护农业付出了很大代价。一是建设了专司政府调控职能的机构即商品信贷公司，并建立了巨大而灵活的联邦储备体系；二是有充足的财政支持，联邦政府用于农业支持的经费，1995 年大约为 100 亿美元，最高时超过了 250 亿美元；三是政府实行农场主"自愿"的农业计划，并用价格、信贷、补贴等手段予以有力的配合。韩国开始主要依靠政府投入，后来变成政府主导、农民积极参与，最后发起"一社一村"运动，公司、企业也参与其中。这些经验是值得我国借鉴的。在我国，《国务院关于投资体制改革的决定》推出后，国务院直接对各类经济主体的投资行为，进行了大刀阔斧的改革，改革更是对政府部门提出了很大的挑战。相比过去对农业与农村投资项目的层层审批，政府部门今后将主要通过经济的、法律的和必要的行政手段，对农业与农村投资进行间接调控，切实做到"微观上该放的一定要放开，宏观上该管的一定要管住"，保持国家对农业与农村投资的积极引导和有效调控。而要达到这一目的，政府也需要充分发挥市场配置资源的基础性作用，灵活运用投资补助、贴息、价格、利率、税收等多种手段，引导社会对农业与农村的投资活动，优化农业与农村投资的地区结构和项目结构。

第二章

新农村建设的资金供求预测

第一节　资金需求预测分析

目前，关于社会主义新农村建设的资金需求，有不同的数量估算，包括政府部门、世界银行以及众多学者的估算。其中比较权威的有国家发展改革委员会、住房和城乡建设部及中国银行业监督委员会的估算。本章先对这些估算简单做一个介绍，然后提出自己的估算方法与结果。

一、几种估算

根据国家发展改革委员会课题组（2006）调查，在中西部地区，新农村建设的"六通、五改、两建"等 13 项工程扣除已建成的项目后，待建项目全部建成所需投资平摊到农民每户约为 8265 元（政府+农民）；其中，农民愿意承担 49.7% 的费用（即 4107 元），希望政府补助及农村金融机构提供融资安排的比例为 50.3%（即 4158 元）。按照 2004 年农村统计户数测算，全国完成上述 13 项建设项目共需要投资总额约为 2.05 万亿元。其中，绝大部分是基础设施、公益事业建设资金需求量。另据国家发展改革委员会产业研究所调查，新农村基础设施建设，包括"一池三改"、道路硬化、通信、广播电视等，按照一定标准建设，扣除已建成项目，全国平均每位农民约需投资 5000 元。另外部分则是农民住房建设资金需求量。

根据住房和城乡建设部做出的我国居民住房的小康标准："到 2020 年，我国居民住房要从满足生存需要，实现向舒适型的转变，基本做到户均一套房、人均一间房、功能配套、设施齐全。"据测算，按照这一标准，建设新农村住宅楼，农村户均约需投资 8 万元。

根据银监会的初步测算，到 2020 年，社会主义新农村建设需要新增资金 15 万亿~20 万亿元人民币[①]；而国家统计局的初步测算结果表明，新农村建设新增资金需求总量为 5 万亿元左右。另据相关政府部门的测算，到 2020 年，我国新农村建设在产业发展、基础设施建设、医疗卫生、教育、文化、社会保障等六个方面的资金需求总额为 18 万亿元左右。乐观地估计，通过中央与地方财政、国内外各金融机构以及各类社会资金可以筹集到的新农村建设资金约 12 万亿元，资金缺口约为 6 万亿元[②]。

此外，还有一些学者的估算。程国强（2007）以行政村固定资产投资需求为研究对象对新农村建设所需固定资产投资额做出了估计：一个行政村要建设成规模，基础设施等固定资产投资需要 1000 万元，全国大概有 60 万~70 万个行政村，所以固定资产投资至少需要 7 万亿元，平均需要 8 万亿元，除上述新农村建设中的基础设施建设等固定资产投资外，新农村建设资金的需求范围还应涵盖医疗、卫生、教育、社会保障等最基本的公共服务建设。亚洲银行 2006 年对基本公共服务部分进行了测算，认为约需 1.5 万亿元；林毅夫（2007）认为如果平均每年需要对农村道路、安全饮水、沼气、用电、通信、广播电视等基础设施建设投入 2700 亿元的资金，15 年总计需要 4.05 万亿元；马晓

---

① 唐双宁：《新农村建设的资金需求》，新华网 http：//news．tom．com 2006 年 7 月 30 日。

② 王铁：《新农村建设筹资问题探究》，《学习时报》2008 年 10 月 30 日。

河（2006）通过对典型地区的调查，按照2004年农村统计户数测算，在扣除了已建成的工程后，全国完成新农村建设"六通、五改、两建"等13项工程共需要投资总额约为2.05万亿元；姚耀军、陈德付在研究中国农村非正规金融问题时提出，目前正规金融对农民金融服务的覆盖面不到农户总数的20%，农村金融供需缺口明显。他们同时提供了对1993～2002年中国农村资本缺口量的估算①，见表2-1所示。

表2-1　1993～2002年中国农村资本的缺口量

（单位：亿元）

年份	农村资本融资量理论值	农村资本融资量实际值	农村资本缺口量
1993	7660.8	7101.5	559.3
1994	10288.0	7830.2	2457.8
1995	13221.6	7254.0	5967.6
1996	16553.5	11454.2	5099.3
1997	19290.4	12552.5	6737.9
1998	21960.9	14473.3	7487.6
1999	23624.3	16098.2	7544.1
2000	25352.0	16731.9	8509.8
2001	25677.8	18964.3	6713.5
2002	26524.3	21592.5	4931.8

资料来源：姚耀军、陈德付：《中国农村非正规金融的兴起：理论及其实证研究》，《中国农村经济》2005年8月，第47～53页。

上表所测算的中国农村资本缺口量较真实地反映了2002年及以前的情况，但没有全面考虑到建设社会主义新农村的资金需求问题，如果考虑到这个因素，估值应该是偏低的。

----

① 姚耀军、陈德付：《中国农村非正规金融的兴起：理论及其实证研究》，《中国农村经济》2005年8月，第47～53页。

二、本书对新农村建设资金需求的估算

新农村建设资金需求，其一是农村基本建设投资需求，其二是农村固定资产投资，包括了农村制造，建筑，交通运输，科学研究和技术服务，水利环境和公共设施管理，居民服务和其他服务，教育、卫生和社会保障与社会福利，文化体育和娱乐业，公共管理和社会组织等方面。本书主要通过搜集历史数据，根据线性预测方法，测算 2009 年至 2020 年农村基本建设投资与农村固定资产投资资金需求两方面的内容，见表 2-2 所示。

表 2-2 新农村建设资金需求预测　　（单位：亿元）

年份（t）	（1）农村基本建设投资 X_1	（2）农村固定资产投资 X_2	合计（X_1+X_2）
1981	29.20	250.00	279.20
1982	34.10	329.90	364.00
1983	35.50	415.80	451.30
1984	37.10	553.90	591.00
1985	36.90	677.60	714.50
1986	35.10	820.20	855.30
1987	42.10	1061.10	1103.20
1988	46.20	1321.90	1368.10
1989	265.94	393.32	659.26
1990	307.84	1242.60	1550.44
1991	347.57	1047.54	1395.11
1992	376.02	2000.4	2376.42
1993	440.45	2768.9	3209.35
1994	532.98	3507.8	4040.78
1995	574.93	4375.6	4950.53
1996	700.43	2827.7	3528.13
1997	766.39	5746.8	6513.19
1998	1154.76	5914.8	7069.56

年份（t）	（1）农村基本建设投资 X_1	（2）农村固定资产投资 X_2	合计（X_1+X_2）
1999	1085.76	6122.70	7208.46
2000	1231.54	6695.90	7927.44
2001	1456.73	7212.30	8669.03
2002	1580.76	8011.10	9591.86
2003	1754.45	6585.91	8340.36
2004	2357.89	11449.20	13807.09
2005	2975.00	13678.50	16653.50
2006	3248.31	16629.50	19877.81
2007	3409.28	19074.42	22483.70
2008	3570.25	21489.73	25059.98
2009	3731.21	24294.84	28026.05
2010	3892.18	25099.94	28992.12
2011	4053.15	25905.05	29958.20
2012	4536.06	26710.15	31246.21
2013	4697.03	27515.26	32212.29
2014	4858.00	28320.36	33178.36
2015	5179.93	30125.47	35305.40
2016	5501.87	31930.57	37432.44
2017	5662.84	32735.68	38398.52
2018	5823.81	33540.78	39364.59
2019	5984.78	35453.63	41438.41
2020	6145.75	37568.79	43714.54

注：1. 非预测数据来源：《中国农村统计年鉴（2007）》；《中国统计年鉴（2007）》。2007 至 2020 年为预测数据。

2. 农村基本建设投资中，水利基本建设投资占 50%～70%。

3. 农村固定资产投资投向主要包括：农业、农村采掘业、制造业、电力燃气及水的生产和供应、建筑业、交通运输、仓储和邮政业、信息传输、计算机服务和软件业、批发和零售业、住宿和餐饮、批发和零售、金融、房地产、租赁和商务服务业、科学研究、技术服务和地质勘查业、水利环境和公共设施管理、居民服务和其他服务、教育、卫生和社会保障与社会福利、文化体育和娱乐业、公共管理和社会组织等方面内容。

第二章 新农村建设的资金供求预测

通过历史数据回归，得到农村基本建设投资方程与农村固定资产投资方程如下：

$$X_1 = -189.712 + 38.33t$$
$$(-2.444) \quad (5.914)$$
$$\text{Adjusted } R^2 = 0.641 \quad F = 34.981 \quad P = 0.001$$

$$X_2 = -2663.417 + 805.105t$$
$$(-3.308) \quad (9.886)$$
$$\text{Adjusted } R^2 = 0.795 \quad F = 97.723 \quad P = 0.001$$

以上方程经调整后的决定系数较高，回归效果均显著。

通过线性预测，得到的 2009～2020 年预测值见表 2 - 2 所示。

第二节 资金供给预测及资金供需缺口分析

社会主义新农村建设资金来源主渠道包括政府财政、金融机构与农民。根据国家发展改革委员会的调查结果，26% 的被调查农民完全愿意搞新农村建设，另有 68% 的农民表示只要不让他们出钱就愿意搞新农村建设。也就是说，根据发展改革委员会的预测数据，要完成新农村建设，通过农村金融机构投入及政府投资额度要远远超过 1 万亿元。而按照过去农村投入资金中财政资金、信贷资金及社会资金的经验比例，即使考虑到公共财政加大投入的情况，新农村建设需求中的很大部分仍将由银行金融机构提供①。

根据 2006 年及以前的农业信贷、农村财政投入数据，可以

---

① 张建平：《农业银行加大力度支持新农村建设》，新华网：http：//www. xinhua. com，2006 年 8 月 4 日。

通过回归统计进一步预测 2007 年及以后的数据；对于农民投资，参照郭敏、曲艳芳（2002）的研究[1]，以人均生产费用现金支出作为衡量农民投资的指标，它包括人均家庭经济费用支出（短期投资）和人均购买生产性固定资产支出（长期投资）。三项预测见表 2－3 所示。

表 2－3　新农村建设资金来源预测　（单位：亿元）

年份	农业信贷（X_3）	农村财政投入（X_4）	农民投资（X_5）			合计 $X_3+X_4+X_5$
			家庭经营人均现金支出（X_{51}）（元）	家庭生产性固定资产现金支出（X_{52}）（元/人）	农民投资合计（X_{51}+X_{52}）×4.635	
1990	—	307.8	162.9	20.5	850.06	—
1991	—	347.6	188.4	26.7	996.99	—
1992	—	376.0	206.5	29.8	1095.25	—
1993	—	440.5	241.2	34.5	1277.87	—
1994	—	533.0	327.8	46.1	1733.03	—
1995	—	574.9	454.7	62.3	2396.30	—
1996	1919	700.4	524.0	63.8	2724.45	5343.85
1997	3314	766.4	539.9	60.0	2780.54	6860.94
1998	4444	1154.8	511.7	54.3	2623.41	8222.21
1999	4792	1085.8	470.7	57.6	2448.67	8326.47
2000	4889	1231.5	544.5	63.9	2819.93	8940.43
2001	5711	1456.7	584.8	78.1	3072.54	10240.24
2002	6885	1580.8	617.4	85.5	3257.94	11723.74
2003	8411	1754.5	638.4	101.7	3430.36	13595.86
2004	9843	2337.6	788.6	107.7	4154.35	16334.95
2005	11530	2450.3	1052.5	131.1	5485.99	19466.29

①　郭敏、曲艳芳：《农民投资行为实证研究》，《经济研究》2002 年第 6 期，第 23～29 页。

续表

年份	农业信贷（X_3）	农村财政投入（X_4）	农民投资（X_5）			合计 $X_3+X_4+X_5$
			家庭经营人均现金支出（X_{51}）（元）	家庭生产性固定资产现金支出（X_{52}）（元/人）	农民投资合计（X_{51}+X_{52}）×4.635	
2006	13208	3173.00	1104.10	139.60	5764.55	22145.55
2007	13071.82	2350.84	1287.20	147.20	6648.44	22071.10
2008	14114.91	2471.13	1099.37	138.68	5738.34	22324.38
2009	15158.00	2591.42	1155.18	145.61	6029.16	23778.58
2010	16201.09	2711.71	1210.99	152.54	6319.98	25232.78
2011	17244.18	2832.00	1266.79	159.48	6610.75	26686.93
2012	18287.27	2952.29	1322.60	166.41	6901.57	28141.13
2013	19330.36	3072.58	1378.41	173.35	7192.38	29595.32
2014	20373.46	3192.87	1434.22	180.28	7483.20	31050.43
2015	21416.55	3313.16	1490.03	187.21	7774.02	32503.73
2016	22459.64	3433.45	1545.84	194.15	8064.84	33957.93
2017	23502.73	3553.74	1601.65	201.08	8355.66	35412.13
2018	24545.82	3674.03	1657.46	208.02	8646.48	36866.33
2019	25588.91	3794.32	1713.27	214.95	8937.30	38320.53
2020	26632.00	3914.61	1769.08	221.88	9228.11	39774.72

注：（1）2006 年及以前农业信贷数据来源于：http://www.pbc.gov.cn/13208；

（2）2006 年及以前农村财政投入数据来源于《中国农村统计年鉴》(2007)；

（3）人均农村居民家庭经营费用及购买生产性固定资产现金支出数据来源于《中国农村住户调查年鉴（2008）》，再乘以 1990 年、1995 年、2000 年及 2005 年平均乡村从业人员数量即 46350 万人，得到农民投资合计数据。

（4）2007 到 2010 年数据为预测数据。

通过历史数据回归，得到农业信贷方程、农村财政投入方程、农民短期投资方程与长期投资方程分别如下：

$$X_3 = 554.727 + 1043.091t$$

$$(1.05) \quad (133.89)$$

$$\text{Adjusted } R^2 = 0.947 \quad F = 179.27 \quad P = 0.001$$

$$X_4 = -415.834 + 120.29t$$

$$(-2.77) \quad (10.523)$$

$$\text{Adjusted } R^2 = 0.839 \quad F = 110.741 \quad P = 0.001$$

$$X_{51} = 38.996 + 55.809t$$

$$(0.678) \quad (10.505)$$

$$\text{Adjusted } R^2 = 0.865 \quad F = 110.359 \quad P = 0.001$$

$$X_{52} = 6.929 + 6.934t$$

$$(1.190) \quad (12.891)$$

$$\text{Adjusted } R^2 = 0.907 \quad F = 166.177 \quad P = 0.001$$

以上方程经调整后的决定系数较高,回归效果均显著。通过线性预测,得到的2007~2020年预测值见表2-3所示。

由此得到新农村建设资金供求缺口的预测值,见表2-4所示。

表2-4　新农村建设资金供求缺口预测　(单位:亿元)

年份	资金需求	资金供给	供求缺口
2009	28026.05	23778.58	4247.47
2010	28992.12	25232.78	3759.34
2011	29958.20	26686.93	3271.27
2012	31246.21	28141.13	3105.08
2013	32212.29	29595.32	2616.97
2014	33178.36	31050.43	2127.93
2015	35305.40	32503.73	2801.67
2016	37432.44	33957.93	3474.51
2017	38398.52	35412.13	2986.39
2018	39364.59	36866.33	2498.26
2019	41438.41	38320.53	3117.88
2020	43714.54	39774.72	3939.82
合计	419267.10	381320.50	37946.59

　　表2－4显示，2009～2020年新农村建设约需资金419267.1亿元，而资金供给约为381320.5亿元，资金供求缺口约为37946.59亿元，年均缺口约为3000亿元。

　　值得注意的是，该缺口的估算建立在各项指标按时间线性增长的基础之上，这意味着农业信贷、农业财政投入与农民投资必须按线性方程稳步增长，这在现实中本身就面临着诸多制约因素。这同样意味着，即使满足了上述资金供给的假设条件，每年依然存在着数千亿的资金缺口，新农村建设的融资压力可见一斑。

第三章

制约新农村建设投融资体系的理论分析

根据权威部门的分析以及本书第二章的预测可知，新农村建设需要庞大的资金投入，面临着巨额的资金缺口，在现实中构成了融资与投资双重困境。解析农业投融资存在着缺口以及不畅的原因，本书认为根源于农业投资机制不健全、体制不完善和行为不合理。下面运用制度经济学、生态经济学理论、行为学及博弈论方法进行讨论。

第一节　体制约束：基于生态学 与制度经济学视角

制度经济学将思维视角深入到产权界定、交易成本及体制安排等方面。在过去一个较长时期，我国缺少制度创新，体制性障碍对我国农业投融资造成的影响不容忽视。这些因素主要体现在金融体制、流通体制、统派购体制、投资体制、财政体制以及农业经营体制之中。例如，改革开放以来，随着统派购体制的取消，农民的投资能力从集体中分离出来，强化了自我积累功能和追求利益最大化的投资欲望。流通体制尤其是价格体制改革也直接诱导了农民的利益机制，农民开始根据市场需要安排投资方向与数量。然而，新旧体制的更替是一个过程，当新体制尚未完全健全之前，农业投资的规模和结构势必受到金融体制、产业投资体制、财政体制、农业经营体制的影响和制约。

一、金融体制的制约——基于生态学的分析

良好的农村金融生态是构筑新农村建设中金融机构投融资体系的有力保障。由于历史和自然等多方面的原因，我国广大农村的金融生态相当脆弱，已经成为我国全面金融生态环境建设中的制约因素。这不仅关系到农村金融业的可持续发展，更关系到新农村建设的投融资问题，关系到农村社会的稳定与和谐。下面拟在对农村金融生态理论做出阐述的基础上，从系统论和全局观的角度来分析农村金融生态与新农村建设中金融机构投融资体系之间的关系。

（一）农村金融生态理论与农村金融机构投融资体制

关于金融生态的概念，目前有不同看法。其一是"比喻论"①，认为金融生态是借用生态学概念来比喻金融业运行的环境，主要是法制环境、市场环境、信用环境、制度环境及经济环境等；其二是"内外因素综合论"②，认为金融生态是指影响金融业生存与发展的外部因素，如社会、政治、文化、经济、法律、意识形态、信用传统习惯，和金融业内部结构与运行主体、组织行为、机制、产品等内部因素，以及内外部因素的相互牵制和影响；其三是"价值论"③，认为金融生态反映金融业内外部

① 苏宁：《优化金融环境 改善金融生态》，中国人民银行网站，http://www.pbc.gov.cn/jinrongshengtai，2005年7月18日。

② 韩平：《改善金融生态环境是系统工程》，《金融时报》2005年5月24日第1版。

③ 乐嘉春、邹民生：《可持续发展呼唤良好金融生态》，中国财经信息网，http://bond.cfi.net.cn/（1uoazxyfbsdwnruqwsxgdaei）/newspage.aspx? id，2005年10月11日。

各因素之间相互依存、相互制约的有机的价值关系；其四是"仿生论"①，这一观点来自于生态经济学并借鉴了生态学的观点，认为金融生态是一种仿生学概念，是一种社会状态，与自然界的生态相类似，是社会发展中一个呈网状结构的重要组成部分，与社会发展中的其他要素环环相扣，不可分割。那么，如何界定农村金融生态？这里基于生态经济学或经济演化理论，将农村金融本身视为一种生态，认为农村金融生态系统是由农村金融主体（主要包含农村金融产品及服务的生产者或供给者，如农村信用社、农村商业银行及其他农村合作金融机构、农村金融决策及监管机构）及其赖以存在和发展的农村金融生态环境（主要包括农村经济发展水平、农村法治建设、乡村文化、习俗等体制、制度和传统环境）构成的，彼此依存、相互影响、共同发展的动态平衡系统。在这种动态平衡系统中，农村金融生态环境提供了农村金融主体的活动范围和服务对象，影响甚至决定后者的运行机制、生存状况，反过来，后者通过提供农业金融资源配置功能、农村金融信息生产与导向功能、风险规避与管理功能积极反作用于前者。当然，由于在农村金融生态系统中人是活动的核心要素，其他要素、子系统及环境都带有活动着的人的印记，如农村金融产品的生产与消费主体、农村金融组织、农村金融监管者等都是活动着的人；农村金融环境如农村经济、农村社会、乡村政治、文化、习惯等又都是人活动的历史或现实的积淀，因此农村金融生态系统不同于自然生态系统，其主体与环境之间界限并不十分明晰，是一个人性化的特殊生态系统，同自然生态系统一样影响着农村金融及农业可持续发展。

农村金融机构投融资体系是促进新农村建设的投融资体系中

① 李杨等：《中国城市金融生态报告》，中国证券网，http://topic. cnstock. com/tebebaodao/topic/jrsh/default. shtm,2005 年 10 月 28 日。

的核心组成部分（此外还包括财政投融资体系和农民投融资体系）。农村金融生态与农村金融机构投融资体系是相互促进、互为因果的关系，如图3-1所示。

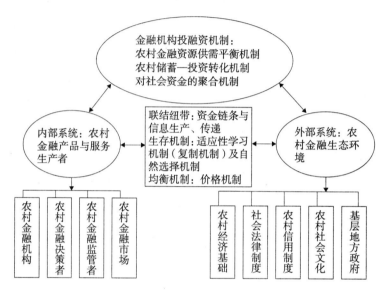

图3-1　农村金融生态系统与农村金融机构投融资机制

图3-1揭示，农村金融生态系统由内部系统与外部系统组成。前者主要是农村金融产品与服务的生产者，包括农村信用社、农村商业银行、农村金融决策机构与监管机构，以及农村金融市场；后者主要指农村金融赖以生存和发展的农村经济基础、法律制度、社会文化、信用制度、基层政府等因素在相互联系和动态演化中形成的有机整体。在农村金融生态内部系统与外部系统之间，通过资金纽带及信息传递进行联结，通过适应性学习机制及自然选择机制维持农村金融产业的生存、创新和发展，通过价格机制维持农村金融系统均衡。两者共同作用于农村金融机构投融资机制，影响金融资源的供需平衡机制、农村储蓄与投资转化机制以及对社会资金的聚合效应。鉴于此，从生态学的观点来

看，通过优化农村金融生态环境来完善新农村建设中农村金融机构投融资体系和效率，具有十分重大的现实意义。

（二）金融生态恶化对我国新农村建设中投融资体制的扭曲

农村金融生态有其自身运行规律和机制，但在我国经济转型阶段，由于农村金融内部生态系统的非自然运行，以及外部环境系统建设的不和谐，使得我国农村金融生态系统遭受到了严重的破坏，农村金融投融资体制面临着严峻的挑战。这些内外部因素主要有：

1. 非自然、非均衡演进的农村金融生态影响了农村金融的资源配置功能

生态系统是一个自然演进与均衡发展的系统。我国金融在发展上虽然已经开始实现向金融产业的真实复位，但同属于金融生态系统的农村金融与城市金融的演进历史显然有悖于金融生态演化的重要原则：自然演进与均衡发展。从 1998 年开始正规金融后撤，贷款权限进一步上收，国有商业银行许多县级及以下机构纷纷变成单纯吸收存款的"抽血机"，农村资金以每年 3000 亿～6000 亿元规模的速度外流，造成了农村金融的严重失血。在国有金融后撤的同时，国家强令关闭了农村合作基金会，只留下了农村信用社这一"草根金融"，各种民间金融及地方民间借贷甚至成为农村资金融通的主要渠道。对于广袤的农村而言，农村信用社的作用只是杯水车薪；更何况大多数农村信用社早已自身难保。首先，农村信用社及农村商业银行浮动利率改革范围较小，力度不够，不能有效制约农村资金的流失。其次，大多数农村信用社难以发挥农村金融主力军作用。农村信用社及农村商业银行的发展经常面临多元目标的冲突，造就了农村金融机构内部经营和外部管理中的机会主义，成为影响其运行绩效和可持续发展的重要因素。再次，局限于信用社的农村金融改革部分地限制了农村金融的组织创新，影响了农村金融供给的有效增加，难以

从根本上解决农村金融发展中的不平衡问题。迄今为止,农村金融抑制、对于农村民间金融的歧视仍然相当严重。在这种非均衡与非自然演进的农村金融生态体系中,农村金融体制与功能异化,极大地削弱了竞争机制对农村金融机构功能的强化和创新推动的作用,影响了农村金融产业的资源配置功能,进而影响了农村金融机构投融资体系的建立。

2. 对农村金融资源的粗放型利用催生了农村金融风险

农村金融资源的粗放型利用主要体现在农村金融业高投入、低产出方面。在投资饥渴症、预算软约束下,许多地方政府急功近利,片面追求地方经济增长而不管资金的利用效率。这种资金生态链的不对称情况不仅浪费了金融资源,而且极大地破坏了金融生态的平衡,直接催生了农村金融风险,这些风险可以概括为如下方面:农村储蓄率上升且不能有效转化为投资使得风险在农村金融机构中累积,不良资产增加(2005 年 6 月末中国农信社不良贷款率在 17.5% 高位徘徊,而资本充足率仅为 5.89%);农村基层财政赤字的日积月累(中国仅乡镇一级政府的平均负债已经超过 400 万元,何况县、市一级!这条漫长的债务链条在延续了十多年后,已经成为可能引发我国金融系统风险的最脆弱一环),使得基层财政风险与农村金融风险协同,成为农村金融不稳定的另一根源;农村商业银行与乡镇企业治理结构缺陷引发道德风险和逆向选择风险,成为国家对农村金融进行财政买单的诱因;农村金融机构在利率方面缺乏自主定价的环境和定价能力,无法规避潜在的金融风险;农村黑色金融盛行扰乱了国家正常金融秩序;在 WTO 开放环境下僵硬的农村金融体制缺乏金融创新的活力使得农村金融业蕴涵着竞争力风险。

3. 制度缺陷成为农村金融生态恶化、影响农村金融机构投融资体系的根源

制度缺陷主要包括:(1)农村金融产权制度缺陷。金融系

统中模糊的产权边界使得各经济体及政府超越生态边界，原有的金融生态系统也趋于失衡。现行的农村合作金融仍然难以有效解决所有者缺位问题。农村合作金融机构名义上归全体股东所有，但其股东中绝大部分是自然人，这些自然人股东不仅合计出资额少，且分散在众多的自然人股东之中，他们的所有权难以体现。由于产权不清，所有者缺位，造成权责不对称。名为入股社员所有，而由于股权分散性与原子性质，难以体现出社员对合作金融机构的所有关系，导致内部人控制盛行以及内部制衡机制、激励机制和约束措施缺失，形成"大行业、小机构、松散型"的体制缺陷，最终出现全行业高风险状况。此外，在这种合作产权体制下，随着国有商业银行重新撤离农村，县、镇各级政府对农信社的依赖和控制程度都不断强化，使得行政干预与权力现象有增无减。（2）信用制度缺陷。金融业没有信用基石，就如同自然界没有了空气和水。生态金融系统中一个基本的要求就是各个投融资子系统能有序对话，要求完善信用增级机制。目前我国农村征信业尚无专门法律或法规加以规范，征信业在定位、发展模式和发展方向等方面都没能明确，农村社会信用信息征集体系、信用中介机构建设也只是处于起步阶段，既不能有效地归集并准确地评估农村金融系统中各层次、各子系统的信用信息，又无法在经营机制上依赖于筹资者的真实信用状况以做出决策，造成失信惩罚机制缺失，贷户诚信意识淡薄，由此导致了农村大量的诈骗案和逃废金融债权现象。（3）法律制度缺陷。金融法律制度通过构建金融组织竞争机制、调节机制及保障机制，能够使金融组织优胜劣汰，保持金融生态环境的良性发展和动态平衡，增强金融生态环境的稳定性和适应性，同时保持金融生态环境的物种多样性，鼓励金融创新。当前，我国农村金融生态法律环境面临以下两个方面的问题：一是市场化法制如破产法律、入股者保护法律等不健全，农村金融组织不能实现优胜劣汰，政府提供高成本的非市场干预机制导致风险累积，破坏了农村金融生态的动态平衡；二是监管法律不健全，执法环境不佳，金融欺诈、诚信危机危及了农村金融生态环境的自我调节和自我净化机制的基础。

二、产业投资体制的制约

一般情况下，产业投资体制受到国家宏观经济体制、国民经济的工业化水平、各产业的性质等因素的影响。农业的市场筹资功能较弱，经营农业的比较利益低，因而，在各产业投资体制中，农业投资体制处于明显的弱势地位。

首先，我国农业投资体制改革要滞后于整个国民经济体制改革。政府的产业投资体制改革，要求明确政府对国民经济各个产业的投资职责。农业投资最初是由国家财政拨款、集体公积金提留承担。改革开放后，出现了银行、信用社贷款、农民自我积累投资、农村集体股份制合作、农业外商投资、大中型企业投资等多种形式，从形成了投资主体多元化、资金来源渠道多样化、投资决策科学化和投资方式多样化的局面。政府现行的产业投资体制是计划经济的产物，它既承担着国民经济的管理职责，又代表国家承担对各个产业经营性投资的职责，而在现有经济发展水平下，政府对各个产业的经营性投资是以是否是国有经济为主要依据。随着可持续发展战略的实施和适应两个根本转变，如何加大改革力度促使农业投资体制与国家投融资体制改革相配套就成为一个现实中亟待解决的问题。

其次，政府对农业投资的宏观调控功能弱化。投资体制改革使高度集中的"集权型"体制向"分权型"决策过渡，在促进投资主体、投资渠道多元化的同时，强化了预算外投资的功能，扩大了地方政府的决策权限，导致了拨款改贷款。客观地说，农业投资拨改贷揭开了投资管理体制改革向市场化迈进的序幕，取得了明显的绩效，却也弱化了国家农业投资的宏观调控职能。由于政府所控制的农业投资资金主要在预算内一块，而国家预算内资金占全社会固定资产投资比重是不断下降的，而且在治理通货膨胀、压缩投资规模时，农业投资受到影响也就在所难免。此外，从1985年开始，预算内投资按有偿使用原则，由财政拨款改贷款，对一些行业盈利水平低，还款能力差以及非生产经营性项目，也要求建设单位与建设银行在资金管理上的领拨关系改为借贷关系，部分农业投资（农业投资的70%以上）亦实现了拨款改贷款，并交由投资公司经营，实行市场化运作。国家农业投资不再直接进入经营领域，农业生产、经营过程所需资金投入由农民、地区性合作经济组织通过自筹与信贷机制予以落实，这种农业投资商业化的取向在某种程度上不可避免地会强化非农投资偏斜，削弱农业投资的宏观调控功能。

此外，政府可增加农业投资的财力也受到现行产业投资体制的制约。我国政府对国民经济的各个产业都承担着经营性投资职责，财力分散，在非农产业产权还不明确的情况下，各产业为了自身的发展，无不以各种理由争夺政府这一最优惠的投资资源，对此，科尔内的预算软约束理论给出了注解①。而且，政府还缺乏增加农业投资的法制监督。由于政府增加农业投资规模的法律规定和执行是以政府的产业投资职责为依据的，如果按照政府现行的产业投资体制来安排农业投资规模，可能由于缺乏增加农业投资的动机，很难有实质性的扩大，而如果脱离政府现行的产业投资体制来安排政府的农业投资规模，可能会因政府没有可增加的财力而受到政府和其他职能部门的抵制。

---

① ［匈］亚诺什·科尔内著，崔之元、钱铭今译：《增长、短缺与效率》，"走向未来丛书"，四川人民出版社1986年版，第86页。

三、财税体制的制约

首先，现行税制缺陷成为农村基层财源不足的根源之一，从而弱化了地方财政的支农职能。在分税制财政体制下，中央集中了绝大部分增值税和消费税，留给地方的只是一些征收成本高的小税种，这使得地方税收在财政收入中的比重呈下降态势，行政性收费、罚没收入和其他非税收收入成为拉动财政收入增长的主体。而政府级次过多，则直接降低了分税制收入划分的可行性。我国目前有五级政府，而现行税种有 28 个，28 个税种在 5 级政府间分配存在着协调困难。由于分税制改革的不彻底性，许多地方上下级政府之间实际上实行的仍然是分灶吃饭的财政体制，其中县、乡两级政府之间更加普遍。在实际中，县、乡财政的主要收入只剩下两块：一是工商业对财政收入的贡献；二是面向农民收取的各项税费。在多数农业主产区和欠发达地区，工商业对财政收入的贡献能力增长艰难，成为其财政增收艰难的重要原因。同时，取消农业税政策的出台，意味着因农村税费改革已大大降低了的基层政府收入来源的进一步枯竭。

其次，事权不分导致农业财政投资主体模糊。财政体制改革的结果是财权上收，事权下放，反而加重了县乡财政负担。据统计，1994 年以来省级政府对县乡级财政的集中程度平均每年提高 2%。与之相对应，事权却有所下移。县乡政府一直要提供义务教育、基础设施建设、社会治安等公共产品，同时还要在一定程度上支持地方经济发展。而且县乡两级政府所要履行的事权，大都刚性强、欠账多、所需支出基数大，无法压缩。以微薄的财权承担超负荷的事权，县乡财政苦不堪言。从财政包干制度到分税制度的确立，这一发展历程中，地方财力在扩大的同时，地方财政支持农业的职能却并没有同步提高。地方上交中央的财政收入或中央对地方补贴总额的增长比例相对比较固定，收入增量中活的一块留给地方。这里关键是活的一块如何运用，中央政府认为，农业的分散性、区域性更适合地方政府进行投资，地方政府则以农业社会效益大为由，认为中央政府应多承担投入的责任。这就使得中央与地方在农业投资方面的事权不明，甚至出现事权真空。这种事权的模糊导致了：（1）职责界定缺位，各投资主体相互期盼和推诿，导致农业投资断层。改革后，中央政府采取以价格支持为主替代资金分配政策，相对减少对农业的投资，财政支农支出占财政总支出的比率逐年下降，国家这一政策的隐含动机，是寄希望于地方政府在财政收入增长的同时，增加对农业的投入，以弥补中央财政支农资金的减少①。但事实上，地方政府新增财政收入的流向和流量与中央政府预期恰恰相反。由于中央和地方事权、职能模糊不清，地方政府投资必然会服从既定价格体系的诱导，主要用于盈利较高的工业方面，减少对比价低、生产率提高慢的农业资金投入。据调查，地方政府在每年安排财政支农资金时都是颇费周折的。由于中央政府没有硬性规定支农比重，各地政府只有视当年财力安排。财政收入上不去，首先拿支农资金开刀。（2）事权范围不明，无法判断谁失职、谁尽职，客观上弱化了国家、集体、农民履行事权的责任性。由于农业生产经营事权范围缺乏具体的当事人和责任人，更没有明确的量化指标来界定各主体的投资比例，使得农业生产经营项目无人负责，实际执行结果往往不尽如人意，且无法加以监督和追究。职责不清，责任不明，不能形成各级投资主体的自我监督和自我约束机制，其结果只能是造成农业投资的多变性和随意性。

① 陈池波：《农业投资决策体制评析》，《农业经济问题》1997 年第 8 期，第 18～21 页。

四、农业经营体制的制约

改革开放以来，中国逐渐确立以农村家庭经营为基础的统分结合的双层经营的经济体制，并且使之与现代化农业相结合，与市场经济相结合，为农业的持续、稳定和高速增长提供了必要的体制保障。农村实行家庭承包经营，极大地调动了农民的生产积极性，有力地推动了农业农村发展。但是，随着农村大量青壮年劳动力外出务工，农民老龄化、农业副业化的现象越来越突出，对农业投入不足及投入效率不高等问题非常突出，农业持续稳定发展面临巨大挑战。

农业经营制度中最主要的是农地使用制度。农地使用制度的创新，重构了农业微观基础，使农业生产力获得了极大的释放。但现行农地使用制度的缺陷同时也带来了规模不经济、粗放式经营与掠夺式投资。目前我国农地产权激励不足，表现为三个特征：首先，产权不明确。土地所有权主体是政府还是集体，这一点并不明确，农民承包界定不清；其次，产权不完善。农民拥有有条件使用权和收益权；最后，产权不稳定。土地制度多变，且一些政府为了近期利益，而不顾资源在时间上的优化组合，农民权利经常受到损害，无法实现土地利用长期利益最大化。这三个特征与产权的自身特征——排他性、转让性、继承性是相违背的，使农民对固定承包的土地缺乏长期预期，在收入、投入、风险目标的制约下，不能实现有效投入和积累机制。另外，我国人多地少的基本国情决定了农民经营规模过小，户均不足半公顷并且细碎分散，一家一户经营组织化程度低，既不利于标准化生产、机械化作业，又增加了生产成本和进入市场的难度，与发展现代农业的要求不相适应。一方面，由于农民担心土地承包权会频繁更改，降低了农民的预期，导致了农民的短期行为，不利于中长期投入；另一方面，土地承包均等化，流转程度低，使家庭经营土地规模狭小，为农业规模化和集约化经营设置了障碍。《中国农村住户调查年鉴》（2008）数据显示，我国 2007 年人均耕地面积为 2.16 亩/人，而且这一指标长期以来保持稳定。劳均耕地面积则更少，而且耕地细碎分割、零散经营。此外，家庭承包制下的土地所有权在村、村民小组及集体经济组织间的边界模糊，双层经营组织"统"与"分"的关系中，行政联系大于经济联系，加之土地产权流转、劳动要素流转制度的缺失，使得农民对农业追加投资的热情和动力受到抑制。

2009 年 8 月，农业部下发了《关于推进农业经营体制机制创新的意见》（以下简称《意见》）。《意见》全面贯彻了党的十七届三中全会精神并在 2010 年中央 1 号文件精神中加以强化，决定立足于稳定完善农村基本经营制度，加快农业经营方式转变，促进现代农业发展，并从七个方面提出了推进农业体制机制创新的指导意见。在"分"的层次上，《意见》提出家庭经营要向采用先进科技和生产手段的方向转变，增加技术、资本等生产要素投入，着力提高集约化水平。围绕着改造传统农民、培育现代农业经营主体，要广泛开展多种形式的农民培训，并从优化环境、完善机制、加大扶持等方面入手，加强农民经营能力建设，着力提高农民的融资经营能力、科技应用能力、机械使用能力和市场开拓能力。在"统"的层次上，《意见》提出统一经营要向发展农民联合与合作，形成多元化、多层次、多形式经营服务体系的方向转变，发展集体经济、增强集体组织服务功能，培育农民新型合作组织，发展各种农业社会化服务组织，鼓励龙头企业与农民建立紧密型利益联结机制，着力提高组织化程度。但是，我们也应看到，任何体制、机制的创新都不是一蹴而就的，《意见》的实施将是一个系统工程，也涉及投入问题。为了将小农民经营引入现代农业规模化、集约化发展轨道，依赖什么途径筹集资金以增强集体组织服务功能，培育农民新型合作组织，发展农业社会化服务组织以及发展农业产业化经营，是一个长期的艰巨的任务和挑战。

<h1 style="text-align:center">第二节　行为学分析：基于
软约束与博弈论视角</h1>

一、主体约束的行为学分析

现代经济学的核心假设是"人的行为是理性的"。所谓理性，是指一个决策者在面临几个可供选择的方案时，会选择一个能令他的效用得到最大满足的方案。在这里，尽管进入决策者效用函数的变量可能会有多个，但经济收益的最大化在多数情况下将是孜孜以求的目标，甚至预期收入最大的方案也就是使决策者效用最大化的方案。根据理性学说，每一个投资主体的决策行为都要受两方面的约束：一是潜在利益的认识能力；二是外部经济条件，如制度结构、相对价格、市场规模以及技术状况和风险保障等影响成本和收益的因素，这些都为投资决策行为的选择划定了可能性空间。依据上述理论，不难发现，改革以来农业投资相对减少的一个重要原因，在于随着投资主体的多元化和利益独立化以及改革推动的资金运动市场化，导致追求高回报率的资金越来越不愿投入到比较利益低的农业。加之市场经济体制的逐步建立为投资者逐利动机的释放和实现提供了更多的机会，因此，在市场经济条件下，投资主体自然会表现出非农偏好的投资倾向，社会资金流向比较利益高的非农产业也无可厚非。新农村建设的投入主体主要是政府（包括中央政府与地方政府）与农民。近年来，政府、农村集体经济组织和农民的农业投资相对减少，农业信贷资金使用的非农化，其根本原因就在于各投资主体中，除农民外，地方政府及集体经济组织也在缺乏有效约束的条件下，受利益驱动，将资金投放到利润率较高的第二、第三产业。

（一）农民投资行为分析

随着市场经济的发展，农业不再是农民投资的唯一选择，其家庭资源的配置将在满足生活消费和国家任务之后，根据收益最大化原则进行，而且农民投资规模、结构和对投资的反应取决于农民的投资能力和投资倾向。当前影响农民投资行为的主要因素有：

第一，收入水平。不同农民的收入水平不同，其投资的机会成本不同，投资行为也有差别。一般地，农民收入提高之后，会相应增加生产投入。全国农村固定观察点农民家计调查资料表明，农村居民人均纯收入由 1990 年的 686.3 元提高到 2007 年的 4140.4 元，增长了 6.03 倍，年均增长 33.5%，而同期人均用于生产经营活动的流动性生产费用和生产性固定资产费用相应由 261.4 元增加到 1579.7 元，增长了 6.04 倍，年均增长 33.6%。

第二，是劳动者的素质。2006 年全国农村固定观察点的调查资料表明，在文盲、半文盲农民中，家庭经营主业为种植业、畜牧业和非农产业的比重分别为 83.8%、3.2% 和 11.5%；而在文化程度为高中以上的农民中，上述三业比重分别为 73.5%、2% 和 20.9%。可见，文化素质较高的劳动者非农化倾向比较强烈，容易形成资本对劳动的替代，而文化程度较低的农民由于缺乏资金支撑，主要从事以劳动投入为主的种植业。

第三，经营规模。根据 2006 年农村固定观察点农民调查数据的统计，户均种植面积与家庭经营费用投入之间呈 U 型关系，即户均土地规模偏大或偏小都会造成投资的不经济。尤其是土地经营规模偏小的农民，受收入约束而限制了投资能力的提高，进而强化了兼业化倾向。

第四，是比较利益。农业生产的绝对效益和比较利益逐年下降，难以形成利益诱导机制和行为激励机制。应该看到，近年来，农民投资的非农化倾向加强，农业投资相对量呈现递减趋势，是农民作为经济行为主体对农业投资收益不断下降这一市场信号做出的合乎理性的选择，也是对市场法则所要求的投资趋利性的正当反应。其一，农民投入行为由于国家投资的引导与宏观调控机制弱化而出现变异和分化。本来，国家财政投入一方面可直接或间接地引导农民增加相应的投入，吸引活劳动的积累；另一方面，国家投资进行农业基础设施建设，改善了农业生产条件，有利于提高农业生产的经济效益，对农业投资起着导向作用。但在现行财政体制下，国家寄希望于农民增加投资，相对减弱了农业基础设施的建设，弱化了诱导农民进行农业投资的作用，农民对农业的投资随国家投资的减少呈更大幅度地减少。其二，农民超前消费行为同收入滞涨间的矛盾形成农业积累投入的障碍。一是农民收入增长放缓。在农业投资收益率下降的情况下，农民的平均收入增长率非常低下；二是农民负担加重，又直接削弱了农民的农业投资能力。在此情况下形成的由示范效应诱导的"攀比行为"更使得低收入农民的积累能力进一步削弱。

总之，从行为学角度考察，农民投资行为的分化不利于农业生产效益的提高与农业的持续发展，对优化农业资源配置及农业集约经营都会产生重要影响。

（二）政府农业投资行为分析

政府作为农业基础性、公共性投资的主体，其行为动机是注重宏观及长远的经济效益与社会效益，保障满足人民生产需要及国民经济的协调发展。其投资行为对农民具有引导与示范带动作用，为农民增加对农业的投入创造条件，并坚定农民的投资信心。据对1974～1984年间35个发展中国家政府投资与产出增长数据的分析，政府日常支出和基建投资平均每增长10%，非洲农业产出增长3.53%，亚洲和近东地区增长3.35%，拉丁美洲增长1%；研究还表明，政府对农业投资不稳定性（以农业投变量的方差表示）每提高 10%，单位劳动力的农业生产增长率就将下降 0.36%。然而，新中国成立以来，我国政府是以经济实体的身份出现的，由于传统计划经济体制的禁锢和急于求成思想的驱动，我国经济发展一直是以粗放式的外延增长为特征，注重的往往是短期经济效益与社会目标。由于农业比较利益低，而且加速进行工业化建设更能取得短期实效，由此产生的"工业偏好"、"城市偏好"必然造成政府农业投资动力不足，忽视农业投资的公共性和长期性。又由于农业对地方财政的贡献相对其他产业来说可能要慢一些或小些，地方政府受利益最大化驱动，对农业这种长线、低效益产业的投资也缺乏动力，甚至常常出现将农业资金外溢或转移的现象。

二、软约束的博弈分析

农业投资主体之间即中央政府与地方政府、政府与农民之间由于没有硬性的投资法规约定各自的投资职责，因而在增加投资与否的问题上存在着一种新的软约束，这可以用博弈理论加以解释。博弈理论研究的是决策主体行为在发生直接相互作用时的决策及其均衡问题。在博弈理论里，经济主体的效用函数不仅依赖于他自己的选择，而且依赖于其他经济主体的选择。由于各农业投资主体的目标收益函数不同，其投资行为也不同。因此在中央政府与地方政府之间、政府与农民之间存在着博弈现象。投资主体对农业与非农行业投资的博弈包括两个方面，即单个博弈主体在不考虑其他博弈方的前提下做出的博弈决策与两个以上投资主体在一定的相互约束条件下做出的投资博弈决策。前者实际上是某一投资者针对投资环境的不同做出的理性投资分析，是投资的优化问题，亦即博弈方与"自然"之间的博弈。就我国目前的投资环境而言，博弈的最终结果是理性的投资者投资于非农行业而不是农业，从而进一步加剧了投资环境优劣的不均衡。该博弈相对比较简单，且比较理想化，我们不做详细的分析。在此我们分析简化的两个投资者（如中央政府与地方政府，或者政府与农民）之间的投资博弈模型，多个投资者之间的投资博弈可做出同样的分析，并不影响得出的结论。

（一）中央政府与地方政府间的博弈

在中央财政对农业投资比重日益减少的情况下，中央政府不可能对农业领域里的直接生产经营活动进行持久大量的投入。中央政府认为农业的区域性、特殊性适合于地方政府投资。而投资体制改革之后，地方政府在投资权限扩大的情况下，有理由根据地方财政收入最大化这一目标函数进行产业投资选择，即在缺乏硬约束情况下，地方政府将根据本地区财政收入最大化原则确定投资方向与数量，农业投资由于周期长、见效慢、比较利益低，因此，在地方政府的投资优先序中，当然就排在了其他产业的后面。由于中央政府与地方政府目标函数不一致，在信息不完全对称的情况下，博弈的结果是两者都难以增加农业的投资。

（二）政府与农民间的博弈

政府与农民之间由于存在着某种强制与服从的关系，因而其间的博弈是一种合作博弈。政府的目标收益函数是财政收入最大化，而农民的目标收益函数是个人收益最大化。如果两者对农业的投资是可以替代的，资源存量又是固定的，且农村非农产业投资报酬率高于农业产业投资报酬率，则可设农民的收益函数为 $Y_f = f_1(K_1, L_1) + f_2(K_2, L_2)$，其中 $f_1(K_1, L_1)$ 表示农民的农业投资收入，$f_2(K_2, L_2)$ 表示农民的非农产业收入。政府的收益函数为 $Y_g = f(f_1 + f_2)$，即政府通过对农业征收剩余与对非农产业征税获得收入。

再设政府对农业的投资为 K_g，农民对农业的投资为 K_f，那么，农民或政府对农业的投资都会增加农业的产出，而由于非农产业报酬率大于农业产业报酬率，故对农民而言有：

$$\frac{\partial Y_f}{\partial K_g} > 0 \qquad \frac{\partial Y_g}{\partial K_g} \leq 0$$

而对政府而言，则有：

$$\frac{\partial Y_g}{\partial K_f} > 0 \qquad \frac{\partial Y_g}{\partial K_g} \leq 0$$

也就是说，农民增加农业投资对政府有利（政府抽调的农业剩余要多些），同时政府增加农业投资对农民也有利（可以改进农业基础条件，或直接增加产出）。而由于农民、政府投资于非农业产业有利，因而两者各自增加农业投资时，其收益接近于零或小于零。两者的收益函数组合关系如表3－1所示。

表3－1　政府与农民对于增加农业投资与否的博弈组合

		政　府	
		增加农业投资 ∂K_g	不增加农业投资 $\partial K_g = 0$
农民	增加农业投资 ∂K_f	$\left(\frac{\partial Y_g}{\partial K_g} + \frac{\partial Y_f}{\partial K_g}, \frac{\partial Y_f}{\partial K_f} + \frac{\partial Y_g}{\partial K_f} \right)$	$\left(\frac{\partial Y_g}{\partial K_f}, \frac{\partial Y_f}{\partial K_f} \right)$
	不增加农业投资 $\partial K_f = 0$	$\left(\frac{\partial Y_g}{\partial K_g}, \frac{\partial Y_f}{\partial K_g} \right)$	$(0, 0)$

注：表中括号内函数分别为政府与农民的收益函数。

由于博弈双方只要存在一方的边际投资收益率小于或等于0，在只考虑纯策略条件下，最优合作解便不会存在，因此存在着唯一的纳什均衡解（0，0）。即政府与农民博弈的结果是双方都不增加农业投资。这正是农业与农村投资陷入困境的症结所在。

可见，在我国经济发展的现状及既有框架内，包括中央政府、地方政府及农民在内的微观主体追求自身利润最大化的博弈行为，必然形成我国农业与非农行业的投资比例不协调，以及农业作为基础性行业的投资相对不足之结果。各投资主体投资博弈的结果并非帕累托最优。一方面，这是由农业的天然属性及我国长期重工轻农发展模式造成的，而这一结果已严重影响到我国经济的整体发展；另一方面，因为农业和农村发展对于国民经济全局有巨大的外部效应，本身也可以被视为一种公共物品，国民经济各部门的私人投资主体，均受益于农业与农村发展，农村投资具有外部性。因而，改善农业投资环境，提高农业投资收益预期，是一种建立在微观经济主体"个体理性"基础上的"社会理性"，是一种帕累托改进。为解决农业投资不足的问题，就必须由政府在制度安排上提供激励，引导各个投资主体在独立决策时做出的投资行为。此外，还必须由政府提供最基础的农业和农村公共投资，进而带动农业与农村的私人投资。

第四章

促进新农村建设的财政投融资体系

新农村建设的投融资体系，主要包括财政投融资体系、金融机构投融资体系、农民与农村集体经济组织自我投融资体系，以及民间资金投融资体系。其中，财政投融资体系占据着重要作用，这是由新农村建设的性质决定的。财政资金之所以要在新农村建设中发挥主体作用，有其现实的背景。其一，这是由经济发展水平决定的。长期以来，农业为城市和工业的发展廉价转让了大量的土地，提供了大量的廉价劳动力，农民和农村为社会主义建设事业做出了巨大贡献与牺牲，当社会与经济发展到一定水平时，就必须通过财政机制对这种贡献和牺牲进行补偿；其二，这是由财政本身的特点所决定的。公共财政本身就具有公共性、公平性、公益性等本质特征。即解决公共问题、满足公共需要、提供公共产品、对全体社会成员提供一视同仁的基本公共服务、兼顾公共利益和社会效益。党中央提出建设社会主义新农村，政策的重点就是要从以农业的积累支持工业转向加强对农业的扶持和保护，加大公共财政的支农力度。就是要通过工业反哺农业、城市支持农村，发展农业生产，增加农民收入，加强农村地区的基础设施建设，改变城乡二元结构，实现城乡协调发展，让公共财政的阳光逐步照耀农村，使广大农民共享经济社会发展成果。

　　财政投融资是在一般财政预算无偿分配以外，由财政部门直接管理和调控，按照信用原则有偿筹集和使用资金的活动。自20 世纪 80 年代我国开始发行生产建设性国债、政策性银行投入运转以来，我国已初步建立了财政投融资体制，对推动改革开放和现代化建设、促进经济的有效增长、调整和改善经济结构、强化政府的宏观调控能力等方面具有独特的功效，起到了不容忽视的作用。特别是当前我国要建设社会主义新农村，统筹城乡经济的发展，着力调整产业结构，加大对农业发展的支持力度，财政投融资更有着其他政策手段无法替代的功能。财政投融资应用于农业领域就形成了农业财政投融资问题。基于我国的基本国情和农业发展的现状，借鉴西方发达国家市场经济投融资管理的经验和通行做法，探索如何逐步建立起既适合中国国情又符合市场经济一般规律要求的农业财政投融资体系，从而在根本上解决农业发展的资金问题，具有十分重要的理论意义和现实的指导作用。纵观世界各国的经验，财政对农业部门投资政策具有以下特征：（1）以立法的形式规定财政对农业的投资规模和环节，使农业的财政投入具有相对稳定性；（2）财政投资范围应明确界定，主要投资于以水利为核心的农业基础设施建设、农业科技推广、农村教育和培训等方面；（3）注重农业科研活动，推动农业技术进步。

在新农村建设中，农村财政投融资占很重要的地位，尽管目前我国农业财政支出绝对量在增加，但相对投入量、投融资结构、支出方式存在着不合理的地方，不利于新农村建设的资金投入。本章将对我国财政农业投资概况、财政农业投融资存在的问题进行分析。

第一节　我国财政农业投入概况

据财政部资料，"十五"期间，国家财政支农投入绝对量大幅度增加，年均增长17%。通过推进农村税费改革，2000年至2004年间，各级财政用于支持农村税费改革的资金累计达到1600亿元，其中中央财政承担了1171亿元，占73%。中央财政用于支持农村税费改革的转移支付资金占到了同期中央财政用于整个"三农"预算支出的11.8%。到2005年，中央财政农村税费改革转移支付补助总额达到662亿元，省、市、县三级地方财政配套资金也是大幅上涨，初步统计为310亿元。2005年中央财政年初预算安排用于"三农"的支出为2861亿元，扣除国债资金和基本建设投资，比2004年实际执行数增长16.9%，高于年初中央财政预算收入10.5%的增长幅度。2006年财政安排的支持税费改革的资金规模则达到1030亿元，其中中央支出780亿元。国家财政农业投资概况见表4-1所示。

表4-1　国家财政农业投入概况　（单位：亿元、%）

年份	合计	其中				
		支农支出	农业基本建设支出	农业科技三项费用	农村救济	农业支出占财政支出比重
1978	150.66	76.95	51.14	1.06	6.88	13.45
1980	149.95	82.12	48.59	1.31	7.26	12.20
1985	153.62	101.04	37.73	1.95	12.90	7.66
1989	265.94	197.12	50.64	2.48	15.70	9.42
1990	307.84	221.76	66.71	3.11	16.26	9.98
1991	347.57	243.55	75.49	2.93	25.60	10.26
1992	376.02	269.04	85.00	3.00	18.98	10.05
1993	440.45	323.42	95.00	3.00	19.03	9.49
1994	532.98	399.70	107.00	3.00	23.28	9.20
1995	574.93	430.22	110.00	3.00	31.71	8.43
1996	700.43	510.07	141.51	4.94	43.91	8.82
1997	766.39	560.77	159.78	5.48	40.36	8.30
1998	1154.76	626.02	460.70	9.14	58.90	10.69

促
进

新农村建设的投融资体系研究

年份	合计	其中				
		支农支出	农业基本建设支出	农业科技三项费用	农村救济	农业支出占财政支出比重
1999	1085.76	677.46	357.00	9.13	42.17	8.23
2000	1231.54	766.89	414.46	9.78	40.41	7.75
2001	1456.73	917.96	480.81	10.28	47.68	7.71
2002	1580.76	1102.70	423.80	9.88	44.38	7.17
2003	1754.45	1134.86	527.36	12.43	79.80	7.12
2004	2337.63	1693.79	542.36	15.61	85.87	9.67
2005	2450.31	1792.40	512.63	19.90	125.38	7.22
2006	3172.97	2175.43	164.32	20.58	312.64	8.79

资料来源:《中国统计年鉴（2007）》。

从表中可以看出，农业支出占财政支出比重自1978年改革开放到2005年间除了1985年、1997年、2003年出现明显下降外，其余年份总体上呈现较快增长势头。财政农业支持从1978年的150.66亿元增加到2006年的3172.97亿元，增加了21.07倍，平均年增长10.87%。还可以看出财政农业投入大致经历了如下的阶段。1979年比1978年增加15.7个百分点后，1980年、1981年连续两年呈现负增长，1982年到1988年间增长速度比较缓慢，1993年、1998年、2001年都出现比较大的跳跃。主要是由于改革开放初期，家庭年产承包责任制和农产品收购价格的提高，极大地激发了农民的生产积极性，促进了农业生产的发展和农业产出水平的大幅度的提高。

而同期政府对农业特别是基本建设支出方面的投资却大幅度减少，直到1990年才恢复到1979年的水平。近年来，国家财政各项支农投入均有较大幅度增加，但用于农业支出占国家财政支出的比例并没有增加，反而有所下降。在20世纪90年代后半期以前，该比例在8%以上，最高为10%以上；而2000年以后，基本上是在8%以下，2005年更是降低到7%左右。尤其值得注意的是，农业基本建设支出近三年来出现了徘徊和下降。1993年的分税制改革之后，由于国家财政收入的迅速增加，国家财政总支出也相应大幅度地提高，相应的对农业支出的增长速度也随之提高。分税制改革对财政农业支出的效应从1994年开始显现，财政支农总额从1993年的440.54亿元，增加到1994年的532.98亿元，增速达到21.1%。1995年、1996年、1997年三年都保持了较高的增长。从1998年开始，为应对亚洲金融危机，党中央、国务院果断决策实施积极的财政政策，财政支出规模空前加大，财政支农支出出现又一高速增长平台。财政支农从1997年的766.39亿元迅速增长到1998年的1154.76亿元，增加了388.76亿元，其增幅创造了财政支农历史上增幅之最。从2001年起，新的五年计划开始，党中央、国务院开始关注到"三农"问题积累起来的诸多矛盾，认识到"三农"问题已经成为经济社会发展的瓶颈，开始着力加大农业财政支出的力度，特别是农业基本建设投资的力度。2001年、2002年、2003年的财政支农总额分别达到1456.73亿元、1580.76亿元和1754.45亿元。随着全社会对农业的重视，2004年到2006年，国家财政对农业的支出在比较大幅度地增加，分别达到2337.63亿元、2450.31亿元和3172.97亿元。

第二节　我国财政农业投融资存在的问题

总的判断是，尽管近年来中国财政收入增长较快，对"三农"财政支持力度不小，但历史上欠账太多，相对于巨大的需求来讲，国家财政目前还难以为新农村建设提供充足资金，财政对农业的支持总量仍是低水平的，城乡财政资源配置不对称的状况没有彻底改观。当前，我国财政农业投融资主要存在着总量、结构、体制以及效率四个方面的问题。

一、农业财政投融资总量不足

（一）财政农业投入总量：略显不足

近年来，国家财政支农支出占财政总收入或总支出的比重一直在一个比较低的水平徘徊，且财政用于农村的支出占财政总支出的比重呈下降状态，特别是 2000 年至 2005 年间，该比重平均低于 9%。中央财政支农支出，2002 年为 120 亿元，2005 年为 148 亿元，占当年中央财政总收入的比重，由 1.2% 降低到 0.9%。如此之低的比例水平，与我国农业的重大基础性地位很不相称。

我国《农业法》第三十八条规定，国家要逐步提高农业投入的总体水平；中央和县级以上地方政府财政每年对农业总投入的增长幅度应当高于其经常性的财政收入的增长幅度。我们可以比较财政支农的增长幅度和经常性财政收入的增长幅度，以此来反映国家财政对农业投入的倾斜程度和法律的保障程度。

图 4-1 反映了财政支农总额和经常性财政收入的增长速度。

从图 4-1 中，可以看出从 1978 年到 2003 年间，有多个年份的财政支农增长速度低于经常性财政收入的增长速度。财政支农增长速度在 17 年间，还有三年是负增长。1980 年、1981 年、1999 年这三年相比上年财政支农有下降趋势，而当年的财政收入增长速度却分别为 1.2%、1.4% 和 15.9%。在 1998 年以前，财政支农增长速度和经常性财政收入增长速度还在交织增长，有时是支农速度超过经常性收入增长速度，有时是经常性收入增长速度高于支农增长速度。1998 年财政支农增长速度高达 50.7 个百分点，为财政支农历年之最，这主要是 1998 年全国发生了特大洪涝灾害，给新中国成立以来的农业防洪基础设施带来巨大创

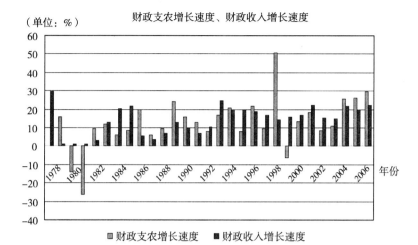

（单位：%）　　　　　　财政支农增长速度、财政收入增长速度

图4－1　财政支农总额和经常性财政收入的增长速度

数据来源：《中国统计年鉴（2007）》，《中国财政年鉴（2007）》有关数据计算。其中，经常性的财政收入是指不包括国内外债务的财政收入。

伤，国家为了加强农业基础设施建设，当年支农发生了跨越式的增长，可是1999年却发生逆转，财政支农不仅没有增加，还减少了6个百分点。从2004年开始，国家对农业逐步重视，连续发布了几个一号文件，财政对农业支出的增长速度又开始高于财政收入增长速度，2004年到2006年财政支农的增长速度分别为25.59%、26.17%和29.49%，同期财政收入的增长速度分别为21.6%、19.9%和22.5%，由此可以看出，我国财政支农资金并没有得到法律保证，随意性比较大。

（二）财政农业融资总量：渠道单一与自给能力较差

首先，从全国财政农业融资看，财政融资渠道单一，融资范围狭窄。我国财政投融资的资金来源主要依靠财政，包括各项财政周转金、预算执行中的间歇资金、专户储存的预算沉淀资金以及行政摊派发行的国家债券或金融债券。既缺乏市场性融资手段，又不能适应市场的进程，适时地吸收邮政储蓄、社会保险基金和借助于一些社会财力，甚至一些应纳入财政投融资范围的资金也没有到位。因此，财政融资渠道是十分单一的。

其次，财政农业融资总量问题突出表现在多数地方财政自给能力不足方面。农村财政投融资的主体应该是县（市）、镇财政。但进行税费改革与取消农业税后，正如某省乡村公务员中流传甚广的一句话，"国家财政蒸蒸日上，省级财政稳稳当当，市级财政摇摇晃晃，县级财政哭爹叫娘，乡级财政精精光光"。这使得地方财政支农资金所占比重下降。县（市）镇财政主要问题表现为取消农业税后部分县镇无力承担改革成本，基层财政赤字规模不断扩大，实际债务负担沉重，财政运行压力与风险日渐膨胀。这使得农村财政投融资面临困境。从 1994 年实行分税制改革后，中央财政占全国财政收入的比重越来越大，中央政府的财政自给率提高到 1.20～1.70 之间。而地方政府财政自给能力严重不足，财政自给率只在 1.45～0.66 之间。目前，我国县乡财政自给率平均为 0.79，除江苏、浙江、福建和山东等少数几个省达到自给外，大部分省的财政靠中央转移来弥补缺口，尤其是在中西部地区，平均只有 0.66 和 0.55。

基层财政自给能力较差的现状源于以下两个方面。

第一，基层财政危机不减。农村财政危机的基本特征是巨额财政缺口使农村财政难以为继，以及"吃饭财政"的性质没有发生根本转变。目前，全国乡级财政供养人员 870.9 万人，按人均一年 1 万元的经费估算，乡级财政每年光是负担这些人员的经费就达 870 多亿元，甚至出现了财力匮乏的乡级财政以占全国 7% 左右的财政收入，供养占全国 20% 的财政供养人员这种现象。经费负担的差额以前主要靠自筹收入来填补，农村税费改革取消了这种自筹收入，农业税的免征，使得主要依靠农业税形成财政收入的乡镇级财政的体制弊端立刻就现了原形，这些基层的财政顿时陷入危机之中。河南省农调队在 2005 年的调查资料显示，从信阳市被调查的 47 个乡镇看，在编人员工资不能正常发放的占 70%，其中，半年以上没发工资的占 50% 以上。财力不足，又使得县乡政府不得不将扩大税源作为其行政的首要目标，片面强化经济建设职能，竞相招商引资、跑项目，积极干预微观经济活动，甚至不惜竭泽而渔，牺牲生态环境。乡村公共产品也不能有效供给，产生不公平、不公正、不民主的现象，甚至向农民和企业乱收费、乱摊派的现象又有所抬头。

第二，农村基层债务日趋严峻。20 世纪 90 年代以来，乡村基层政权出现了日趋严重的债务问题，乡村债务已成为制约农村经济社会发展的重要因素之一。这些地方政府债务主要是因村级公共建设等历年积累而成的债务。特别是农业税取消以后，农村基层政权的收入急剧下降，乡村债务问题更加凸显。从目前情况来看，乡村债务的特点可以概括为一句话："量大、面广、增速快、高负债多且债权人结构复杂。"从数量方面看，央行统计显示，截至 2009 年 5 月末，全国地方政府的负债超过 5 万亿元，而在 2008 年年初，这个数字仅为 1 万亿元；财政部财政科学研究所所长贾康估算，目前我国地方投融资平台负债超过 6 万亿元，其中地方债务总余额在 4 万亿元以上，约相当于 GDP 的 16.5%，财政收入的 80.2%，地方财政收入的 174.6%；国务院发展研究中心金融所副所长巴曙松亦认为，2009 年地方政府的投融资平台的负债总规模已经超过了地方政府全年的总财政收入。全国人大财经委副主任尹中卿表达更为直接，认为如果地方债务风险爆发，许多项目难免会半途而废，地方政府融资链条面临断裂，很多地方经济发展也可能面临停滞。据广东省农业厅统计，目前广东全省村级债务约为 400 亿元人民币，这还只是一个粗略掌握的数字。在广东韶关和江西宜春等地农村，村干部一方面要扛着旧债还利息，另一方面还要为村村通公路等农村公益性事业筹措配套资金。一些村干部反映，农业税取消后，农村公路和水利设施等公益性事业的建设资金筹措十分困难，又不能强行向农民收取，村干部只好向银行贷款，"旧账未了又产生新的债务"。从负债面看，可以说以农业为主的乡镇几乎没有不负债的，而中国现有两千多个县，不仅存量债务多，增量债务增长速度也快。有关部门调查显示，1999年全国乡村债务总额大约在3000亿～6000亿元，最高的乡镇、村负债大约为4000万元、500万元；到2004年乡村基层政权负债总额已达6000亿～10000亿元。湖北省乡镇负债面在95%以上，村级负债面也都在90%以上，几乎是乡乡负债、村村欠钱。如湖北监利县从1996年开始，全县债务每年以2亿元人民币速度增长。最后，村级债务还体现为负债率高、债权人结构复杂。以湖北襄樊市襄阳区东津镇为例，镇级负债高达6800万元，村组债务还有1.1亿元，村均负债206万元。监利县778个村欠债在100万以上的村82个，50万到100万之间的139个。2004年9月份对山东省17个县市区所辖245个乡镇15865个村的调查统计显示，乡镇级负债总额47.35亿元，乡镇平均1932.7万元，债权与债务相抵后，乡镇平均净负债1359.4万元；村级负债总额35.8亿元，总债权30.69亿元，村均净负债3.23万元。绝大多数乡镇债务依存度都超过20%的警戒线。负债最高的村债务总额达到7600万元。与债务相应的债权人结构复杂，涉及方方面面的机构和人：有国内外金融机构、政府部门、企事业单位；有公务员、工商户、农民各类人等。

因此，农村基层财政债务危机使得农村财政投融资普遍出现运转困难。取消农业税后，乡镇政府可掌控的资源空前短缺，普遍反映是"无权、无钱、难办事"；虽然乡镇干部工资由县里统一发放，但调查结果表明，许多乡镇干部人均预算外支出4000元/年左右，镇（乡）长、书记难当，更不要说"办事"了。加之行政事业公用经费标准偏低，县乡预算收入偏低，上级补助又满足不了需要，为了保工资，近几年拨付的公用经费逐年减少。

在这种情况下，一些财政困难乡的领导不仅常为电费、电话费、交通费等公用经费发愁，还确保不了行政事业单位正常运转的需要。县乡政府在教育卫生、农田水利、社会保障、科技文化和维护农村社会稳定等方面也力不从心。目前农村所面临的公共财政危机，使得乡村公共权力机构或组织近乎瘫痪。

二、财政农业投入结构亟待完善

我国农业财政支农支出主要用于农业基本建设支出、科技三项费用支出、支援农村生产支出以及农产品政策补贴等方面，表4-2是对我国财政农业支出结构及数量变化的描述。

表4-2　我国财政支农结构　　　（单位：亿元）

年份	农业基本建设支出	农业科技三项费用	支援农村生产支出	农口部门事业费	农业综合开发支出	支援不发达地区支出	农产品政策补贴
1990	66.71	3.11	93.19	81.34	25.44	15.30	380.80
1991	75.49	2.93	98.37	93.15	29.22	35.32	373.77
1992	85.00	3.00	110.50	101.33	29.69	37.32	321.64
1993	95.00	3.00	140.46	117.06	33.59	49.42	299.30
1994	107.00	3.00	137.50	147.22	35.00	55.80	314.47
1995	110.00	3.00	208.73	175.12	46.21	53.10	364.89
1996	141.51	4.94	176.96	251.34	56.42	56.12	453.91
1997	159.78	5.48	202.49	271.95	59.59	73.15	480.56
1998	460.70	9.14	206.11	322.46	80.56	80.15	414.82
1999	357.00	9.13	213.18	356.57	84.03	86.92	352.68
2000	414.46	9.78	226.79	408.93	112.44	95.05	441.26
2001	480.81	10.28	242.74	531	118.85	140.11	508.49
2002	423.80	9.88	258.56	682.34	130.46	148.52	503.60
2003	527.36	12.43	285.40	690.80	144.61	163.61	616.49
2004	542.36	15.61	315.03	709.36	162.70	170.24	699.12
2005	512.63	19.90	347.73	718.42	175.35	179.83	728.46

数据来源：《中国统计年鉴2007》，《中国财政年鉴2007》有关数据计算。其中，经常性的财政收入是指不包括国内外债务的财政收入。

对国家财政支农投入的结构进行分析可看出，财政农业投资主要集中于农业基本建设支出、支援农业生产支出、农口部门事业费以及农产品政策补贴。但从现实看，当前一些地方财政支持新农村建设财政资金使用没有完全按照公共财政要求在合适的项目上配置合理资金数量，普遍做法是"撒胡椒面"，重点不突出，使得有限的财政资金没有取得预期效果。体现为有些该支持的项目没有支持，有些虽然支持了，但支持的力度不够。主要存在着如下问题：

（一）财政支农资金并未全部用于"三农"

首先，这些财政支农资金也并未全部用于农业、农村和农民。在财政支农结构中，"农林水气象等部门事业费"支出占财政支农支出的比重超过三分之一，这些资金主要用于各级农口行政事业单位事业经费开支，名义上属于支农支出，但实际上大部分流向了城市。一些财政支农项目支出，如江海堤防、南水北调、防洪防汛等，其受益对象包括城市和农村、工业和农业，但支出全部列在支农资金中。以2005年为例：（1）"基本建设投资"715亿元，并不全部是用于"三农"，一些大江大河治理方面的支出，更多的是出于非农业和农村目标；（2）"农村税费改革转移支付"662亿元，尽管起因与农业和农民有关，是由于取消农业税费而引起的，但是现在的资金使用方向，主要是为了维持县乡政府的运转，与"三农"并无直接关系；（3）"缓解县乡财政困难转移支付"55亿元，也同样与"三农"无直接关系；（4）"农产品政策性补助支出"728亿元，也有相当大的部分是补贴国有粮食流通企业，用于国家粮食安全储备，而与农业和农民无直接关系。如果将这四个方面的因素扣除，则中央财政真正用于"三农"的实际投入水平，大体上在1500亿元左右。其次，目前我国财政支农资金有相当一部分通过采取扶持农业科技推广、乡镇企业、农产品流通等形式流向了科研院所、工业企业、农业管理部门（七站八所）等，农业、农民直接收益的份额很少。另外，财政支农补贴对象和环节也存在错位，我国长期以来对农业实施财政支持的重点是粮棉等大宗农产品的生产与流通，基本的政策措施是通过价格手段和财政补贴方式来调节农产品供求关系，保障农民收入增长。但现有的政策执行机制，一方面，使政府陷入永无止境的财政补贴"黑洞"，每年仅粮食产业的亏损就有上千亿元；另一方面，使政府的农业政策效应难以实现，大量财政补贴的受益者是庞大、臃肿的农产品（粮棉）流通部门，受益农民非常有限。

（二）经济性支出比重过大，社会性支出比重明显不足

比如 2004 年，虽然统计数字中经济性支出占地方新农村建设总投入的 16.5%，而社会性支出则占 80%，社会性支出占据绝对主导地位。2005 年和 2006 年情况类似。但如果仔细分析就会发现，农村文化教育支出中农村义务教育占绝对主导地位，而农村义务教育属全国性公共物品，理应由中央和省级负担，剔除这一支出后，经济性支出占比提高至 70%，而社会性支出占比迅速下降到 17%，经济性支出占绝大部分，这也真实反映了当前地方财政支持新农村建设资金的使用情况。

（三）对大江大河治理投入过多，而小型水利建设严重落后

大江大河治理主要由中央或省级负责，在前阶段大幅投入基础上现在主要是做好维护工作。小型水利设施建设，尤其是公共性较强又与农民生产直接相关的灌溉排水设施应是当前关注的重点，但却长期得不到支持。例如，河南省温县近 3 年来就筹措资金 3800 万（其中省财政投入 1240 万元，市投资 120 万元，县财政投入 423 万元，社会筹资 2017 万元）用于引黄补源等大型生态治理工程，而小型水利建设在新农村建设中投入资金却很少。

（四）农村科技推广经费严重不足

目前，我国整体对农业科技推广经费投入，尤其是地方财政

用于农业科研经费的投入不足，严重制约着农业科研和农业科技推广事业的发展。例如，河南省温县农技推广人员总计才56人，县财政每年仅投入4.1万元资金，办公经费每人每年只有区区800元，科研经费的不足造成多年形成的农技推广和服务网络出现"线断、网破、人散"局面。

总而言之，在财政支农结构中，经济支出比重过高，农林水利气象事业费占比太高，这部分"吃饭式"支农支出占比过高严重挤占"生产性支农"的份额；农业基本建设支出占比偏低且波幅较大；农业科技三项费用占比极低，不利于农业可持续发展；农村救济费占比偏小，公共财政职能发挥不够；农业综合开发财政投入占比较小，且强制进行资金配套的做法有较大缺陷，不仅易导致资金低效使用甚至浪费，而且很难保证开发项目的成功，从而不利于农业综合生产能力的提升。这些构成了影响财政支农效率的主要障碍。

三、农业财政投融资制度缺失

在上述情况下，目前农业财政投融资制度缺失，存在着的问题主要有：

（一）缺乏必要的运作制度

由于我国尚未明确"农村财政投融资"这一制度，管理体制、运行机制及法律规范尚未完善，缺乏全国统一领导、规划，财政资金管理比较散乱，不成体系。在这种管理体制下，我国现行农业财政投资呈现出如下主要特点：（1）按照事权和财权划分投资支出，各级财政承担本级农业财政支出的管理，中央财政同时负责全国性农业财政政策的制定以及重要农业财政专项资金管理制度的制定。上一级财政对下一级农业财政支出管理负有指导的责任。（2）按政府机构的设置和职能划分投资支出，农业财政投资支出实行分块管理。这种管理模式存在的问题是：

（1）各级事权划分不明确，资金使用范围模糊。由于资金来源分散，不同渠道的资金项目的安排原则和管理办法大多为主管部门自行制定，各个部门之间缺乏有机协调，没有统一的管理办法，权责分工以及操作程序过于复杂，实际执行过程中弹性很大。因此，农业投入混乱，部门职责不清的问题比较严重，导致农业资金投入在使用方向、建设内容、项目安排等方面难以协调，往往出现重复投入现象。（2）财政投资管理混乱，缺乏严格的计划与法制管理，导致有关部门或机构随意性较大，财政投资运作非常不规范，使得农村财政融资业务的开展、投资方向的确定都缺乏明确的法律规范与制度规定。（3）财政投融资与商业银行投融资界限不清，也缺乏法律上的依据。一方面，财政投融资范围界定不严，本应通过市场融资的却通过财政投融资，扭曲了资金结构，损害了金融业的公平竞争。另一方面，商业银行过分扩张投资性贷款，投资资金过分依赖银行，不仅加剧重复建设和结构失调，银行不良债务急剧上升还将阻碍金融体制改革的深化。与发行国债相比，国债的透明度相对较高，易受到关注，而银行的不良资产较隐蔽，就这一点来说，财政投融资比之金融投融资也有其优势。国际经验表明，财政投融资作为政府干预经济的重要手段，是银行信贷所不能替代的。

（二）运作机构不健全

一直以来，农村地区都没有形成统一的财政投融资运作机构。农业财政资金管理机构名目众多，既有财政信用机构，又有财政部门内设的诸如农财处、行政处等业务机构，还有政策性银行。形成条块分割、各自为政的局面，缺乏一个统筹资金、协调行动的管理机构。在管理层面上，农村财政资金的管理五花八门，各类机构与各职能处室间存在交叉和摩擦，职能不清与权责不明的现象严重，管理体制又有严重漏洞，资金运用被分割在多个部门，出现多头领导、管理分散、缺乏规范性，没有形成必要的运作体系，严重影响着财政投融资功能的发挥，使其对农村经济发展和宏观经济运行的调控力度弱化。国务院发展研究中心的调查统计表明，政府对农业的投入渠道多且乱，大约涉及 26 块，主要有：农业基本建设投资主要由发展改革委员会系统单独管理或发展改革委员会与农口主管部门共同管理；农业科研费用主要由财政部门和科技部门或者科技部门与农口主管部门共同管理；支援农村生产支出、农林水气等部门事业费、农业综合开发资金由财政部门或财政部门与农口主管部门共同管理；农产品补贴由财政部门或财政部门与流通主管部门共同管理。

（三）引导机制不活

财政投资应当发挥其"汲水"功能和杠杆作用，引导社会资金投入。对于农村绝大部分项目由于其自身公共品特征，财政投资是不会对私人投资形成挤出效应的。但从以前经验看，国家大力定向投于农林水利、农村基础设施建设、农村电网建设与改造等方面的有限资金并没有效地引发社会后续资金陆续进入经济运行中以形成良性循环，财政投资启动效率低，使得政府不得不继续注入财政资金，加大了财政债务负担。

四、财政农业投资效率有待提高

一直以来，财政在农业方面的资金使用上存在着低效率和软约束问题。财政投融资粗放型明显，效益不高，盲目建设、重复建设现象比较普遍。在实际操作中，不能有效起到产业政策导向作用，甚至出现有偿资金无偿使用，资金投放缺乏全面科学的可行性分析、成本效益分析，尤其在一般性的工程建设中缺乏有效的监督约束机制。项目结束后不进行评估，往往是说投就投、一投了之，使财政投融资无法维持自身"融资——投资——还款"的良性循环。财政支农政策的低效率导致支农资金无法有效地转化为农业和农村的建设性资金，据估计，20 世纪 90 年代以来，支农资金（包括农业贷款）转化为农业的投资比例大致在12%左右。在流向农村的财政投资过程中，有些地方和单位变更财政专项资金用途，挤占挪用财政资金；有的基层单位将已完工或不符合申请条件的项目作为财政资金项目申报，甚至虚报项目，套取财政资金，导致"三边"工程出现或财政资金闲置；有的基层财政专项建设项目财务管理混乱，存在着白条入账和大额现金支付现象。

第 五 章

促进新农村建设的
金融机构投融资体系

金融资源短缺是建设社会主义新农村中亟待解决的重大问题。在处于"工业反哺农业，城乡支持农村"的社会主义建设的历史性阶段和新形势下，对于一个有着8亿农民、迫切需要解决"三农"问题的农业大国来说，实施社会主义新农村建设，单靠政府资金是远远不够的，建立适应社会主义新农村建设的农村金融机构的投资和融资体系，有着十分关键的作用和重要的影响。新农村建设的融资和投资问题不仅仅是资金的问题，农村金融既要为新农村建设提供必要的财力和物质基础，又要建立一个健康稳定运行的通畅的资金融通体系。健康的金融体系可以有效地进行资本要素配置，建立起支持农村建设资金循环的长效机制，进而可以有效地解决市场空白、缺损和体制落后等深层次问题，使新农村建设发展步入良性循环的轨道。因此，根据农村金融需求的特点，探讨如何建立一个功能完善、分工合理、产权明晰、监管有力的农村金融的投融资体制，发挥金融机构在农村经济建设中的重要先导作用，有着非常重要的意义。

第一节　金融机构农业投融资概况

经过多年的改革与发展，我国初步形成了多层次、广覆盖的农村金融体系，金融机构可持续发展能力不断增强，农村存贷款持续增加，金融服务已覆盖了绝大部分农村地区。2008 年年初，全国县域金融服务网点为 12.4 万个，县域金融机构存款余额达到 9.11 万亿元，占全国金融机构各项存款的比重为 23.4%；全部金融机构涉农贷款余额为 6.12 万亿元，占全部金融机构贷款总额的 22%，相当于 GDP 的 24.8%。农村金融机构风险得到有效化解，县域金融机构不良贷款率大幅下降，利润总额和资产利润率增长较快。表 5－1 是我国县域金融服务网点情况。

表 5－1　中国县域金融服务网点情况　　（单位：个）

年份　　　　　　　县域金融网点数量	2004	2005	2006
县域金融服务网点总数	134073	128728	123974
其中：邮政储蓄网点数	23239	23468	23695
中国农业发展银行网点数	1555	1533	1517
中国农业银行网点数	16926	15511	13175
农村商业银行网点数	535	524	505
农村合作银行网点数	1800	2142	2515
农村信用社网点数	60869	55953	52089
证券公司机构网点数	664	680	711
期货公司机构网点数	15	15	23
保险公司机构网点数	11130	12548	14135
担保公司机构网点数	752	975	1365
典当行机构网点数	499	602	713
其他县域金融机构网点数	16089	14777	13531

资料来源：中国人民银行调查统计司。

表 5－1 显示，2004 年到 2006 年，我国县域金融服务网点总数是减少的，其中，主要是农业发展银行、农业银行及农村信用社网点数在减少，而邮政储蓄、农村合作银行、证券期货公司、保险公司、担保公司以及典当行机构网点数是增加的。而农村金

融资源配置极不均衡。中央银行 2008 年 9 月 19 日发布的中国农村金融服务报告进一步显示，2008 年年初，全国县域金融机构的网点数为 12.4 万个，比 2004 年减少 9811 个；县域四家大型商业银行机构的网点数为 2.6 万个，比 2004 年减少 6743 个。另外，截至 2008 年年初，全国有 2868 个乡（镇）没有任何金融机构，约占全国乡镇总数的 7%。由于县域金融机构网点和从业人员的减少，县域经济获得的金融服务力度明显不足。首先，县及县以下农村地区人均金融网点的资源占有率低。虽然县及县以下农村地区的金融机构网点占全国机构网点总量的 56%，但是县及县以下农村地区平均每万人拥有机构网点数只有 1.26 个，而城市则达到了 2 个。其次，金融服务资源难以延伸到乡镇一级的农村地区。虽然平均每个县（市、旗）的银行业金融机构网点达到五十多个，但 30% 以上都集中分布在县城城区，每个乡镇的银行业网点平均不足 3 个，另外还有 3302 个乡（镇）未设任何银行业金融机构营业网点。有 8901 个乡镇只有一家银行业金融机构网点，零金融机构乡镇仍有 2868 个。从涉农贷款总量及机构看，主要有国有商业银行、政策性银行、股份制商业银行、城市商业银行以及农村合作金融机构，其在涉农贷款中的重要性见表 5－2 所示。

表 5－2　2008 年年初涉农机构贷款总量及占比

（单位：亿元、%）

机构	本外币余额	占比
金融机构	61151	100.0
国有商业银行	22282	36.4
政策性银行	12862	21.0
股份制商业银行	3964	6.5
城市商业银行	1070	1.7
农村合作金融机构	20850	34.1

续表

机构	本外币余额	占比
农村信用社	16746	27.4
农村商业银行	1288	2.1
农村合作银行	2816	4.6
其他机构	123	0.2

注：其他机构含财务公司、城市信用社、邮储银行等。
资料来源：中国人民银行调查统计司。

表 5-2 显示，2008 年年初，按发放涉农贷款机构划分，国有商业银行涉农贷款占全部涉农贷款的 36.4%，政策性银行占 21%，农村合作金融机构占 34.1%。另外，考察农业信贷收支情况。表 5-3 数据显示，我国农业信贷是逐年增加的，历年存在着贷差。

表 5-3　各金融机构农业信贷收支情况　（单位：亿元）

年份 农业信贷情况	2003	2004	2005	2006	2007
农业存款	4898.33	5526.32	6203.78	7414.02	9283.45
农业贷款	8411.35	9843.11	11529.93	13208.19	15429.31
贷款—存款	3513.02	4316.79	5326.15	5794.17	6145.86

注：包括人行、政策性银行、国有商行、邮政储蓄机构信贷收支。
资料来源：《中国金融统计年鉴（2008）》。

表 5-1、表 5-2 以及表 5-3 显示，近年来我国农村金融服务已有大幅改善。但农村金融是我国金融体系中的薄弱环节，仍存在不少的困难和问题。一是部分地区还存在金融服务空白。截至 2007 年年末，全国有 2868 个乡（镇）没有任何金融机构，约占全国乡镇总数的 7%。二是农村金融机构定位仍不很明确，法人治理结构不完善的问题仍较为突出。三是虽然近年来农村金融机构不良贷款率有所下降，相对仍然较高。四是农业保险、信贷

抵押担保、农村信用体系建设以及农村地区的金融生态环境等方面也还存在一些问题，尚不能完全适应农村金融发展的要求。十余年间，中国银行业存差已经达到了十万亿元之多，即使在流动性严重过剩的 2007 年，由于银行资金的使用是以偿还为前提的，而农村基本建设和公共服务领域的资金投入一般难以偿还，或者偿还周期较长，风险较大，银行资金仍然难以成为新农村建设的直接资金来源。有调查显示，2001～2005 年珠三角地区金融机构向农林牧渔业发放的贷款余额从 250 亿元减至 167.6 亿元，占全部贷款的比重从 1.4% 降到 0.8%。

以下分别考察农村政策性金融、农村商业银行、农村合作金融以及农村新型金融机构，分析我国金融服务于新农村建设中存在的问题。

第二节　农村政策性金融：投融资体制与机制不活

农村政策性金融是在一国政府的支持下，运用特殊的融资手段，对国家法规限定的业务范围和经营对象，提供的一种低于市场存贷款利率的资金融通行为。它是规范意义上的政策性贷款，是带有特定政策性意向的，用于配合国家经济和社会发展政策而进行的资金融通活动。其业务范围包括提供存款、投资、担保、贴现、信用保险、存款保险、利息补贴等一系列特殊融资行为。从经营管理上讲，农村政策性金融与商业性金融最大的区别就是，农村政策性金融具有非营利性和非竞争性特征。农村政策性金融不以营利为唯一目的，实行保本微利经营，严格执行国家政策，体现政府意图。概括起来，农村金融具有如下特点：（1）政策性。农村政策性金融服务于某种特定的产业或社会目标，以体现国家政策。（2）阶段性。政策性金融业务具有明显的阶段性，既取决于政策的阶段性，又取决于社会发展的阶段性。（3）优惠性。农村政策性金融以比商业性金融优惠的利息率、期限、担保等条件提供贷款或保证提供贷款。（4）风险性。相对于商业银行的经营而言，政策性金融以引导、扶持为目的，运营风险不易完全规避，运营条件相对较低。（5）补偿性。为了实现政策目标，政策性金融难以做到自主经营和完全规避经营风险，在成本上，明显包含着一定的政策成本，因此而形成的不良资产，国家要相应的给予一定的补贴。

中国是一个农业大国，农业是一个典型的弱质产业，因此，完善我国农村政策性金融体系，是促进农业和农村经济发展的主要任务之一。在近30年的金融改革里，农村基本上形成了以农业发展银行、中国农业银行为主体的农村政策性金融体系，它们对农业和农村经济的发展起到了很大的促进作用。但是，由于农村政策金融改革难以到位，农村政策性金融机构难以发挥功能，支农作用也受到了很大的影响。近几年，农村政策性金融的规模不断变小，服务面变窄，支持效果也不明显，农业产业化经营、农田水利设施建设、人畜引水工程、环境综合治理等项目，资金严重不到位，急需政策性资金的注入，但是承担这些业务的各大金融机构却因为自身或外在的因素无法发挥其政策性支农的作用，这些严重制约了我国农业和农村经济的发展。

一、农业发展银行陷入投融资困境

1994年开始组建的中国农业发展银行是我国最早的农业政策性金融机构，十多年来，它全面贯彻落实国家粮棉购销政策和有关经济、金融政策，为国家实施宏观调控、确保国家粮食安全、保护广大农民利益、促进农业和农村经济发展发挥了重要作用。中国农业发展银行近年来信贷情况见表5-4所示。

表5-4　中国农业发展银行近年贷款余额（单位：亿元）

年份	1999	2000	2001	2002	2003	2004	2005	2006	2007	2008
贷款余额	7224.80	7400.38	7432.38	7366.28	6901.90	7189.84	7870.73	8840.54	10224.38	12192.77

资料来源：中国农业发展银行2002～2006年年度报告及《中国金融年鉴》(2009)。

表5-4显示，进入20世纪以来，中国农业发展银行贷款余额是逐年减少的，近年来才趋于稳定，国家做出建设社会主义新农村的重大决策后才有所回升。尽管如此，中国农业发展银行在农业投融资方面的功能性障碍是客观存在的，主要表现在：

（一）资本金不足，融资结构单一

中国农业发展银行成立之初，注册资本金仅有200亿元，其中从农业银行转拨70亿元，工商银行转拨30亿元，央行转拨10亿元，其余缺口通过税收返还形式予以弥补。但是截至2004年年底，全国农发行的实收资本才达到165.75亿元，占全部资产的2.2%，占不良贷款的4.1%，远低于《巴塞尔新资本协议》规定的8%的比例。统计数据显示，发展银行的资金主要来源于财政无偿拨款和有偿贷款，由于很多年份我国财政收支出现赤字，这些资金往往不能按时到位，不得不向中央银行借款。如从1997年到2000年，发展银行向央行的借款余额占其资金来源总量的比重每年都超过了80%，当然实际借款量却又在减少。这种有偿借款又增加了其还款压力。2002年至2006年农业发展银行负债及向央行再贷款情况见图5-1所示。

1996年以来，发展银行广泛引入了市场化融资方式。从2005年起，发行金融债券的规模开始大幅上升，达到1766亿元，2006年更是达到了3161亿元，见图5-2所示。

但是，这些债券期限一般都比较短，客观上造成了融资结构的短期性，而其主要投入建设周期较长的基础产业、基础设施、支柱产业，这种投资的长期性及融资的短期性，以及借新债还旧债的负债经营，使其蒙受着巨大的支付困难及经营风险。

（单位：亿元）

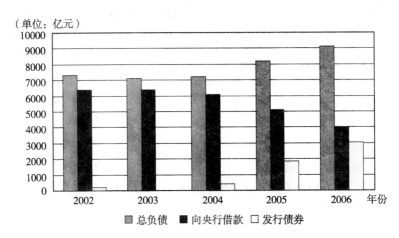

图5-1 农业发展银行总负债及向央行再贷款

（单位：亿元）

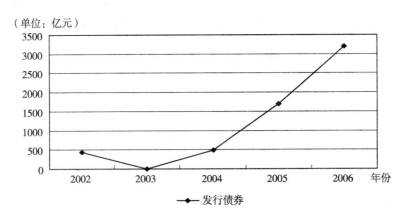

图5-2 中国农业发展银行近年发行债券数量

（二）业务逐渐单一

作为我国唯一的农村政策性金融机构——中国农业发展银行在1994年成立之初，其业务范围涉及粮、棉、油等主要农副产品国家专项储备贴息贷款和收购、调销、批发贷款，粮棉油加工企业贷款，扶贫贷款，老少边穷地区发展经济贷款，贫困县县办工业贷款，农业综合开发贷款等。1998年3月，为适应粮食流通体制改革需要，国务院决定将中国农业发展银行的粮棉油收购资金封闭运行，原由其承担的农业综合开发、扶贫以及粮棉油加工企业和附营业务贷款等职能划转中国农业银行及农村信用社，中国农业发展银行只剩下粮棉油等农副产品收购业务，成为了单一的农副产品收购的政策性银行，或者称之为"粮棉油银行"。另外，2001年后，随着粮食流通体制改革的深入，农发行购销信贷业务明显下降，严重弱化了农业发展银行的支农作用。随着粮食购销市场化程度的不断提高，国有粮食购销收购量明显下降，使得以购销信贷业务为主的农业发展银行的贷款业务也明显下降。据农业发展银行统计，2002年，放开粮食购销市场的8个主销区省份，农业发展银行的购销贷款比上年下降56%，而一些如良种繁育、种子购销等小额的资金需求却得不到其信贷支持，这样，难以通过政策性资金投入引导民间资金、社会资金和商业性贷款投向"三农"。这就表现为对农业信贷投入的下降。此外，由于农业发展银行无形中承担了中央、地方两级的隐性财政赤字，导致大量的贷款无法按时回收，在农发行账面上形成了大量的风险资产，信贷资金严重流失，这种高成本与低收益的经营政策使得农业发展银行的发展步履维艰。

（三）政策性业务与商业性业务划分不清

农业发展银行现行的财务管理体制、损失弥补机制容易导致道德风险。它目前主要从事政策性业务，风险由国家兜底，缺乏严格的约束机制，存在严重的预算软约束。因此，农业发展银行最大的挑战，就是如何将政策性业务和商业性业务划分清楚，从而避免道德风险的产生。目前，农业发展银行已经逐渐开展大量的商业性业务，不仅可能使其"支农"的基本定位发生偏离，而且商业性业务的成本甚至亏损可能向政策性业务转嫁。长期以来，农业发展银行还存在着大量的政策性财务挂账问题，消化缓慢。政策性财务挂账是粮棉油企业执行政策性任务而财政拨补缺位及其大量积累相应补贴造成的。财政体制和粮食流通体制内在制度缺陷，是政策性挂账形成和积累的深层根源。粮食政策性挂账的大幅度增加，不仅加大了政策性收购资金漏损，也极大影响了信贷资金周转速度，阻碍了信贷资产质量提高，从而最终影响了农业发展银行的支农能力。"分账管理"是中国人民银行和财政部提出的政策性银行改革的方向之一。有专家建议，对于农业发展银行的政策性贷款，可由财政进行贴息，并由财政部门进行监管；对于商业性贷款，则实行以资本充足率为核心的商业银行监管模式，由银监会进行考核。农发行在 2004 年开办商业性贷款试点的同时，即被要求把政策性业务和商业性业务分别经营、考核、管理，建立两类会计科目即政策性贷款和商业性贷款。不过至今并未明确两类业务的人员及管理成本如何分摊核算。

二、中国农业银行"去农化"趋势明显

在四大国有商业银行（工、农、中、建）中，中国农业银行是中国最大的涉农商业银行，农业、农村和农民的信贷业务一直是农业银行的业务重点。自 1955 年成立以来，农行一直担负着支持农业产业化、农村城镇化、农业基础设施建设、农村消费信贷等多方面的支农任务，是县域商业性金融的主渠道。农业银行涉及的贷款范围包括：专项农业贷款例如扶贫贷款、农业综合开发及粮棉油附营贷款、常规农业（农林水牧渔及农产品加工）贷款、乡镇企业贷款、农村供销社贷款、农副产品收购贷款和农业、农村基础设施贷款等。

（一）中国农业银行发展战略移位，弱化了支农功能

自从亚洲金融危机以来，作为国有商业银行的中国农业银行，其市场定位和经营策略发生了重大变化，商业化经营行为日趋突出，其"盈利性、流动性、安全性"的经营原则与农业生产的"高风险性、分散性、波动性、长期性"相悖。出于利益最大化的要求，中国农业银行大规模收缩经营网点，压缩基层经

营机构，农行的农村机构网点越来越少，县、镇营业机构功能异化，逐步演变为仅仅办理农村存款和结算的机构。县域农行的经营收入主要靠系统上存资金获取利差，利润来源畸形发展。与此同时，农业银行贷款权限也从基层收缩，大批机构从乡村撤离，致使大量农村储蓄资金流出农村。表5－5显示，中国农业银行的涉农贷款规模及所占比例是不断减少的。

表5－5　中国农业银行涉农贷款情况（2003～2007年）

（单位：亿元、%）

项目 ＼ 年份	2003	2004	2005	2006	2007
全行累计涉农贷款	3724.67	3554.04	3473.79	2954.50	3005.11
占全行贷款累放额比率	19.24	17.03	11.60	10.87	10.31

数据来源：《中国农业年鉴（2008）》，第25页。

由于农业弱质产业的特征，以及受资金回收期较长但利率低且风险大等因素的影响，中国农业银行的资金投放也已从服务农业为主转变成与工商业并重，竞争的视角也从农村转向城市，以获取足够的资金来源及高额回报，使得农村金融市场本来就很少的国有资本变得更为稀缺。

此外，由于中国在加入WTO后金融安全意识加强，又加之新巴塞尔协议对于金融机构坏账率的约束，使得作为正规金融机构的中国农业银行越发不倾向于在农村地区提供小额贷款和开展相关业务。20世纪80年代中期以前，农业银行全部贷款的98%用于农村，而现阶段，随着农业银行商业化改革，农业贷款仅占农业银行各项贷款余额的10%，现阶段，中国农业银行的业务范围与其他国有商业银行已基本无异，长期保持的农村金融主导地位也被大大弱化，其政策性支农的作用受到了严重的制约。

（二）农业银行产权主体虚化，导致支农效率低下

在经营管理体制相对落后及现行不完善的管理体制下，国家

与银行的财产权益缺乏真正的利益关联，银行经营者缺乏追逐利润的内在动机，政府对经营者缺乏有效的监督和激励机制，成为农业银行低效率运行的一个重要原因。产权不明晰又导致政企不分现象突出。1994 年农业发展银行成立时，并没有将农业政策性业务全面剥离，仍有一部分留在了农业银行。尤其是将由农业发展银行办理的扶贫、农业综合开发等专项贷款划归农业银行办理。此外，地方政府对农业银行的人事、业务经营等方面仍有许多行政干预，对农业银行的干预贷款仍占相当比重，使农业银行的商业性业务和政策性业务混淆不明。上市是农业银行强化公司治理机制的重要途径，但是其历史形成的 3000 多亿元不良资产已成为上市的最大障碍，而且农行的股改很有可能会涉及农村信用社、农村保险业、邮政储蓄、地下金融和农业发展银行等方方面面的全面改革，涉及面相当广，可谓牵一发而动全身。当然，农业银行经营效率低下还有一系列其他原因，如在传统的四大国有商业银行中，农业银行的政策性负担最重，资产质量一直难以有效提升。截至 2005 年年底，农行政策性贷款余额达 4140 亿元，其中不良贷款合计 3490 亿元，占全部不良贷款的 47%。农行主要服务于"三农"等弱势产业、区域和群体，总体客户质量一直比其他银行差。为了服务广大农村，农行的经营网点和员工数量分别占到全国的所有金融机构的 1/3 和 1/4，过重的包袱使得农行的经营效益长期低下。

三、农村政策性金融投融资环境不畅

现阶段，我国农村政策性金融没有独立的法律依据，立法相对滞后。依照国外的经验，政策性金融机构的建立总是立法先行。在国外，政策性金融都有独立的法律依据，它们在政府支持的产业方向和范围内独立决策和经营，是自主决策、自主经营、自担风险的独立法人。而在我国却恰恰相反，在 1994 年三家政

策性银行成立后，关于政策性银行经营范围、运营规则、违规处罚等都没有严格的规定，导致在实际操作的时候难以有法可依、有法可循。这些带来了明显的负效应：一是使政策性银行的业务经营中不确定的因素增多，形成大量的不良资产；二是使监管部门监管无法可依，流于形式，一些问题长期得不到暴露，隐藏着极大的金融风险；三是制约政策性银行职能发挥和自身发展。

而监管多头，也使得对政策性金融机构的监管中没有形成有效的协调机制。项目贷款评审和财务评估是直接决定贷款风险和收益高低的主要因素。但目前我国政策性金融机构法人治理机构不健全，内部审计和监察力量薄弱，管理粗放，不良贷款率相当高，面临很大的信贷风险。在监管方面，发展改革委员会、银监会、人民银行、财政部、审计署等部门分别从不同的角度对政策性金融机构进行指导或监督，如银监会依法对农发行进行行业监督；人民银行从货币总量和信贷总量上进行平衡，如何完成粮油贷款等支农任务；发展改革委员会、农业部也有发言权；而作为出资人的财政部显然也有监管责任。由于缺乏相应的协调机制，使得农业发展银行面临多头监管感到无所适从，它缺乏必要的独立性，从某种程度上说出现了一定的监管盲点。这两个方面，显然不利于政策性金融为新农村建设提供资金支持。

第三节　农村合作金融及邮政储蓄：投融资体系亟待理顺

农村合作金融主要有农村信用合作社、农村商业银行以及农村合作银行，以农村信用合作社为主体。表5-6显示了2002～2007年我国农村合作金融机构变化及存贷情况。

表 5-6　2002～2007 年我国农村合作金融机构变化及存贷情况

时间 / 项目	2002 年年末	2003 年年末	2004 年年末	2005 年年末	2006 年年末	2007 年年末
一、以法人为单位机构总数（个）	2453	2463	2457	2430	2453	2408
（一）县市两级法人农信社（个）	2356	2345	2337	1832	1159	460
（二）统一法人农信社（个）	94	114	104	528	1201	1818
（三）农商社（个）	3	3	7	12	13	17
（四）农合行（个）	0	1	9	58	80	113
二、资金来源（亿元）	21114.38	25693.45	29741.59	33993.08	40467.87	49472.10
其中，各项存款　余额（亿元）	19875.47	24053.03	27784.74	32573.30	38843.26	45946.96
其中，各项存款　占金融机构（%）	11.63	11.56	11.51	11.34	11.58	11.80
三、资金运用（亿元）	21114.38	25693.45	29741.59	33993.08	40467.87	49472.10
（一）各项贷款　余额（亿元）	13937.71	17183.76	19544.67	22000.63	26236.33	31355.72
（一）各项贷款　占金融机构（%）	10.62	10.81	10.97	11.30	11.65	11.98
1. 农业贷款　余额（亿元）	5579.28	7077.32	8490.30	10071.16	12105.02	14292.84
1. 农业贷款　占农村合作金融机构贷款%	40.03	41.19	43.44	45.78	46.14	45.58
1. 农业贷款　占金融机构农业贷款（%）	81.04	84.14	86.26	87.35	91.65	92.63
2. 农民贷款（亿元）	4218.70	5576.83	6795.56	7983.02	9196.83	11618.36
其中：小额信用贷款（亿元）	745.70	1108.62	1389.39	1596.38	1710.27	1136.90
农民联保贷款（亿元）	235.33	452.55	652.84	866.88	1001.35	1883.83
（二）四级不良贷款　余额（亿元）	5147.14	5059.90	4514.76	3255.47	3032.72	3138.00
（二）四级不良贷款　不良贷款率（%）	36.93	29.45	23.10	14.80	11.56	8.90
（三）五级不良贷款　余额（亿元）	0.00	0.00	0.00	57.09	7327.29	6595.97
（三）五级不良贷款　不良贷款率（%）	—	—	—	27.93	21.02	

资料来源：中国人民银行货币政策司。另外由于取样不同，农业贷款与调查统计司的相关数据有较小偏差。

　　表 5-6 显示，从机构数方面来说，以县、市为单位的两级法人农信社数量下降十分明显，而统一法人农信社、农商行以及

农合行增加较快。从资金来源和各项存款看，总量增加明显。从资金运用看，农业贷款、农民贷款（包括小额信用贷款以及农民联保贷款）增加较快，不良贷款率则呈下降趋势。

农村合作金融融资工作的开展必须依赖于完善的体系、健全的体制、丰富的业务、良好的环境，只有这样支农的成效才能得到最大的发挥。但是由于历史遗留问题过重、体制不顺、运营机制障碍、业务落后等各方面问题的存在，阻碍了农村合作金融的健康发展，造成其融资机制的缺陷，严重影响了支农的成效。

一、农村信用社投融资功能存在缺陷

农村信用社是农村合作金融的主体。农村信用社是农民自己的资金互助组织，是不以营利为主要目的的合作型金融机构，即农村信用社应该本着合作的基本原则，为农民提供贷款融资。在农业银行经营转向、收缩农村战线，农业发展银行信贷业务萎缩的情况下，农村信用社担当起农村金融服务主力军的角色，在农村金融体系中占据十分重要的地位，在支农过程中发挥着不可替代的作用。但是，由于历史遗留问题、体制问题，经营机制与环境问题以及业务问题，当前农村信用社存在亟待解决的缺陷，这些问题直接导致了农村信用社支农效应的弱化。表5-7显示了我国农村信用合作社存贷款状况，其存差是持续上升的，从2003年的6731.51亿元扩大到2008年的14096.44亿元。

表5-7　农村信用社存贷款及存贷差状况（单位：亿元）

年份	2003	2004	2005	2006	2007	2008
存款余额	23710.20	27289.10	27605.61	30341.28	35167.03	41548.86
贷款余额	16978.69	19237.84	18680.86	20681.90	24121.61	27452.32
存贷差	6731.51	8051.26	8924.75	9659.38	11045.42	14096.44

数据来源：《中国金融年鉴（2008）》，第533页。

自 2005 年以来，全国农村信用社存贷比一直在 70% 以下，且连年下降。2008 年年末，全国农村信用社存贷比为 65.92%，存贷差则高达 14096.44 亿元。此外，同邮政储蓄一道，农村信用社还成为了农村资金净流出的渠道，见表 5-8 所示。

表 5-8　农村信用社和邮政储蓄存差与资金外流

（单位：亿元）

年份	农信社存款	邮政储蓄存款	农信社与邮政储蓄存款合计	农信社贷款	存贷差	农村资金净流出
1989	1663.4	20.5	1683.9	1094.9	589.0	97.8
1990	2144.9	45.8	2190.7	1413.0	777.7	188.7
1991	2707.5	88.0	2795.5	1808.6	986.9	209.2
1992	3478.5	124.7	3603.2	2453.9	1149.3	162.4
1993	4297.3	215.2	4512.5	3143.9	1368.6	219.3
1994	5669.7	339.0	6008.7	4168.6	1840.1	471.5
1995	7172.9	546.9	7719.8	5234.2	2485.6	645.5
1996	8793.6	740.0	9533.6	6364.7	3168.9	683.3
1997	10555.8	882.8	11438.6	7273.2	4165.4	996.5
1998	12191.5	1078.96	13270.5	8340.2	4930.26	764.9
1999	13358.1	1262.68	14620.8	9225.6	5395.18	664.9
2000	15129.4	1632.69	16762.1	10489.3	6272.79	877.6
2001	17263.4	2024.85	19288.25	11971.0	7317.25	1078.7
2002	19875.5	2511.9	22387.4	13937.7	8449.7	1256.3
2003	24107.0	8800.0	32907.0	17194.0	15713.0	1540.5

资料来源：黄建新：《反贫困与农村金融制度安排》，中国财政经济出版社 2008 年版，第 116～117 页。

农村信用社不仅存在着存贷差扩大以及资金外流问题，还在小额信贷方面缺乏可持续性。以湖北省浠水县农信社为例，2006 年，全县 30 个信用社累计发放农民小额信贷 1.95 亿元，比上年同期下降 4.6 个百分点，2007 年年初至 9 月末，全县实际累计发放农民小额信贷 1.94 亿元，同比又下降 2.5 个百分点，农民小额信贷户数 2006 年比 2005 年减少了 1086 户。农民颁证面和授信额虽然分别增加了 6.2 个和 10.5 个百分点，但农民实际贷款面却下降了 6.6 个百分点。据调查了解，农民小额信贷之所以萎缩，主要原因是农村经济发展出现了新变化，农民小额信贷可持续发展面临着新的矛盾。

农村信用社的融资功能缺陷主要体现在：

（一）历史遗留下来的政策性亏损问题

农村信用社创建五十多年来，经历了艰难曲折的发展过程，目前的遗留问题主要来自于政策性因素。长期以来，公共财政在城乡之间投入分布不均衡，在农村特别是中西部地区的地（市）、县级以下的财政，相当一部分常年依靠财政补贴维持政权运转。在公共财政缺位的情况下，农村金融机构承担着国家部分财政职能，在缺乏或者没有国家资本金投入的情况下，农村金融机构承担着支持"三农"的重任，也承担了国家对宏观经济调控的任务。而作为农村金融服务的主力军，农村信用社所接受的任务较其他农村金融机构来说更加重大。在中国绝大多数农村，乡镇财政就是"吃饭"财政，乡村债务金融化已经成为了普遍现象，沉重的乡村债务绝大部分是欠农村信用社的，它的存在可以说已经实质性地影响到了信用社的正常运行。金融财政化的表现也十分明显。信用社大量的不良资产中有不少来源于地方政府的行政干预。特别是县级政府，经常要求农村信用社扶持政府看好的但缺乏资金的大项目，让信用社支持地方政绩工程，支持乡镇企业的发展。另外，地方政府还通过各种途径帮助乡镇企业逃废债。国家对农信社曾在 2003 年改革试点过程中，通过资金和财税政策给予了部分消化，但由于"四级分类"不能真实反映资产状况以及农村信用社财务不实等原因，相当部分的存量包袱未能获得相应的政策支持。截至 2003 年年底，农村信用社乡村两级贷款形成的资金沉淀占不良贷款总额的 16% 左右；国有企业关、停、并、转形成的资金沉淀占不良贷款总额的 14% 左右；行政干预贷款和党政部门干部职工贷款形成的资金沉淀占不良贷款总额的 13% 左右；1994～1997 年农村信用社因承担保值储蓄贴补利息而形成的政策性亏损占历年亏损挂账总额的 11% 左右等等。而贫困地区的信用社情况更差，一直处于亏损状态，不良资产更是难以靠自身的能力消化。

（二）体制障碍下的产权问题

农村信用社在成立之初就是根据国家的行政命令而建立发展起来的，从那时起体制的障碍就一直困扰着信用社的健康发展，信用社"属于谁"、"谁来管"等性质方面的模糊决策在实践中导致了一系列产权不明、管理体制不顺等问题。由于农村信用社实行"入股自愿、退股自由"的原则，客观上不利于形成以产权制度为基础的全体社员的共同利益。社员退社自由，并同时有权撤走资金，一旦这种退出规模达到一定程度，信用社的实收资本将明显不符合相关金融行业的法律法规，信用社就会面临退出市场的危险。另外，信用社的产权主体名义上是全体入股社员，而事实上却异化成为一个以地方政府为主体的较为模糊的集体，这就造成了信用社产权的虚置，社员对信用社所拥有的权利被严重削弱，行政控制及内部人与关键人控制便不可避免了，实际中表现为信用社法人对于社员集合起来的资产具有广泛的权利，信用社主任拥有最高的经营管理权和很大程度上的支配权、处置权，但这种权利与责任、风险不对称，即控制人并没有承担经营管理中的责任和风险。

农村信用社长期的产权不明状况导致在治理中权利、义务、责任的严重失衡，权责不清带来的必然是信用社内部管理的混乱。由于信用社的股权分散，数额较小，加之股东缺乏利益驱动下参与民主管理的欲望，形成了大家都是名义上的主人，但结果却谁都不是主人。信用社的经营权和管理权仍然掌握在少数人的手里，给官办提供了滋生的环境。法人治理结构是产权制度的表现形式，但农村信用社所要求成立的"三会"即社员大会、理事会和监事会，有些形同虚设，根本没有发挥其应有的作用，有些则根本没有。在实际的操作过程中，地方政府一般在信用社主要领导人的确定上起决定性的作用，使得"三会"实际上对地方政府负责，因而农信社在运作的过程中政策色彩很重。法人治理结构残缺不全，股东大会、理事会（董事会）、监事会功能弱，职责不明确，不能与经营管理者形成有效制衡，"三会"制度徒有虚名；股权结构高度分散化，机构持股力量在公司治理中作用弱小，小股东参与治理的有效机制还没有建立起来；信用社管理人作为利益既得者，根本不愿意主动接受社员群众监督，入股社员长期被排斥在对信用社的经营管理之外，对信用社管理的参与意识差，对信用社的经营管理无法形成实质性的约束，内部监控缺失，外部监控不到位，内部人控制十分严重。

2003年以来的农信社改革中，各地基层信用社入股组建了省级联社，后者被赋予对出资人的行政和行业管理职能。当时的监管思路，是要以地方政府的力量来推动农信社改革。但这一管理体制影响了基层机构的经营灵活性，亦加大了外部干预的负面效果，在具体实践中，省联社的行政管理和基层社公司管理之间的冲突日益显现，公司治理改革并没有完成。要么是内部人控制，要么是省联社控制。管理层甚至不知道该对谁负责，省联社不是其股东，但可以对其贷款规模审批，甚至进行人事安排，但又不对经营业绩负责，这也是改革不彻底的表现。也就是说，经过改革后的农村信用社的体制结构还远没有达到规范化的公司治理机制的要求，法人主体还不能充分发挥各权力主体相互监督、相互制约、相互促进的作用。

（三）信用社偏离了合作金融的性质

合作金融的本质是社员个人为了获得便利的、低成本的金融服务，以货币资本入股的方式，自愿联合起来，实行民主管理、互助互利的金融行为和金融组织。从农村信用合作社的本来面目看，其业务应该体现合作的特征。但是一直以来，信用社的体制问题及产权问题导致了是继续走合作化还是走商业化道路的争论。持合作制观点的人认为，立足于农村的信用社具备合作制的条件，而且只有坚持合作制才能使信用社不偏离支农方向。坚持走商业化道路的人认为，合作制下的信用社具有较强的反市场性，处于市场机制失灵的边缘，对政府的扶持具有某种天然的倾向性。现在许多农村金融组织只有形式上的合作制，容易造成治理机制的扭曲，它没有良好的股本结构来支持良好的公司治理，最后只好靠行政化的机制来管理，结果就是成本高、效率低。因为农村信用社产权虚置、主体错位，就导致了社员群众监督被架空，社员权利被架空，他们难以参与决策，没有行使民主管理的权力，没有对信用社履行真正的监督职能。于是乎外部受到行政性的控制和干预，内部受内部人控制，金融监管难以到位。这样的一个信用社在新农村建设中很难发挥其本该具有的巨大优势和作用。

在实际运营过程中，农信社过分看重业绩的增长，以追求盈利为主要目标，偏离了为社员服务的合作原则。统一法人之后，尽管许多信用社采取农村合作银行或者以县为单位统一法人的模式，保留了合作制的思路，但这都不是真正的合作制。合作制应该具备四个基本特征：自愿性、互助共济性、民主管理性、非营利性。实际上，就是合作制成员之间应该互相了解信任、信息高度透明，这样才能有效遏制违约行为和道德风险。以县为单位统一法人的信用社很难达到这些要求。以县为单位的法人机制实质是否认了合作制，所以我国大部分信用社已经不是合作制，只能按商业化的路子走下去，尤其是现在的一些农村商业银行及农村合作银行。而合作组织的范围只能在小的社区内实现，比如以村为单位。此外，监管机构、政府部门、立法机关和社会公众也没把农信社视为合作金融组织，表现为：监管部门将农信社视为商业银行，各项监管指标均参照商业银行标准实施，《商业银行法》是监管农信社的主要法律依据之一；主管部门将农信社视为盈利目标很强的金融机构，每年都要对其下达经营指标。这说明，我国众多的农信社不具备合作金融的"自愿、互助、互利、民主和低盈利性"的基本特征，"合作制"是有名无实。

（四）经营环境与经营机制问题

农村信用社的经营环境主要包括产业因素及政策环境。在经营环境方面，首先，我国的农业是一个特殊的产业，土地资源有限、小规模分散经营因而产生不了规模效应；靠天吃饭、剩余很少因而不能抗御自然风险；粮食价格弹性低因而增产难增收；国家还必须给予农业大量补贴。农信社原本自我积累就少，资本金严重不足，再加上农业本身就是一个受多方面因素影响较大的投入多、产出少、周期长的高风险产业，长期的支农服务使信用社形成了相当一部分资产的损失。繁荣一时的乡镇企业走向萧条也对农村信用社造成了较大的影响作用。其次，是政策环境。2003年以来，人民银行通过"花钱买机制"的方式，以1600亿元央行票据为代价，置换了农信社系统1600亿元的不良资产，以此促进农信社经营机制转变。在实施五级分类之后，农信社的不良资产迅速披露为6000亿元左右。农信社的不良贷款比例依然高企，机制转换成效难显。2008年以来，随着央行对农信社的输血完毕，以及农信社交由省级政府管理，农信社的改革似乎已经没有像2003年那么紧迫了。各地政府在第一阶段已给予农信社大量支持，如果没有新的改革举措，在常规情况下很难让地方政府继续注入资金、资产，以进一步化解历史包袱。政府政策也不能够对农村信用社做出足够的倾斜，人民银行在货币政策方面没有把农村信用社看做真正的合作金融机构，在再贷款、再贴现、存款准备金、存贷款利率等货币政策工具的运用方面与商业银行相差不多，优惠还不够。除了贷款利率的浮动和支农再贷款明确对信用社给予专项的支持外，其他相关的优惠政策比商业银行给予的并不多。虽然国家对农村信用社也注入了一定的支农再贷款给予帮助，但是没有制定相应的风险补偿措施，运行的结果是农村信用社又背负了新的政策性经营风险，更加加剧了农村信用社政策性经营与商业化运作的矛盾。此外，有关农村信用社的法律制度一直没有建立，致使违规违法操作在信用社内部屡见不鲜，他们也不需为此承担多少法律责任。"支农"是农村信用社经营的宗旨和目标，一旦发生弱化或者改变，引发的会是信用社支持新农村建设的积极性的削减，其不良后果是不言而喻的。

在经营机制方面。不良的经营环境往往是经营机制发生转向的导火索，即导致信用社经营目标向商业化方向不断倾斜，信用社的经营方向和经营原则很容易就偏离了为"三农"服务的方向，片面追求盈利或其他经营目标。市场规律告诉我们资本必然会从低效益的部门流向高效益部门，这也就决定了资金会从农业部门流出。就连国家明确定义在农村领域的农村信用社也没有例外，为了给自己脱困，农信社也开始了走规模经营、撤并集中之路。基层业务代办点大量撤并、人员清退、决策权限上收，商业化动机愈发强烈。一些信用社还背离社员贷款优先的原则，在社员合理资金需求未得到满足的情况下，出于盈利的动机，将资金挪作他用。如此，更是大大降低了农村信用社对农村资金服务的供给。

（五）业务局限性问题

当前新农村建设需要大量资金，可是农村信用社业务落后而难以提供有效贷款的现象普遍存在，主要原因有三：一是当前农村信用社网络资源不足、新业务发展平台尚未建立。经过多年来的发展，农村信用社的网点布局往往以撒网式展开，一般每个乡镇都有1～2个网点，比较繁华的乡镇，网点数目则多达十多个。但由于农信社普遍存在服务形式落后、结算渠道不顺畅的弱点，加上各地之间发展程度差异性大等因素，规模性业务开发的网络资源极其缺乏，涣散的经营机制使得大规模的业务开发缺乏统一的平台。二是信用缺乏成为制约信用社业务开展的重要因素。尽管农村信用社扎根农村数十年，营业网点遍布城乡，但是农村融资主体很少有信贷记录，或者即使有，贷款者也无法掌握融资者的经营状况。对农村融资主体来说，由于土地、房屋的产权不完整，可抵押资产很少，农村信用社在过于强调抵押贷款或质押贷款的信贷方式情况下，就会直接限制业务的开展。三是农村信用社的信贷业务权限问题。各农村信用社为了防范风险都实行高度集中的授权授信管理制度，基层社除了农民小额贷款等少数品种外，贷款权限很小。同时，由于每笔贷款要经过对客户的信用等级评定、内部授信、贷款调查、审查、审批等程序，占用时间长、时效差，使得贷款需求不能及时得到满足，大大降低了融资效率。

农村信用社的业务利润还严重依赖于利差收入。随着利率下调，特别是服务于"三农"的贷款利率逐步降低，利差逐步缩小，农村信用社资金成本与其他商业银行相比较高，严重制约了农村信用社的盈利能力。加之，农村信用社产品、服务、技术创新方面比较落后，中间业务拓展较慢，收入增长渠道狭窄、后劲不足，资金实力实在是不容乐观，持续经营十分困难，因而只能艰难地扛着支持新农村建设的重任。

二、邮政储蓄仍是农村资金流向城市的"虹吸器"

据邮政储汇局统计，在邮政储蓄银行成立之前，2006年3月末，我国邮政储蓄存款余额达到1.48万亿元，占居民存款总额的10%，在全国拥有3.6万个网点，其中县及县以下农村网点占2/3以上。2006年12月31日，经国务院同意，中国银监会正式批准中国邮政储蓄银行（Postal Savings Bank of China）成立。2007 年 3 月 6 日，经中国政府批准，中国邮政储蓄银行有限责任公司依法成立。2007 年 3 月 20 日，中国邮政储蓄银行成立仪式在北京举行。邮政储蓄银行由中国邮政集团公司组建，邮政网络是邮政储蓄银行生存和发展的依托。截至 2007 年 2 月末，邮政储蓄网点数减少到 19450 个（2005 年是 20674 个，见表 5－9 所示），农业存款数由 2005 年的 4861.69 亿元激增到 2007 年的 6852.09 亿元。全国 20 个省份的邮政存储的 1397 个网点累计发放贷款 3.85 万笔，金额达到 13.72 亿元，其中农村地区为 9.12 亿元，占到了66.47%。邮政储蓄银行的正式挂牌营业，标志着邮政储蓄资金回流农村、支持社会主义新农村建设迈出了实质性的一步。

表 5－9　邮政储蓄银行网点数及吸收农业存款情况

邮政储蓄 银行网点及农业存款　　　年份	2005	2006	2007
邮政储蓄农村网点数（个）	20674	19926	19450
邮政储蓄银行农业存款余额（亿元）	4861.69	5758.04	6852.09

数据来源：《中国金融年鉴（2008）》，第 563 页。

但随着各项银行业务的逐步展开，我国各地邮政储蓄银行县支行存在着的老问题以及新的各种不足逐渐显现，支农仍然不突出。业务种类少、规模较小等问题，制约着他们的生存和发展空间。在今后相当长的一段时间内，业务拓展、扩大规模将是邮政储蓄工作的核心和难点。

目前邮政储蓄银行存在的主要问题体现在以下几个方面。

（一）邮政储蓄银行仍然没有改变农村资金"虹吸器"的性质

近几年来，国有商业银行收缩在农村领域的存货业务网点后，为中国遍布城乡的邮政网点提供了巨大的吸储空间，农村金融资源开始向邮政储蓄和农村信用社集中。邮政储蓄 65% 的资金来源于农村,而几乎90%以上的资金都通过转存央行或者以协议存款的方式转存城市商业银行、股份制银行等途径,实现资金从农村大量向城市的逆向流动。邮政储蓄有近两万个营业网点吸收储蓄,储蓄规模发展很快,但是由于其不发放贷款,而是将资金全部转存中国人民银行,致使大量农村资金直接流出了农村,虽然中国人民银行以对农村金融机构再贷款方式将部分资金又返还给了农村领域,但这种再贷款规模十分有限,远远不能补偿农村资金的流失,大部分的农村资金还是通过这种机制流向了城市。这不仅有可能影响到农村金融发展,甚至有可能使得邮政储蓄业务畸形化。

(二)市场化定位将影响邮政储蓄银行的支农功能

据调查分析,当前县域邮政储蓄银行在拓展农村金融市场开办小额贷款业务中存在许多难点,影响了支农作用发挥。首先,目前许多县域储蓄银行未被社会广泛认知,难以树立品牌。"只存不贷无风险"是多年来邮政储蓄机构的宣传口号,已被广大群众所接受。邮政储蓄银行挂牌成立后,把重点放在了加强内部管理、梳理业务流程、整合业务资源以及与邮政协调等方面,没有有效利用电视、报纸、宣传标语等形式广泛、系统地开展信贷业务宣传;加之,邮政储蓄只存不贷的形象已经在广大群众思想认识中根深蒂固,对邮政储蓄银行树立新形象和信贷业务拓展极为不利。其次,由于资金无利率浮动权,难拓展市场业务。邮政总局要求县域邮政储蓄银行发放贷款时执行指定的年利率,县域邮政储蓄银行无利率上下浮动权限。而政策性银行、各国有商业银行、农村信用社可以执行基准利率或在基准利率基础上上下浮动一定的比例。县域邮政储蓄银行现行利率定价不能体现奖优罚劣、资金定价与资金风险相适应的要求,成为制约其拓展农村信贷市场的一大瓶颈。最后,支农方面,在与农村信用社竞争中处于弱势地位。作为农村金融主力军的农村信用社扎根农村几十年，在辖区乡镇开展的农民评级授信、农民联保、信用村镇创建等工作已有数年，占有农村信贷市场份额基本接近百分之百；而邮政储蓄银行成立不久，管理体制、经营机制尚未完善，存在硬件建设滞后、专业人员严重不足等问题，在与农村信用社的竞争中完全处于弱势地位。开办农民信贷业务时存在着掌握客户真实信息难、信用评级难、本息收回难、信贷品牌打造难等困难。

（三）邮政储蓄银行管理存在诸多制约因素，导致业务难以扩大

历史上由于邮政储蓄长期作为邮政的一个内设机构进行经营管理，内部控制和风险防范机制相对薄弱，人才储备比较缺乏，邮政储蓄银行成立后，在相当长一段时间内，这些问题仍将在不同程度上存在。这些都将对邮政储蓄银行的发展造成一定制约。首先，其固有的管理模式和经营理念，束缚了业务发展。县级邮政储蓄银行的管理模式受控于上级部门，无论是资金运用、人员管理、规章制度的制定和执行均按上级主管部门意图开展，缺乏自主意识，这将直接导致从业人员思想意识更新、业务知识更新的速度放缓，业务拓展、创新能力及管理能力不足；其次，人员杂、素质偏低、缺乏从业经验，限制了其业务发展。目前，邮政储蓄银行人员全部由邮政局划转，金融专业人才匮乏，并且以前未从事过贷款业务，对客户评级缺乏经验，信贷人员基本上都是半路出家的"二把刀"，对信贷业务风险的判断、控制难以做到客观、精确，不利于信贷资金的风险管理与控制。很多内部人员缺乏银行工作专业知识，缺乏银行信贷业务经验，对怎样确定贷款投向，如何把握和控制信贷风险等缺乏经验积累，这将直接对邮政储蓄银行的营运效果产生潜在的不利影响。再次，制度不完善，执行力不高，也制约着业务的发展。一些县级邮政储蓄银行的制度均由上级行制定，规范储蓄业务的制度多，规范其他业务的制度不够完善。同时，部分网点还存在制度执行不严格的问题，例如，目前还存在银行工作人员和邮政人员业务交叉、印章

及重要空白凭证入库保管等制度执行不到位等现象。

第四节　农村微型金融投融资——对新型农村金融机构的考察

根据世行的定义，微型金融指对低收入家庭提供贷款、储蓄、保险及货币支付等一系列金融服务的金融形式[1]。联合国将其视为"inclusive financial system"（"普惠金融体系"），其含义是能有效、全方位地为社会所有阶层和群体提供服务的金融体系，该体系重点为目前金融体系并没有覆盖的社会人群提供有效的服务。联合国希望通过微型金融的发展，促进普惠金融体系建立，并把 2005 年命名为联合国"小额信贷年"。实践表明，大型商业银行在农村地区提供金融服务不具备比较优势，业务活动甚至无法适应小农经济，也无法解决因严重的信息不对称而带来的高风险和巨额成本等问题。相对而言，这种贴近基层尤其是根植于农村的微型金融组织，更能贴近农民，符合农村基本需要。从美国的情况来看，8000 多家银行类法人金融机构中，有 5000 多家是以县为服务范围的社区金融机构。

一、基于国际视角的微型金融及其理论考察

微型金融起源于 1976 年孟加拉国尤努斯（Yuns）教授创办的格莱珉乡村银行（Grameen Bank）项目，这是个以百折不挠的精神挑战传统的金融体系和无效率的官僚体制的尝试。尤努斯在 30 年中从借款 27 美元给 42 个赤贫农妇开始，发展了拥有近

---

[1] Joan Parker: "Where does Microfinance Fit?" *CGAP*: *Focus Note*, 20, May 2001, www. Cgap. org.

400万借款者（其中96%为妇女）、12546名员工的庞大乡村银行网络。他的银行有1277个分行，遍及46620个村庄，还款率高达98.89%，以实际行动证明了"穷人比富人更讲信用"。目前微型金融已经成为发展中国家缓解贫困、解决低收入人群尤其是农民、农村中小企业资金困难的一种重要的金融制度安排。微型金融主要针对具备小额信贷金融需求的低收入者，这些群体受自然风险影响大，远离中心城市、交通不便、信息不畅、对资金需求规模小而且有季节性。由于融资成本高，传统正规金融不愿为这类群体提供融资。但在广大发展中国家及存在着庞大农业人口的国家，对微型金融的需求巨大。据世界银行下属CGAP 2005年的年报，全世界有30亿人缺少获得金融服务的途径。事实证明，微型金融能较好地适宜对低收入家庭及中小企业的融资服务需求。比如，非洲的微型金融，至少从如下方面起到了积极作用：第一，提高贫困家庭的收入水平，使其有能力投资于子女的教育；第二，提高妇女和儿童的健康状况，如乌干达，微型金融的客户中95%得到健康与营养方面的益处；第三，促进性别平等，提高妇女地位，许多微型金融提供针对妇女的金融服务，使女性的社会地位发生了重大改变。

（一）微型金融组建模式

在世界范围内，微型金融的建立有三种模式：（1）政府非营利组织模式。这类模式以孟加拉国农业促进委员会（Bangladesh Rural Advancement Committee）为代表，该组织成立于1972年，主要援助妇女和儿童。1976年8月，2006年诺贝尔和平奖获得者，孟加拉国吉大港大学经济学教授尤努斯用自己的财产做担保，说服当地一家农业银行按照市场利率给穷人提供一笔贷款，效果很好。在成功经验的鼓舞下，孟加拉国中央银行和政府有关机构于1983年出资成立了"乡村银行"（Grameen Bank）。目前该乡村银行已发展成总资产在10亿美元以上的全国性大银行，还款率平均高达95%～100%。这种模式已被世界五十多个国家和地区所模仿。（2）专门提供微型金融服务的市场化金融机构。国外的如孟加拉的格莱珉乡村银行（Grameen Bank）、印尼的人民银行小额信贷部（BRI-UD）、玻利维亚的阳光银行（BANCOSOL）。最初它们开展一些小额信贷项目，后来从小规模的项目逐步成为独立机构，进而发展成为正规的金融机构。国内，如我国的农村信用合作社，以前曾设立的农村合作基金会，以及现在设立的贷款公司、村镇银行、农村资金互助组织。（3）正规的国有银行引入小额信贷项目。通过在正规金融机构中设立专门的小额信贷部门，并按市场机制运作，可以实现盈利，然后逐步服务于大量中低收入客户。比如，印尼人民银行小额信贷部、欧洲复兴开发银行在东欧的试点、改革后的蒙古农业银行等。

（二）微型金融目标定位

根据首要发展目标定位不同，通常将微型金融的发展目标划分为两大类："福利主义"和"制度主义"。前者以社会扶贫发展为首要目标，如孟加拉格莱明乡村银行（GB）；后者首要关注商业可持续性，如印度尼西亚人民银行BRI。"福利主义者"认为①，微型金融由于广泛依赖捐赠和国际组织的低息或者无息贷款，管理人员主要来自于志愿者尤其是具有献身精神的领袖，没有明确的商业目标和产权关系，资金运用缺乏明确的再生能力，运作成本一般都比较高，因此无论从扶贫济困的理想到金融普惠制架构的设计，都是社会对于不能平等享受金融权利的低收入群体的一种福利（杨序琴，2007）；"制度主义者"认为②，在实际领域中，微型金融的商业化和可持续发展逐渐得到更为广泛的

---

① 杨序琴：《小额信贷发展的占优均衡：福利主义宗旨与制度主义机制的有机融合》，《金融理论与实践》2007年第2期，第25～30页。

② 张亮：《国际微型金融机构的发展趋势》，《经济导刊》2007年12月14日。

认同（张亮，2007）。目前，不少微型金融组织已成功转型为正规金融机构，新设立的微型金融机构在成立初期接受补贴，经营一段时间后，不再接受补贴，收入主要来源于向客户收取的利息和费用，成为商业化盈利机构。商业化已成为国际微型金融组织发展的一个重要趋势。但由此而来，许多人认为追求赢利的商业化微型金融组织是对其最初设立本意——社会扶贫目标的偏离，最终导致微型金融放弃农村地区的人群、转向城镇居民，如中国早期农业银行一样。

从目前发展目标定位方面看，制度主义的理念逐渐占据了主导地位，植入市场机制并增强盈利性已逐步成为微型金融机构的重要选择，这一重要表现就是微型金融机构的正规化与商业化。有研究显示，世界上最好的微型金融组织的权益回报率（ROE）在 2003 年超过了全球盈利前 10 名商业银行 16.2% 的平均水平，少数拉美的微型金融组织的权益回报率超过了 40% ～50% 的水平。墨西哥的 Compartamos 银行由 1990 成立的一个非营利性小额信贷机构转型而来，现在已有客户 61 万多名，并开始盈利；印度尼西亚人民银行于 2003 年 11 月在纽约证券交易所上市获得 16 倍超额认购，被《亚洲货币》评为当年最佳上市公司，外国投资者大约持有其 40% 的股份。鉴于此，微型金融逐步引起国际金融集团、NGO 组织的关注与投资兴趣。但总体而言，令人沮丧的是，目前，全球统计的 800 多家微型金融机构，只有不到 40% 能实现自负盈亏，国际微型金融的先驱——格莱珉乡村银行（GB），在扶贫方面取得了巨大的成就，但至今仍未实现财务上的可持续发展。虽然 GB 从 1985 年到 1996 年间有总额 150 万美元的利润，但利润主要依靠 1600 万美元的直接捐赠，8100 万美元的软贷款和 4700 万美元的权益投资形成的间接补贴，以及所有者追加的 2700 万美元的贷款损失准备金。经营状况不理想是因为不具备合法信贷经营权、不受法律保护；不具备融资资格、难以进行外部融资等。严重依赖于捐赠与政府补助使得很多发展中国家的微型金融机构仍然陷入所谓的"福利主义"目标模式中。

（三）微型金融的制度安排

微型金融在解决交易成本尤其是其中的信息成本以及解决代理成本问题方面具有特殊性。首先，看微型金融的交易成本。交易成本是科斯在康芒斯的研究基础上提出的概念，它是经济制度的运行费用。与金融中介有关的交易成本主要包括：（1）市场信息成本：即有关收集和传播市场信息的费用，其中最主要的是关于价格信息的费用。（2）合同谈判成本：即为订立合同而进行谈判所支出的费用。（3）合同履行成本：即为使合同得以履行而必须支出的费用，如制度与执行经济法和进行诉讼的费用。Leland 和 Pyle（1977）强调金融中介可以通过将自己的财富投资到其拥有特殊信息的资产中，以解决信息不对称问题[1]；Berger 和 Udell（2002）基于不同信息将贷款分为财务报表型贷款、抵押担保型贷款、信用评级贷款以及关系贷款[2]，前三种涉及的信息是易于传统和计量的"硬信息"，关系贷款属于"软信息"。微型金融组织的贷款形式往往是局限于某较小区域的"关系型"软信息，由于简单易行、灵活、便捷、规模小，以及在局部信息方面的优势，更擅长提供零星、小额贷款，因此，在一定贷款客户范围内，微型金融组织的边际贷款成本会低于正规金融组织的贷款成本[3]。但是，随着规模及地域的扩大，微型金融的组织成

① Leland, Hayne E. and Pyle. David H: "Information Asymmetries, Financial structure, and Financial Intermediation", *The Journal of Finance*, 1977, Vol. 32, pp. 372－387.

② Allen N. Berger and Gregory F. Udell: "Small Business Credit Availability and Relationship Lending: The Improtance of Bank Organisation Structure", *Economic Journal*, 2002, February, p. 112; F32－F53.

③ 刘民权、徐忠、俞建拖：《信贷市场中的非正规金融》，《世界经济》2003年第7期，第1～13页。

本、信息成本和交易成本也将上升，最终丧失其优势①。其次，考察微型金融的代理成本。按照詹森和梅克林（Jensen and Meckling, 1996）的定义②，代理成本可划分为三部分：（1）委托人的监督成本，即委托人激励和监控代理人，从而使后者为前者的利益而尽力工作的成本；（2）代理人的担保成本，即代理人用以保证不采取损害委托人行为的成本，以及如果采用了那种行为，将给予赔偿的成本；（3）剩余损失，它是委托人因代理人代行决策而产生的一种价值损失。显然，监督成本和担保成本是制定、实施和治理契约的实际成本，而剩余损失则是在契约最优但又不完全被遵守、执行时的机会成本。微型金融与正规金融的代理成本主要源于三个方面：存款人与金融中介的代理成本Ⅰ、金融中介所有者与经营者之间的代理成本Ⅱ以及贷款人与金融中介的代理成本Ⅲ。胡金焱等（2003）认为，微型金融的代理成本Ⅰ变异程度要大于正规金融③，因为正规金融的这类代理成本由政府制定的市场准入等措施规定，且单位贷款承担的成本随贷款规模扩大而降低；微型金融随着自有资金比率下降及合作的范围扩大或合作性质的改变，代理成本Ⅰ会提高，并可能产生严重的代理问题如合会的垮台，私营钱庄主携款潜逃等。对于代理成本Ⅱ和Ⅲ，微型金融与正规金融都呈相似的变化趋势：随着规模的扩大，两者的两类代理成本都上升；但一定范围内，微型金融的两类成本要比正规金融的小。

---

① 姜旭朝、丁昌锋：《民间金融理论分析：范畴、比较与制度变迁》，《金融研究》2004 年第 8 期，第 100～111 页。

② Michael C. Jensen and William H. Meckling："Theory of the Firm：Managerial Behavior, Agency Costs and Ownership Structure"，Journal of Financial Economics，1976，Vol. 3；pp. 305－360.

③ 胡金焱、李永平：《正规金融与非正规金融：比较成本优势与制度互补》，《东岳论丛》2006 年第 3 期，第 115～116 页。

（四）微型金融的覆盖面及可持续性

覆盖面大小及可持续性是评价微型金融成功与否的标志。微型金融对于发展中国家的贫困缓解及对低收入群体提供信贷支持的作用很大而且未来发展潜力巨大，因为它能够为成百上千万的贫困人口和微小企业提供一系列的金融产品与服务，从而使得他们能够抓住经济机遇积累资产和财富。那些盈利的微型金融机构虽然数量有限，市场份额却相对较大。然而，从众多发展中国家看，能够以可靠、高效、持久的方式为大量终端用户提供服务仍是微型金融机构面临的挑战。微型金融机构虽然肩负扶贫的社会责任，但是作为金融机构，保证财务上的可持续、盈利，才可能被大量地复制、推广，才能将社会扶贫的目标范围不断延伸。微型金融必须满足一系列前提条件才能取得成功。从世界范围看，尽管微型金融的尝试不计其数，但是以覆盖面和可持续性为衡量标准，成功的例子远远少于失败的例子。

二、中国微型金融：早期实践及现行的新型农村金融机构

（一）早期实践：对贫者的融资

《中国农村扶贫开发纲要（2001～2010 年）》实施以来，中国贫困人口已经大大减少了，但根据国家扶贫办的数据，2008 年年初人均纯收入低于 785 元的绝对贫困人口仍然有 1479 万人，人均纯收入在 786～1067 元的低收入贫困人口仍然有 2841 万人[①]。对于人口众多，贫富差距悬殊的中国来讲，微型金融业务尤其是小型借贷服务，是农村贫困人士迫切需要的服务。另据国家邮政储汇局估计，目前至少有 7000 多万农民有近 6000 亿元的小额信

---

① 田建中：《扶贫办：2007 年中国农村贫困人口减少 1378 万人》，中国经济网，2008 年 2 月 29 日。

贷需求①。作为世界范围内非政府组织（NGO）主导下的微型金融发展计划中的一环，中国导入微型金融模式以缓解农村贫困始于1994年，这些微型金融的贫困缓解计划见表5-10所示。

表5-10 中国 NGO 组织的微型金融贫困缓解项目

组织名称	国际捐赠	起始年份	利率	贷款偿还期	覆盖面
中国缓贫基金（CFPA）	世界银行，华夏银行，Kadrooie Charitable基金（香港）	1997～2002	7%～8%	一年内（按周偿还）	27937 个成员（2002年），涉及四川、贵州、山西、福建
中国社会科学学会贫困合作基金	福特基金，Grameen信托，加拿大基金，私人捐赠	1994	8%	一年内（按周偿还）	涉及河南和河北15873 个成员（2002 年）
青海农业银行	AUSAID	1996	12%	6～12 个月（一次还清或分期偿还）	涉及青海 13000 个成员（2003 年）
可持续贫困扶助微型金融（SMAP）	美国发展计划，日本政府	1996	8%	一年内（按周偿还）	涉及内蒙古、甘肃、四川及贵州7865 个成员

Albert Park："Micro-Finance, poverty Alleviation, and Financial Reform in China", Workshop on Rural Finance and Credit Infrastructure in China, 13－14 October 2003, Paris, France.

起初，这些微型金融贫困缓解项目发展很迅速，很多项目贷款回收率达到了100%，借助国际捐赠，针对贫困群体的小额信贷得到了较好的执行。但是20世纪90年代以来，农村家庭参与者逐年下降，一些早期的计划也纷纷搁浅。中国由20世纪90年代中期开始由微型金融机构进行小额信贷，至2003年，各地政府发放的小额贷款总额已达50多亿元，但大多"有去无回"，还款率极低。原因主要包括：浓重的福利主义色彩；许多项目依赖于一次性的捐赠而不可持续；微型金融机构在贷款之前，没有

---

① 苏伟文：《为内地微型金融寻出路》，《香港商报》2008 年 8 月 5 日。

测试借款人的还款能力；对资金的严格限制使得项目难以商业化而经营长久。如建立于1997年终止于2001年的拥有35000客户的四川"农村发展与贫困缓解协会（ARDPAS）"，其资金来源于省政府的预算，而政府预算资金是不能用于借贷的。显然，必须找到行之有效的方式，利用市场化手段解决贫困者的信贷问题。

（二）当前中国新型农村微型金融机构发展

中国新型微型农村金融机构主要有村镇银行、小额贷款公司及农村资金互助组织，试点范围基本上都是在经济比较贫困地区。村镇银行是指经银监会依据有关法律、法规批准，由境内外金融机构、境内非金融机构企业法人、境内自然人出资，在农村地区设立的主要为当地农民、农业和农村经济发展提供金融服务的银行业金融机构。村镇银行可经营吸收公众存款，发放短期、中期和长期贷款，办理国内结算与票据承兑与贴现及ATM机等业务。表5-11显示的是我国村镇银行发展情况。

表5-11　我国村镇银行发展情况（2007年3月1日～2007年12月18日）

序号	名称	地点	成立日期	注册资本（万元）	发起人（注资规模和比例）	出资人
1	四川仪陇惠民村镇银行	四川仪陇县金城镇	2007年3月1日	200	南充市商业银行（100万元,50%）	四川明宇集团等5家公司（各20万元，各10%）
2	吉林磐石融丰村镇银行	吉林省磐石县融丰镇	2007年3月1日	2000	吉林市商业银行（400万元,20%）	88名自然人（1600万元，80%）
3	吉林东丰诚信村镇银行	吉林辽源市东丰县	2007年8月1日	2000	辽源市城市信用社（750万元，37.5%）	3家企业法人（600万元，30%）和6名自然人(650万元,32.5%)
4	瑞信村镇银行	甘肃庆阳市西峰区	2007年3月15日	1080	庆阳西峰区农村信用联社（270万元，25%）	5家企业法人和36名自然人（810万元，75%）

序号	名称	地点	成立日期	注册资本（万元）	发起人（注资规模和比例）	出资人
5	平凉市泾川县汇通村镇银行	甘肃平凉市泾川县	2007 年 3 月 16 日	1800	国开行甘肃省分行（1000 万元，55.56%）	泾川县农信社和平凉市城信社(各 300 万元，各 16.67%)；1 名法人与 10 名自然人（200 万元，11.10%）
6	敦化江南村镇银行	吉林延边州敦化市江南镇	2007 年 3 月 28 日	1000	延边农村合作银行（510 万元，51%）	19 名自然人（490 万元，49%）
7	湖北仙桃北农商村镇银行	湖北仙桃市	2007 年 4 月 28 日	1000	北京农村商业银行（1000 万元，100%）	无
8	内蒙古固阳县下湿壕镇包商惠农村镇银行	内蒙古固阳县下湿壕镇	2007 年 4 月 28 日	300	包头市商业银行（180 万元，60%）	1 家企业法人和 7 名自然人（120 万元，40%）
9	四川富民村镇银行	四川绵阳市北川羌族自治县	2007 年 7 月 19 日	531	绵阳商业银行、国家开发银行四川分行	4 家企业法人和 43 个自然人
10	甘肃武都金桥村镇银行	甘肃陇南市武都县	2007 年 7 月 20 日	800	兰州市商业银行（300 万元）和武都区信用联社（200 万元）共同发起	吸收当地 3 家非金融机构法人和 10 家自然人入股（共 300 万元）
11	湖北恩施咸丰村镇银行	湖北恩施州咸丰县	2007 年 8 月 18 日	1000	江苏常熟农村商业银行（510 万元，51%）	常熟四家民营企业占 25%，咸丰四家民营企业占 24%
12	青海大通国开村镇银行	青海大通县	2007 年 10 月 19 日	2245	国家开发银行青海分行（1100 万元，49%）	西宁市商业银行（460 万元，20.5%）和其他 4 家法人（685 万元，30.5%）
13	湖北嘉鱼吴江村镇银行	湖北嘉鱼县鱼岳镇沙阳大道 188 号	2007 年 11 月 8 日	—	吴江农村商业银行（51%）	嘉鱼田野集团、盛宁集团分别占 10%、5%，还有一家吴江企业占 3%，另外 31% 的股份由来自上海、江苏等地的 10 位自然人分持

序号	名称	地点	成立日期	注册资本（万元）	发起人（注资规模和比例）	出资人
14	新疆五家渠市国民村镇银行	新疆五家渠市	2007 年 11 月 28 日	2800	宁波鄞州农村合作银行	8 个企业法人
15	湖北随州曾都汇丰村镇银行	湖北随州市	2007 年 12 月 13 日	1000	香港上海汇丰银行（1000 万元，100%）	无
16	湖北黄石大冶国开村镇银行	湖北黄石大冶	2007 年 12 月 18 日	3000	国家开发银行	若干企业法人（具体数不详）

资料来源：王曙光：《新型农村金融机构运行绩效与机制创新》，《中共中央党校学报》2008 年第 4 期，第 61～62 页。

村镇银行发起人主要有政策性金融机构、外资银行、城市商业银行等，见表 5－12。

表 5－12　我国村镇银行设立发起人概况（截至 2007 年 12 月 18 日）

发起人性质	政策性金融机构发起	外资银行发起	城市商业银行和城市信用社发起	农村信用社或农村合作银行发起	外地金融机构发起	多家机构共同发起
村镇银行名称	平凉市泾川县汇通村镇银行；青海大通国开村镇银行；湖北黄石大冶国开村镇银行	湖北随州曾都汇丰村镇银行	四川仪陇惠民村镇银行；吉林磐石融丰村镇银行；吉林东丰诚信村镇银行；内蒙古固阳县下湿壕镇包商惠农村镇银行	敦化江南村镇银行；瑞信村镇银行	湖北仙桃北农商村镇银行；新疆五家渠市国民村镇银行；北嘉鱼吴江村镇银行；湖北恩施咸丰村镇银行	四川富民村镇银行；甘肃武都金桥村镇银行
家数	3	1	4	2	4	2

资料来源：王曙光：《新型农村金融机构运行绩效与机制创新》，《中共中央党校学报》2008 年第 4 期，第 61～62 页。

小额贷款公司不是银行，按照央行的规定，小额贷款公司是依托民间资金，以服务"三农"，支持农村经济发展为重点，为农民提供小额贷款的机构，资金来源为自有资金、捐赠资金或单一来源的批发资金形式，不吸收存款，不跨区经营，股东最多不超过 5 个，贷款利率可由借贷双方自由协商。农村资金互助组织是农村社员的资金合作组织。例如，安徽省肥西县山南镇小井庄社区发展合作社、明光市潘集镇兴旺村农民资金互助社，以及太湖县农民生产发展互助基金。兴旺村互助社注册资金 3 万元，系 12 名入社村民入股构成，每人 1000～3000 元不等。该社贷款投向主要是社员婚嫁、建房、子女入学、短期商业经营等方面，贷款对象一般局限于入股社员，向非社员提供贷款，必须由社员担保。该社发放的贷款最长期限都在一年以内，资金使用期在 7 天内免收利息，7 天以上的贷款利率为社员 4.5%、非社员 5.4%，大大民间借贷利率，有的甚至低于当地信用社贷款利率。

自 2006 年银监会调整放宽农村地区银行业金融机构准入政策以来，截至 2008 年 5 月，全国已正式开业新型农村金融机构 41 家，其中，村镇银行 28 家，农村资金互助社 9 家，贷款公司 4 家。截至 2008 年年中，这三类机构累计发放农民贷款 6.4 亿元，农民小企业贷款 3.7 亿元，两类贷款余额已达到 7.6 亿元。对比传统的农业银行、农业发展银行、邮政储蓄、农村信用社等金融机构，这三类微型金融组织适宜不同地区，在对低收入者提供资金支持方面各有其优劣势，见表 5-13 所示。

表 5-13　三类新型农村微型金融组织投融资机制比较

比较项目	村镇银行或社区银行	贷款公司	农村资金互助组织
组织模式	好银行发起，出资人参股，政府协调服务。	由境内商业银行或农村合作银行设立，为不吸收公众存款，经营小额贷款业务的非银行业金融机构。	社员之间的资金合作。
适宜地区	适于资金流失大、资金供求矛盾突出、竞争和服务不充分的县域经济。	适于经济发展潜力大、商业银行乐于合作且贷差资金大的县域。	适于正规金融服务空白或专业合作已具有相当规模的行业或地区。

比较项目	村镇银行或社区银行	贷款公司	农村资金互助组织
经营优势	经营机制活,决策链条短,发放贷款快,赢得农民认可。	灵活,能满足"小额、分散"的农民和微型企业的信贷服务要求,利于扩大客户数量和服务覆盖面。	本土化,"同村人知根知底",操作成本低,贷款程序简单,利率低于农村信用社。
经营劣势	资本金少,难以享受到支农再贷款;成立时间短、网点少,在储户分散的农村市场很难组织存款;业务受限,金融产品有限。	业务活动难以本地化和持续化,易受出资银行资产规模、批发资金大小和支持试点贷款公司的基本态度制约。	大额、长期的资金需求无法满足,资金规模太小,专业化的经营管理和风险管理能力缺乏。

从比较中可以看出,村镇银行能吸收存款,资本金数额比较大,相对来说,发放贷款的数额就大一些,直接为农民服务的效果好。从目前看,村镇银行的发展是最快的,也是最有效的为三农服务的形式。而农村资金互助社,它规模比较小,通常是在一个村里面,是为村里的资金合作社的社员服务的,手续方便。至于贷款公司,因为它不能吸收贷款,所以其贷款数额因为受到这种资金来源的限制,不是很大。

新型微型农村金融机构在缓贫及对低收入群体提供资金支持方面的绩效主要体现在:

第一,提高了农村金融服务覆盖率和农村金融供给。农村新型金融机构的试点,效果十分显著。这些地区的农村金融已经由过去的农村信用社一枝独秀,到现在的村镇银行、贷款公司和农民互助社百花齐放,受到了农民的广泛欢迎,改变了我国农村地区银行业金融机构网点覆盖率低、金融供给不足、竞争不充分的格局。2006 年年末,中国银监会发布了《关于调整放宽农村地区银行业金融机构准入政策,更好支持社会主义新农村建设的若干意见》,并在吉林、湖北、四川、内蒙古、甘肃、青海六省

（区）进行试点，目前，试点范围已扩大到全国 31 个省（市、区）。新型农村金融机构破茧而出，开创了农村金融运营的新模式，拓宽了农村金融供给渠道，激活了农村金融大市场。以 2007 年 3 月 1 日开业的四川仪陇惠民村镇银行和四川仪陇惠民小额贷款公司为例，此类组织形式较好地满足了农民对资金的小额需求。2007 年，四川惠民村镇银行吸收存款 1800 多万元，发放贷款约 1000 万元。这些贷款没有回流城市，全部在农村。该村镇银行信贷投放中的 60% 投向了种植业、养殖业和农村加工业，40% 投向了与农业经济相关的生产资料和流通领域。从村镇银行发放贷款的情况看，六类贷款需求主体的贷款需求额度主要集中在 5000～1 万元、1 万～3 万元以及 3 万～5 万元三个区域，表明农村金融需求主体的贷款额度主要在 1 万～5 万元。另外，在小额农民的 66 笔贷款中，1 万元以下的贷款有 48 笔，占比 72.73%，表明小额农民的贷款金额主要集中在 1 万元以内，但绝不仅仅局限于几百元的贷款，见表 5-14。

表 5-14 四川仪陇村镇银行各类型客户的贷款笔数与金额

（单位：万元）

贷款客户类型	贷款笔数	贷款金额					
		0.1～0.5	0.5～1	1～3	3～5	5～10	10 以上
个人经营	53	0	2	14	16	16	5
个人消费	15	0	1	8	3	3	0
公务员消费	1	0	0	0	1	0	0
农业贷款	4	0	0	1	3	0	0
小额农民	66	20	28	17	1	0	0
专业农民	18	0	1	4	5	8	0
总计	157	20	32	44	29	27	5
占比	100%	12.74%	20.38%	28.03%	18.47%	17.2%	3.18%

数据来源：中国银行业监督管理委员会网站：http://www.cbrc.gov.cn/。

从贷款公司发放贷款的情况看，三类贷款需求主体的贷款需求额度主要集中在 1000～5000 元、5000～1 万元以及 1 万～3 万元三个区域，也表明农村金融需求主体的贷款额度正在逐渐发生变化，即便是小额贷款户也不再仅仅局限于几百元的贷款，见表 5－15。

表 5－15　四川仪陇小额贷款公司各类型客户的贷款笔数与金额

（单位：千元）

贷款客户类型	贷款笔数	贷款金额				
		≤1	1～5	5～10	10～30	30～50
个体户	24	0	4	4	10	6
小额农民	53	4	19	16	14	0
专业农民	13	0	2	6	5	0
总计	90	4	25	26	29	6
占比	100%	4.44%	27.78%	28.89%	32.22%	6.67%

数据来源：中国银行业监督管理委员会网站：http://www.cbrc.gov.cn/。

第二，给农民切实带来实惠和方便。有些农村新型的金融机构，贷款的利率比当地的民间借贷至少要低，比农村信用社至少要低一个百分点，利率低农民贷款的成本就低，给农民带来实实在在的实惠。例如，四川仪陇惠民村镇银行注册资本为 200 万元人民币，银行本着"惠民共赢、服务三农"的经营宗旨，开设有小额农民贷款、专业农民贷款、微小企业贷款、农房改建联保贷款、个体工商户经营贷款等十多种信贷服务。贷款人只需要向客户经理提出贷款申请，通过客户经理的调查和银行审批后，就可发放贷款。马鞍镇蔡家坪村的二十多户农民通过惠民村镇银行的贷款，发展了獭兔、生猪、花生、生姜等产业，预计 2008 年平均每户年收入增长 2000 多元。

三、中国新型农村微型金融机构发展的不足

（一）微型金融机构定位偏差导致覆盖面不够

银监会规定，农村新型微型金融机构主要是为当地农民、农业和农村经济发展提供金融服务的银行业金融机构，同时也非常强调市场化操作，这种目标定位并没有强调对贫困者的信贷问题，也没有找到利用市场化操作对贫困者融资的机制。从现实看，许多新型微型农村金融机构，例如，农村村镇银行，其发起人或最大股东有现有商业银行、政策性银行、农村信用合作社甚至外资银行，这种组织模式可能延续原有扭曲的治理结构缺陷，诱发代理人道德风险，或者成为新的农村资金流向城市的"虹吸器"。目前许多微型金融机构如部分村镇银行无意"高风险、高成本、低收益"的三农业务，而将目光放在贷款金额比较大的小企业主及出口企业上，其小额信贷项目50%以上的一级客户（最初客户）都不是穷人，某种程度上偏离了当时设立村镇银行的初衷。少数村镇银行将信贷投向县域内工商企业，并没有将"三农"作为银行信贷投放的主要对象。因为贷款给县城企业风险低，盈利比较有保障，而且可以通过信贷拉动负债业务的增长。这样，那些缺乏自愿组建贷款小组条件的深度贫困户，特别是许多赤贫者，往往很难贷到款，或者根本贷不到款。在这里，扶贫的深度和广度问题不是微型金融机构小额信贷操作者和管理者真正关心的问题。他们不强调放款规模，也不强调贫困人口改善生产生活的状况和程度，注重的是贷款的回收质量。这样，这种金融组织基本上很难对深度贫困者和赤贫者提供贷款支持和服务。

（二）微型金融提供的小额信贷发展缓慢

小额信贷发展缓慢的原因是多方面的，主要原因在于，对于金融机构而言，小额信贷存在许多风险。一是思想意识风险。部

分农民文化层次较低，素质不高，法律意识淡薄，信用观念不强。二是操作风险。信用贷款是农民无须提供抵押物、凭自身资信即可获得贷款的一种贷款方式，许多农民在实际操作中并未意识到其背后的法律责任，存在转借、冒名的问题。农民小额信用贷款涉及面广、手续简便，在发放过程中稍有不慎，就会发生借名、冒名贷款，给微型金融机构资产带来风险。三是收贷风险。小额信用贷款主要用于农业生产。由于当前农业受自然气候因素、市场因素等的影响，加上分散的农民一般都没有投保，存在较大的风险隐患，特别是养殖、渔业等行业，受自然灾害或市场风波影响往往血本无归。此外，由于农民资金积累不多、抗风险能力较弱，所以造成大量信贷资金逾期、沉淀或呆滞，大量贷款无法收回，挫伤了微型金融机构发放贷款的积极性。

小额信贷的发展举步维艰的原因，还有：（1）从宏观环境看，小额信贷运行的法律法规的缺失，阻碍了非政府小额信贷。长期以来，小额信贷主要被当做扶贫手段而不是一种产业或行业，金融法规禁止包括非政府组织在内的非正规金融机构提供任何类型的金融服务，只有部分项目和机构得到了人民银行的允许进行试点。这种不合法地位极大地阻碍了机构的健康发展。（2）从机构本身来说，产权不清晰和治理结构不完善被认为是阻碍小额信贷发展的"瓶颈"。产权不明晰与资金性质有关。中国早期从事非政府小额信贷的微型金融机构的资金主要由捐助资金和软贷款构成，属于社会公益资金。严格意义上的公益资金没有明确的产权所有者。（3）从运作模式上。小额信贷的一些金融产品、组织制度安排并不适合目前中国广大贫困地区的农民。小额信贷无法通过市场方式自动瞄准最贫困农民，这种瞄准需要特殊的工具以及支付相应的成本。许多小额信贷的开展没有与农业产业化经营结合起来，农民单独面对市场，市场信息不足，承受市场风险的能力较弱。既没有走"农民+金融机构+公司"的产业化经营之路，也没有发挥发放贷款的金融机构的中介作用。由于现阶段我国农村小农经济的存在，产业主要以一家一户经营，加之市场化不充分，信息不畅，这就造成得到小额贷款的农民的产品卖不出去，造成农民的经营效益差，形成恶性循环，严重制约小额信贷的可持续发展。此外，小额信贷还缺乏足够的资金投入。

（三）盈利性与可持续性受到制约

盈利是维持可持续性的重要前提之一。目前，一些农村新型微型金融机构已经实现了微利。如 2008 年年初，吉林东丰村镇银行在考虑退税的情况下，赢利为 20 多万元，甘肃庆阳瑞信村镇银行赢利达到 101 万元，四川惠民村镇银行则出现了轻微亏损①。但仍然存在众多制约可持续发展的因素。可持续制约性因素主要来源于：其一，资金来源尤其是吸收存款困难。由于农村金融供需失衡，放贷基本上没有问题，但资金来源有限尤其是吸收存款困难是一个非常大的难题。农村新型微型金融机构最大的制约条件是信誉积累不够、客户认同度低，制约了存款总量的增长或资金积累的增长，限制了业务的开展。其二，机制不活，竞争不充分。现在工、农、中、建所属的农村金融机构机制不活、竞争不充分。设立新型农村金融机构的主要目的之一，就是要激活现有农村金融市场，使原有机构产生一种紧迫感，进一步加强管理、转换机制、改进服务，更好地满足"三农"金融服务需求。另外，组建这类金融机构是按照市场化原则运作。银监会要求投资人自主自愿地到农村去投资，所以投资人需要认真考察、论证。只有他们认为商业上可持续了，才能在那里设立机构。如果机构自身都生存不了，就谈不上提供金融服务的问题。其三，是风险问题。风险防范和控制也在一定程度上放缓了新型农村金

---

① 张友：《村镇银行试点周年：汇丰假服务三农真赚钱悬疑》，《21 世纪经济报道》2008 年 1 月 12 日。

融机构的进程。截至 2007 年年末，全国县域金融机构不良贷款率为 13.4%，而农村微型金融信贷风险主要集中在缺乏抵押或质押物以及农业生产的高不确定性，对金融机构形成强烈的考验。银监会在调整放宽农村地区金融机构准入政策后，对很多细节还有待完善。从目前看，村镇银行的风险比较大，包括信用风险和操作风险。从目前的操作看，主要是贷款不一定能收回来，这是信用风险；操作风险是管理上出现一些漏洞，内部出现一些违规。此外，自然灾害也可能使贷款人失去还款条件。其四，操作成本较高。由于微型金融的信贷对象是分散的小额客户，贷款催款可能都要提供上门服务，这导致部分微型金融的小额信贷项目的利息非常高，高于同期商业银行的利息。根据央行货币政策司的调查，目前农村金融机构的贷款加权平均利率为基准利率的 1.31 倍，试点的 7 家小额贷款公司截至 2007 年年末，发放贷款的加权平均利率高达 22.62%。其五，农民收入增长缓慢也制约了新型农村微型金融机构的发展。农民收入提高才能支持农村金融机构的发展。以农村资金互助社为例，目前很多农村资金互助社是由投资人到农村地区，将农民的资金集中起来创业，也就是使以前所谓的民间信用浮出水面。但是如果农民没有充足的资金，那么资金互助组织的发展也必然举步维艰。

（四）农村新型金融机构发展环境有待进一步改善

在我国，使农村新型金融机构成为农村居民融资的重要途径，还面临一定的障碍。首先，是理论认识障碍。表现为对新型农村金融机构在社会经济中的重要地位和作用缺乏认识。多年以来，大银行的思想在我国根深蒂固。尤其对于村镇银行或社区银行这样的小银行没有具体的认识，在其特征、发展方向以及在解决三农问题的重要意义等方面缺乏研究。因此，在进一步发展农村新型金融机构的过程中，这必然成为首要解决的问题。其次，是农村信用担保问题。农村信用担保的方法是各地依靠地方政府出资建立担保公司，分散信贷的金融风险，扩大信贷机构的信贷供给。但缺乏监管的担保公司的实际运作本身就存在一定的金融风险。担保公司在企业无法如期还贷的情况下，没有足够储备资金向银行支付，如此以来，担保公司如同虚设。再次，农业保险发展滞后，农民和农村企业经营风险缺乏分散和转移机制，不能适应当今农业战略性结构调整的需要。中国农业主要依靠民政部门的灾害救济和中国人民保险公司推进的农业保险两种传统农业风险保障机制。民政救济受到国家财政的限制，不利于在农村市场经济条件下提高农民积极性，客观上对农业保险有替代作用。中国人民保险公司近年来农业保险业务极度萎缩，农业承保率不足5%。这种情况，不利于新型金融机构扩大业务。最后，外在环境障碍。外在环境主要有法律法规障碍，制度障碍和信用环境障碍。法律法规障碍指，农村新型金融机构进入金融市场需要必要的金融监管并谋得一席之地，因此必须有健全的法律法规保障。1995年7月1日我国颁布了《商业银行法》并于2003年12月对其进行了修改和完善。然而，农村新型金融机构不同于一般的正规金融机构，在市场准入、日常监管、信贷资金运用等方面有很大的不同。因此，急需制定有针对性的法律法规来保障农村新型金融机构的建立和稳健发展。制度环境方面，缺少存款保险制度和监管制度。新型农村金融机构如农村社区银行的规模远小于国有金融机构，国家不会为其担保，从而制约了社区银行的生存与发展。同时，社区银行的准入、退出及日常的金融监管，都需要耗费大量人力、物力、财力。美国的社区银行，除了联邦储备体系、货币监理署外，主要靠存款保险公司和州政府进行监管。我国只靠单一的银行监管部门进行监管收效甚微，而且像资本充足率、不良资产率等传统的金融机构监管标准和监管指标，也显得不合时宜。信用体系缺失也是制约我国农村微型金融机构发展的严重障碍。我国的信用市场不完善，没有建立良好的社会征信体系。征信领域业务不规范，政府各部门的个人信息不能共享，造成大量浪费。同时，信用立法也滞后于我国的法律建设。信用立法不完备、执法成本过高、不能切实保障债权人的利益、债务清偿率低、社会信用体系的不规范，加剧了社会的信用危机也加大了农村微型金融的风险。

第五节　农村非正规金融：亟待规范与引导

农业经济学上有个著名的"梁启超不可能定理"，即国家农贷不可能挤出民间的高息信贷，国家不可能解决农村的金融问题。一方面官僚机构无法解决贷款成本高、信息不对称的问题；另一方面许多农民只要听说是"公家的钱"，纷纷贷而不还。该定理揭示出官方正规金融的发展，并不能完全出清非正规金融交易活动；正规金融与非正规金融相平行的"二元金融结构"是农村金融的典型特征，这一特征在多数落后和发展中国家得到充分认证。

世界银行认为，非正规金融可以被定义为那些没有被中央银行监管当局所控制的金融活动（苏士儒等，2006）。农村非正规金融主要包括以下内容：首先是小部分农村信用社。一般官方将农村信用社界定为合作金融组织，从资产负债表上看，所有者权益里没有国家，应属于民间金融。现实中，信用社有的属于国有金融（仍由国家控制），有的属于民间金融（实际被民间接管），有的介于二者之间。其次是农村合作基金会，一种合作制集体组织。再次是合会。是各种金融会的通称，在国外称为"轮转基金"，在国内包括标会、轮会、摇会、抬会等。最后是各种民间借贷，指无组织的民间拆借活动。民间借贷有广义和狭义的区别，广义的民间借贷是各种民间金融的总称，狭义的民间借贷指民间个人之间的借贷活动。民间金融活动总体上看是无组织的金融活动，但从局部看，合会、合作基金会、典当行、集资、私人银行等内部是有组织的，而其余的民间金融，从局部看也没有组织，称为狭义的民间借贷，主要包括个人之间的借贷和组织性较差的那部分私人钱庄等地下金融活动。按利率高低划分，民间借贷有三种形式：友情借贷（白色借贷）、灰色借贷（中等利率水平借贷）和黑色借贷（高利贷）。狭义民间借贷一般较分散、隐蔽，利率高低不一，借款形式不规范，管理难度大，其中黑色借贷风险较大。此外非正规金融还包括典当业、私有银行、私人钱庄、互助会、储金会、各种信贷代理机构、代办人、合作性小额信贷、农民资金互助合作社、互联性交易等。

一、农村非正规金融现状及存在的原因

中国由于支持国有垄断、扼杀民营金融机构，因此导致地下金融如钱庄、标会等泛滥，这些钱庄、标会虽然不合法但却合理，为中国民营经济的发展做出了重大的贡献。调查表明，目前全国中小企业约有三分之一强的融资来自于非正规金融途径，一些地方70%的资金来源于地下钱庄。在中国农村2.4亿家庭中，大约只有15%的农民能从正规金融机构获得贷款，85%的农民则要靠民间借贷来解决。非正规金融规模约为正式金融的1/3。对于农民来说，非正规金融市场的重要性远远超过了正规金融市场。2001年国际农业发展基金（IFAD）的研究报告指出，中国农民来自非正规金融市场的贷款为来自正规金融机构的4倍。据中央财经大学课题组对全国20个省（区）的调查，2003年"地下金融"的业务规模占正式金融近三成。温铁军的调查更是发现民间借贷的发生率高达95%。农民的大部分金融服务需求由民间非正规金融提供，正规金融体系在中介功能上正逐渐被民间非正规金融所替代，在农村经济相对发达的地区尤为明显。

民间非正规金融的规模，有人估算为 2001 亿～2750 亿元，有的报道说在 8000 亿～14000 亿元之间。见表 5-16 所示。

表 5-16　对民间非正规金融资本量的估算

课题组名称	样本地区	民间资本量（亿元）	估算时间	利率（%）
国家发展改革委员会	浙江	8000	2003 年年底	比银行利率高得多
国家发展改革委员会	长三角地区	25000～26000	2003 年年底	15% 以上
杭州人行	全国	100000	2002 年年底	12.112%
温州人行	温州地区	2770	2004 年年底	
温州人行	温州地区	5000	2004 年年底	
温州大学	温州地区	3000	2004 年年底	15%～20%
人行统调司	全国各省市	9500	2004 年年底	
人行统调司	浙江	550	2004 年年底	
人行统调司	福建	450	2004 年年底	
人行统调司	河北	350	2004 年年底	比法定利率高 3 倍以上
中央财大	全国 20 省	7400～8300	2003 年年底	15% 以上
南通人行	南通市	109～129	2004 年年底	
陕西软科学	陕西	3414	2003 年年底	

资料来源：据作者对文献的统计。

目前，农村非正规金融的发展呈现出如下特点：（1）在资金供给不足的农村地区，非正规金融发展最快，尤其在金融机构营业网点少、农民贷款难的农村地区，非正规金融甚至占据了主导作用。（2）部分非正规金融有被纳入正规金融体系的倾向。随着有些试点地区金融管制的放松和利率市场化的逐步实施，有一部分民间资金逐渐被纳入了正规金融体系。以民间金融最活跃的温州为例，以往，温州民间借贷利率一般是一分左右，也有少量在八厘或一分二、一分五之间，温州实施利率浮动改革后，民间金融组织的贷款利率从以前的一分降到八厘左右，有的甚至降到了六厘，大大低于前些年的水平。同时，在这些非正规金融被"收编"的地方，民间金融有萎缩的趋势，这部分民间资金纳入正规金融体系，企图以较小的利率损失换来较高的资金安全。（3）大部分地方的非正规金融借贷发生额仍然十分巨大，且加权平均借贷利率居高不下。图5-3是2006～2007年对浙江省民间借贷监测的数据，充分揭示了这一点。

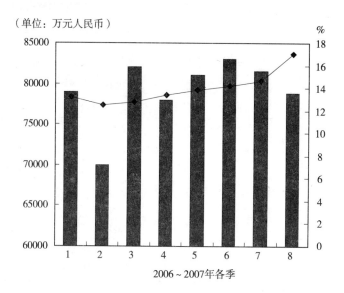

图5-3 2006～2007年浙江省民间借贷监测量价图

数据来源：《中国金融年鉴》（2008），第642页。

　　总体而言，农村非正规金融发展十分迅速，显现出顽强的生命力。体现在旧的形式不断消失，新的、更高级的民间融资形式不断产生。随着新农村建设资金需求的不断增加，由于正规金融在农村市场不断萎缩，大批农民及乡镇企业融资难现象涌现，以及大量的民间资本闲置或低效率运转，这种资本配置错位的矛盾刺激了新的地下金融形式的发展，各种标会、地下钱庄的地位下降，不规范的私募基金、灰色的一级半市场等快速滋生。这些新的形式可以在更大范围、以更快的速度，获得更多的资金，以满足农村大量的资金需要。

民间尤其是农村非正规金融快速滋生的原因，可以从体制以及供求与需求三方面加以诠释。

首先，农村金融抑制是农村非正规金融产生的体制原因。20世纪70年代初，美国经济学家爱德华·肖（E. S. Shaw）和罗纳德·麦金农（R. I. Mckinnon）先后出版了《经济发展中的金融深化》和《经济发展中的货币与资本》两本著作，提出了"金融抑制"的概念。金融抑制是指一国的金融体系不完善，金融市场机制未充分发挥作用，政府通过对金融活动和金融体系的过多干预抑制了金融体系的发展，而金融体系发展滞后又阻碍了经济的发展，从而造成了金融与经济发展之间处于相互掣肘，双落后的恶性循环状态。由于国家产业政策、金融制度、金融政策等原因，使农村金融资源配置不合理，在资金供给上产生抑制，形成了供给型金融抑制。即由于农村金融机构少、资金量小、供给总量不足，导致"三农"对金融的需求得不到满足。

从供给方面看，农村许多资金游离于体制之外，急于寻找出路。而农村居民投资渠道狭窄、门径缺乏，县以下乡镇几乎买不到国债，投资不成股票，更接触不到金融衍生物、期货等交易品种等，房地产市场也没城市火暴，于是，他们离开了正规金融领域，走向民间投资的"野路子"，形成了农村非正规金融。这种金融模式具备正规金融缺乏的优点，如能解决信息不对称问题、较低的交易成本等，使其大行其道。一方面，非正规金融借贷双方相互熟识，借贷违约率低。对借款者的生产、生活以及所借资金的使用途径，借贷双方有着较为充分的信息交流，借款者如果不按期归还将面临着非常严重的舆论压力（即惩罚的扩大效应）。因此，作为理性的借款人不会不计后果地随意拖欠；另一方面，借贷双方以道义为保证，以人情为成本。生产、生活的不稳定性使得每个人都可能面临资金短缺的困境，在自己困难时别人伸以援助之手，这本身就是道义，如果恶意拖欠，就必然堵塞了再次获得援助的机会。非正规借贷一般不需抵押，但以"人情"为代价，这种人情是有弹性的，既是成本也是约束。

从需求方面看，由于农村非正规金融机构的一些制度、政策及经营管理理念没有完全与现实资金需求者的条件匹配，甚至存在冲突，而农村非正规金融在这方面比较有优势，能够满足农民借款需求和条件，这也在一定程度上催生、助长了民间融资的扩展。比如对处于弱势群体的农民，有的因有陈欠贷款，便被视为信用观念差不再给予贷款；有的因经济实在困难便被认为没有偿债能力而不予发放贷款；有的则往往因抵押物不足、财务透明度低、信誉度达不到银行信贷评级要求，便无法迈进银行门槛。这样的农民不能不生活下去，无奈中只好转求于利息成本很高的民间融资。这样，正规金融服务的"抑制"与民间融资的基本无抑制形成了鲜明反差，使民间融资满足社会资金需求的能量越来越大。

二、新农村建设中农村非正规金融存在的问题

农村非正规金融规模大、分布广，对新农村建设应该能够起到十分重要的补充作用。但应该清醒地看到，民间融资的松散性、盲目性和不规范性，也会对国家宏观经济运行及其调控造成冲击，比如，会加大社会资金的"体外循环"，不利于经济结构调整，影响国家利率政策的实施，截流信贷资金来源等。尤其是其中数量还相当可观的所谓"黑色金融"，既为现行法规制度所不容又不适应市场经济发展要求，很可能扰乱正常的金融秩序，甚至酿成相当大的金融风险，包括袭扰正规信贷市场，妨碍中央银行现金管理，造成系统金融风险防范与监管的盲区，导致一部分国家税款流失，引发经济纠纷，增加社会不稳定因素等。因此，规范民间非正规金融组织及活动与打击地下"黑色金融"（不合理也不合法，对社会有害）均势在必行。

（一）部分地下金融对社会存在较大弊端

由于长期以来农村非正规金融被排除在我国竞争性的金融体制之外，正规金融又无法适应农村金融市场的固有特性，因而间接助长了潜行于地下的非正规金融如农村灰色金融（合理不合法，对社会有益）的发展，隐藏着巨大的金融风险，尤其当农村非正规金融与地下经济和不恰当的行政干预紧密结合时，情况尤其危险，随时都可能向黑色金融转化。如农村合作基金会自1984年在少数地区试办以来，由于政府的支持，在全国发展很快。到1992年年底，全国已建立的农村合作基金会，乡一级1.74万个，村一级11.25万个，分别占乡总数的36.7%和村总数的15.4%。1992年年末筹集资金164.9亿元，比1991年增长65%，年内累计投放资金178.5亿元，比1991年增长75.5%（严瑞珍、刘淑贞，2003）。农村合作基金会作为一种合作金融形式，有效地支持了当地乡镇企业的发展，但是，由于受到地方政府的控制，一度成为乡镇政府的"第二财政"和村级组织的"钱袋子"，受到行政干预，乱支乱用，造成严重亏损，潜藏着很大的风险，中央政府不得不下令将其关闭。另据有关学者的调查，我国地下钱庄资金至少有上万亿元，近年来仅每年洗出的黑钱就高达2000亿元，接近2009年国内总产值的1%；私募基金总额则已超过8000亿元。这些资金没有纳入政府监管范围之内，不仅冲击着国家金融政策与调控效果，造成税收流失，还潜伏着巨大的金融风险，对国家金融安全与经济安全形成挑战。

（二）大部分能支持新农村建设的非正规金融发展亟待规范

农村非正规金融规模庞大，适应了农村民间借贷的需求，如果能予以规范和引导，就能够对新农村建设的融资体系形成有力的补充。但大部分能支持新农村建设的农村非正规金融由于没有合法地位，很难获得合法权益和依法受到保护，不利于其生存和发展。这些非正规的民间金融，除了友情借贷等情况较轻的之外，基本上是冒着触犯法律和政策的风险进行活动的，一旦被发现并查处，轻的可能被冻结账户，没收非法所得并处以数额不小的罚款，重的构成犯罪，要受到刑法处罚。面临着如此大的风险，一般人可能不敢从事民间金融活动，从事的人减少，利率就会提高，使高利贷增多，这些都不利于农村乡镇企业及农户对资金的融通。农村非正规金融在发展中的不规范又反过来引致了监管部门的歧视和打压政策，导致其要么消亡，如农村合作基金会、经济服务部、金融服务部等类似于信用合作的组织；要么地下经济化，如地方私人钱庄和标会。由于农村非正规金融无法规范发展，难以有效满足农村经济主体的资金需求，一定程度上抑制了农村金融和农村经济的发展。如何在法制的框架下，让民间金融浮出水面，使其"阳光化"，采取登记备案的形式、自律管理的方式将民间金融规范起来，或者引导地下灰色金融或黑色金融向正规金融组织的转化，已成为解决新农村建设中融资问题的当务之急。

第六章

新农村建设中的农民投融资

改革开放以来，农村经济体制的变革使农业的投资主体地位发生了相应的变化。随着农业投资主体由过去的集体向农民的转变，农民对于农业的资金投入量已经占到了农业资金投入总量的40%～60%（杨明洪，2000）。农民由单纯的消费单位变成了生产单位和消费单位的综合体，农民可以根据家庭需要、政策规定和市场行情自主地选择和开展经营活动。新农村建设中，农民是最大的受益者并处于主体地位，这是由农民独立性、自主性、能动性与创造性等特性决定的。农民的决策行为和投资倾向，直接决定着农产品的生产和市场的有效供给，深刻影响着农村经济和国民经济的稳定成长。从长远来看，农业投入的资金应当主要来自农业部门的农民自身的积累，国家投资只应发挥辅助的作用。但农业部门和农民自身的积累要成为农业投入资金的主要来源，一般来说应该有这样两个条件：（1）农产品的销售收入必须高于农业市场的投入成本，否则农业部门的积累无法产生，这是根本条件；（2）农业投资收益率必须高于至少不低于全社会平均的投资收益率，否则，农业部门即便产生利润也不会向农业投资转化。在我国目前价格体系和 GDP 分配格局下，上述两个条件都是得不到满足的。所以，农民在新农村建设中的投融资行为并不必然具有主动性和积极性。

关于农民在新农村建设中的资金投入问题，据国家发展改革委员会产业研究所调查，新农村基础设施建设，包括"一池三改"，道路硬化，通信、广播电视等，按照一定标准建设，扣除已建成项目，全国平均每位农民约需投资为5000元。另有专家估计，建设新农村在未来15年内平均每位农民需要投资约为1700元到4900元。中国有六十多万个村庄，把村庄一级农民直接可以收益的各种公共设施都纳入公共财政以及政策性金融的支持范围是不现实的，政府的投入只起引导作用，要发挥农村社区集体组织和农民在投入中的主体作用。鉴于此，如何提高农民在新农村建设中的主人翁地位，激励农民对新农村建设的参与投入，在新农村建设中是不可避免、必须回答的问题。本章将以全国性的统计数据以及湖北省农村固定观察点数据为主要对象，分析农民在新农村建设中的投融资行为。

第一节　农民投资行为：数量
萎缩与去农化突出

20世纪80年代初期，伴随农业的超常规增长，农民的投资热情骤然高涨。但随着新旧体制的碰撞和新体制矛盾的不断显露，农民的投资积极性开始下降。许多年份农民投资的绝对数与前十年水平相差无几，若考虑价格因素，实际上呈负增长。表6-1显示，农村居民个人固定资产投资占全社会固定资产投资比重从"七五"时期高峰期的19.8%下降到2006年的4.0%。

表6-1 农村集体单位和农村个人固定资产投资额

（单位：亿元、%）

时期	全社会固定资产投资总额	其中			
		农村集体单位固定资产投资	占全社会固定资产投资比重	农村居民个人固定资产投资	占全社会固定资产投资比重
"六五"时期	7997.6	699.8	8.8	1527.4	19.1
"七五"时期	19744.0	1818.3	9.2	3903.9	19.8
"八五"时期	62211.3	7476.4	12.0	6712.9	10.8
"九五"时期	138734.5	16225.9	11.7	13596.6	9.8
"十五"时期	207238.14	33501.90	11.38	16604.1	6.04
2006年	109998.2	12193.3	11.1	4436.2	4.0

数据来源：《中国农村统计年鉴》（2007）。

　　这里稍带提一下，随着家庭承包责任制的确立和实施，以及中国农村经济改革的深化，农村集体经济组织经济实力下降，加之自身法律地位不明、产权不清，农村集体经济组织的农业固定资产投资规模增加不大，占农村集体经济组织的固定资产总投资比重降低，投资增速波动性很强。许多由农村集体承担的投资项目改由农民承担，因而集体投资额下降。加上"双层经营、统分结合"制度在实际运行中较多地强调"分"的职能而忽视了"统"的功能，集体的资金积累机制严重退化，多数地区的集体已经"空壳化"，由此导致投资份额非正常下降。集体乡镇企业也在非农产业较高利润牵引下改变了资金的投入方向。上表还显示，农村集体投资占全社会固定资产投资比重，在"六五"时期到"八五"时期是上升的，但"八五"之后略有下降，"九五"时期其比例为11.7%，"十五"时期下降到11.38%，2006年又下降到11.1%。

　　再从农村居民家庭购买生产性固定资产现金支出与经营费用现金支出情况看，人均购买生产性固定资产现金支出与人均家庭经济费用现金支出虽然在绝对数额上是增加的，但增长百分比却

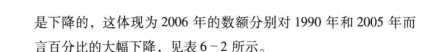

是下降的，这体现为 2006 年的数额分别对 1990 年和 2005 年而言百分比的大幅下降，见表 6-2 所示。

表6-2　农村居民家庭购买生产性固定资产现金
支出与经营费用现金支出　　　（单位：元/人、%）

指标　　　　年份	1990	1995	2000	2005	2006	2006 年为下列各年百分比	
						1990 年	2005 年
购买生产性固定资产现金支出	20.1	62.3	63.9	129.9	137.4	682.5	105.8
家庭经济费用现金支出	162.9	454.7	554.5	1052.5	1104.1	677.8	104.9
（1）第一产业生产支出	146.4	410.7	462.9	921.5	955.6	652.6	103.7
（2）第二产业生产支出	4.2	13.8	27.0	47.6	52.6	1243.5	110.4
（3）第三产业生产支出	12.3	30.3	54.6	83.4	95.9	783.0	115.0

数据来源：《中国农村统计年鉴》（2007）。

从投资结构看，湖北农村固定调查点①的数据显示，在农民投资性支出中，教育投资支出尤其是其中的学杂费支出上升较快，而生产性投资稳定性较差，只占教育投资的一半左右。家庭经营外投资性支出则呈萎缩趋势，见表 6-3 所示。

表6-3　湖北农村固定调查点近三年农民实际投资方向

（单位：元）

投资方向　年份	购置生产性固定资产投资支出	家庭经营外投资	文化教育投资支出	其中：学杂费
2004	302279	59250	740008	577979
2005	481654	46040	832778	634609
2006	342043	38180	1005792	792463

数据来源：湖北农村固定观察点数据。

---

①　湖北农村固定观察点调查数据样本包括：湖北省蔡甸区幺铺村、大冶市还地桥村、襄阳县伙牌村、麻城市骑龙村、浠水县外塘村、汉川市尹家咀村、咸安区明星村、荆州区新桥村、天门市司桥村、长阳县庄溪村、宣恩县川大河村、新洲区洪山村、南漳县大坪村、通山县新桥冯村、郧县关帝庙村。

由上述各表可以看出，农民对农业生产性投资相对量是下降的，而且在投资结构方面"去农化"现象比较突出。受调查农民还认为，农民最大的投资支出就是小孩读书的费用，小学、初中、高中花费的够他们修一栋楼房了，而一旦上了大学，许多农民认为年均万元的花费是他们不敢想象的，只能依赖于借款。

第二节　农民融资：逆向脱媒与金融啄序现象严重

农村居民是农村融资的主体之一，因而农民融资能力建设问题也就成了农村融资问题的重要内容。如果农民融资能力差，在经济生活中缺乏足够的资金资源，就不可能又好又快发展农村经济，从而从根本上阻碍了保持农民收入持续增长，以及缩小城乡收入差距目标的实现。正如阿瑟·刘易斯在《经济增长理论》中指出的："辛勤劳动与资本形成是经济增长的一个绝妙公式，没有辛勤劳动的资本形成也会产生巨大的增长，而没有资本形成的辛勤劳动对发展做出的贡献则微不足道。"① 由此可见，提高农民融资能力对于建设社会主义新农村，解决农民增收等具有重要的意义。

农民投资萎缩的原因，除了因农村比较利益下降导致农民投资热情下降之外，另外一个很重要的因素是农民所能得到的贷款资源越来越少，投入能力受到削弱。取消农业税后，农民负担大幅下降，对资金需求上升较快，但由于农村正规金融的收缩，以及农村信用社存贷差的上升，农民的资金需求得不到满足。

---

① ［英］阿瑟·刘易斯著，周师铭、沈丙杰、沈伯根译：《经济增长理论》，商务印书馆 2002 年版，第 328 页。

表 6-4 是 2006 年对中部八省不同收入水平下农民的贷款行为的调查数据。

表 6-4 2006 年中部八省被调查农民不同收入水平下的贷款行为

（单位：户/%）

人均收入（元）	总户数	去年有借款的农户	只有银行贷款的农户	信用社借款的农户	只有正式金融贷款的农户	有向亲友借款的农户	只有非正式金融贷款的农户
20000 以上	159	90/56.6	6/6.67	56/62.22	45/50.00	45/50.00	21/23.33
20000~10000	201	96/47.76	11/11.46	48/50.00	45/46.88	53/55.21	26/27.08
10000~5000	460	219/47.61	9/4.11	97/44.29	78/35.62	152/69.41	105/47.95
5000~3000	381	180/47.27	4/2.22	54/30.00	38/21.11	145/80.56	96/53.33
3000~1500	396	198/50	6/3.03	43/21.72	35/17.68	165/83.33	112/56.57
1500 以下	391	150/38.36	2/1.33	42/28.00	24/16.00	131/87.33	124/82.67
总计	1988	933/46.93	38/4.07	340/36.44	265/28.40	691/74.06	484/51.88

数据来源：刘玲玲等编：《中国农村金融发展研究》，清华大学出版社 2007 年版，第 157 页。

表 6-4 反映了被调查农民不同收入水平下借款行为，可以看出所有收入水平的农民借贷需求都较强，在 2006 年有过借款行为的农民比重基本相近，都达到了 40% 左右，而高收入级别的农民借款需求更高，达到了 56.6%。而对于中低收入农民而言，正规金融与农村信用社给予他们的贷款比率很低，原因在于农村金融存在着典型的金融啄序现象，即正规金融与农村信用社往往优先向其认为风险较小、还款能力高的优质客户提供贷款（即所谓金融逆向脱媒现象），这使得中低收入农民不得不借助于亲友借款以及向非正规金融贷款，后者主要包括地下钱庄等地下金融组织。基于贷款的机会成本、管理成本、风险溢价、垄断利率及物价等因素，民间（尤其农村）金融部门的利率肯定要高于正式金融部门的利率。金融啄序导致农户贷款供给不足。这种现象在信用社的贷款中也表现得比较明显，在工商企业比较集中的地区，其主要业务都集中在企业，农户获得的金融服务非常有限。在企业较少的边远地区也存在啄序，农村信用社将重点客

户锁定在个体工商户和高收入农户，贷款额度一般都在 3 万元以上，小额农贷所占比重较少，中低收入农户获得的支持有限。

再通过湖北农村固定观察点数据来分析新农村建设中农民投融资现状。改革开放以来，湖北农民人均纯收入不仅远低于沿海发达地区，也低于安徽、江西、湖南等周边省份。如 2004 年湖北农民人均纯收入为 2897 元，而浙江为 6096 元。这使得湖北省农民在新农村建设中的投融资基础力量在全国范围内看并不十分乐观。根据湖北农村固定观察点的抽样调查，从融资结构看，随着近年来经济增长较快，以及取消农业税及各种费用的减少，农民储蓄额增长较快。这部分储蓄据调查多半是为养老、疾病以及子女教育所准备的。值得注意的是，随着农民储蓄额的增长，农民贷款额也维持在较高位，60% 以上的农民都有借款的需要，实际发生过借款行为的农民达到样本的 70% 。

表 6 - 5 湖北农村固定观察点 2004～2006 年农民实际融资结构

（单位：元）

年份		2004	2005	2006
年末存款余额		2883159	3518036	4609899
年内累计借入款		1117107	1203391	1090194
（一）按来源	1. 银行贷款	3000	25500	12500
	2. 信用社	154250	86950	73000
	3. 私人借款	956857	809341	785161
	其中有息借款	740012	611291	586899
	私人借贷月利（%）	1.4	1.8	1.5
	4. 其他	3000	235100	82133
（二）按用途	1. 生活性借款	737307	743091	814419
	其中：（1）上学借款	—	125512	110454
	（2）治病借款	—	75400	95514
	2. 生产性借款	379800	460300	275775

资料来源：湖北农村固定观察点数据。

表6-5显示，从总体上看农民年内累计借款额占年末存款额的 1/3～1/2 左右。贷款按来源看，主渠道是银行、信用社及私人借款，其中利率较高的私人借款基本上占了绝对比重，其次是信用社，最后是银行。从年度时间序列看，信用社借款下降较快。按借款用途看，主要是生产性借款与生活性借款。从年度看，生活性借款比重上升，而生产性借款比重维持在不稳定的水平上，其比例估计只占生活性借款的 50% 左右。这些生活性借款则主要用在上学借款以及治病借款等方面。总体看来，农民融资的用途较为集中。调查显示，融资用于生产性用途的农民家庭占 68.52%，其中 42.65% 的家庭认为借款是为了种粮食或其他经济作物，38% 的家庭是为了搞养殖、加工、运输和办企业，农民投资的非农化倾向明显。消费生活性融资在农村处于上升趋势，排列前三位的分别为结婚、上学和建房等基本的生活需求。农民在贷款用途上表现为多样性，其中传统农业生产资金需求逐步下降，农民在消费和经商方面的信贷需求增加，尤其是供子女上学占的比重明显上升，占到 28.38%。

综合分析农民融资能力落后的原因，主要包括以下几点：第一，农业生产力落后，农民收入相对城市居民收入增长缓慢，影响农村资本积累。加之农民所拥有的资产流动性差，能够用来贷款的担保弱，严重制约了农民的融资能力。第二，我国不完全的资本市场在配置资源时，由于农民知识水平总体较低、人力资本投入少，其融合资本的能力较低，导致资本很难流向农民，不利于农民收入持续增加。而农民经济实力增长缓慢又提高了农民融资的风险，削弱了农民融资能力，从而导致农民融资能力和收入之间难以形成相互促进的良性循环。第三，农村金融改革还在深化过程中，农村金融服务和产品创新还有待提高，农民融资渠道单一，借贷投资困难较大。另外，受生产条件制约，农业贷款的信贷质量明显低于其他行业。由于缺乏有效的风险补偿机制，银行对农民的信贷投入面临很大经营风险，对农民的融资需求缺乏积极性。这些都导致农民融资能力有限，制约了农民利用资本市场提高收入。更为严重的是，近几年农民的工资性收入在其纯收入中约占40%，而金融危机使农民工就业数量大幅减少，导致农民增收困难，对农民融资能力建设带来了直接的负面影响。

第三节　对新农村建设中农民投融资行为的进一步检视

一、农民对新农村建设总体认识不够

新农村建设的宣传并没有深入农民，使得他们相当多一部分人根本不认识什么是新农村建设，自己应该在新农村建设中承担什么样的责任。其一是对新农村建设的投资内涵存在误区。这集中表现在将新农村建设等同于"新村庄"建设；其二是绝大部分农民认为新农村建设应该由政府投资，许多农民深受过去摊派之风的影响，对于众多的本应由农民投资的那一份额认识不够；其三是对自身在新农村建设中的主体地位认识不足，缺乏积极性、主动性和创造性。其四是对新农村建设完成的时间问题比较模糊，有些认为可以在5年内完成，有的认为可在10年内完成，对其艰巨性考虑不够。

新农村建设开展以来，根据笔者的抽样调查①，有20%农民不知道"新农村建设"的概念，还有80%的知道"新农村建设"的农民群体中，大部分认为新农村建设的出资者应该是政

① 2007年10月笔者抽样调查了湖北省沙洋县的大文村、爱国村、同兴村等6个村组，以及潜江市浩口镇南湾村和才河村，发出问卷250份，收到有效问卷228份。

府、金融机构或村集体，少数农民认可"农民出资"和"共同出资"的模式。见表6-6。

表6-6　新农村建设投融资意愿调查　　（单位:%）

出资意愿		投资方向	
出资者	比例	投资方向	比例
赞成政府出资	95	村庄与道路建设	92
赞成金融机构出资与贷款	60	农田基础设施建设	85
赞成村集体出资	12	医疗卫生	84
赞成农民出资	1	生产投资	70
赞成共同出资	24	生活投资	50
		文件教育投资	35
		农村社会保障体系建设	43

注：问卷调查中每个农民可以有多个选项。
资料来源：据笔者2007年的问卷调查统计得。

表6-6还显示，基本上，农民们认为如果要他们掏腰包就不搞新农村建设。就投资方向看，大部分农民认为新农村建设就是新村庄建设，或者是搞修道路、兴河渠等基础设施建设，对新农村建设的内涵缺乏深入认识。

二、农民的投资行为受多种因素制约

农民投资需求受到收入水平、农村借贷环境、消费与风险偏好等多种因素制约，其中，最主要的是受到收入水平制约。近5年来，农民收入虽然增长很快，5年人均累计增收2000多元，但增长速度仍然落后于城镇居民，致使城乡居民收入比逐年扩大。2007年，农村居民人均纯收入实际增长9.5%，为1985年以来增幅最高的一年。而城乡居民收入比却由2006年的3.28∶1扩大到3.33∶1，绝对差距由2006年的8173元扩大到了9646元，逼近万元大关，成为改革开放以来差距最大的一年。2008

年延续了这种扩大趋势。此外，城乡居民实际可支配收入差距也拉得较大，2007年农村居民人均现金收入4958元，相当于城镇居民人均可支配收入的36.0%，比2006年降低0.7个百分点。而且，城乡居民收入增长的稳定性仍存在较大差距。城镇的收入状况较大程度上依赖于国家政策性因素驱动，有较强的连续性和稳定性，而农村居民收入受到市场因素和自然因素双重制约，尤其是生产资料及农产品价格波动较大，导致农民收入连续性与稳定性很差。城乡收入差距扩大在很大程度上可以归结于农民增收困难。最主要原因是农产品价格偏低。农业部提供的材料认为，目前，农民人均纯收入中，农林牧渔收入占到42.1%，工资性收入占到38.6%，两项合计，占农民收入来源的80.7%。今后一段时间农产品价格走势和农民工就业状况都不乐观，大大增加了农民持续增收的难度。另一个重要原因是农民工就业形势不容乐观。据全国农村固定观察点调查，2008年农村劳动力外出就业规模虽然比上年扩大478万，增长3.6%，但增速比上年下降了2.4个百分点，是2000年以来增速最慢的一年。

三、融资渠道尤其是小额信贷渠道不通，导致农民资金匮乏

农民投资需求还受到融资能力的限制，而融资能力则受到正规金融在农村战线的收缩、非正规金融难以规范化等限制。调查显示，生产性贷款与生活性资金需求是农民的两大资金需求。当前，农民面临缺少生产性贷款等生产发展和生活不宽裕方面的困难，再生产投入不足。很多农民最希望政府给予生产性信贷资金支持。另外，农民的生活借贷需求更高于生产性借贷需求，这主要包括教育、医疗和建房等。实际上，很多农民家庭一场重病，或者子女上学，不仅会花掉一辈子的积蓄，还需要大量借款。而在这种情况下，以农村信用社为主体的正规金融机构仍然难以满足农民的信贷需求。据估计全国1.2亿户农民有贷款需求，目前

只能满足 60%，主要是农民小额信贷和农民联保贷款，实际需求缺口较大，而且效率不高。正如尤努斯所认为的，中国小额信贷发展规模非常小，只有 10 万户穷人能从各式各样的小额信贷机构借到钱①。目前，农村信用社对农民发放的小额信用贷款的授信额度一般在万元以下，这种额度的小额信用贷款已经不适应农村经济建设中发展特色农业、品牌农业及生态农业的需要，不少规模经营的农民的资金需求得不到满足。在小额信贷发展慢、农村信用社政策性业务缩减以及金融机构普遍商业化趋势下，缺乏信用条件的农民很难以获得资金援助，而不得不求助于利息很高的私人借贷甚至地下金融组织。

农民融资渠道不畅，还受到农民贷款的小额、分散特点而导致贷款机构成本提高这一因素的限制。如县域邮政储蓄银行对各乡村发放农民贷款，基本采用各乡镇邮政支局推荐农民，再由县域邮政储蓄银行信贷人员深入乡村评级授信，最终依据评级情况确定授信额度发放贷款。由于农民居住地分散，从业情况千差万别，有的距离城区几十公里，直接加大了授信成本。当前县域邮政储蓄银行自身没有交通工具，发放一笔农民贷款采取向邮政局借车或租车，成本高昂，部分金额不大的贷款贷前调查成本远大于利息收入。这大大抑制了正规金融机构提供小额信贷的积极性。

四、对农民投资行为缺乏引导，摊派现象有所抬头

其一，硬环境投资不足的同时忽视"软环境"投资。在硬环境投资方面，农村基础设施建设存在着非常大的资金缺口，而政府部门与金融机构直接投入太少，急需大力支持。比如，交通

---

① 罗绮萍、高静：《尤纳斯专访：想到中国来开乡村银行》，《市场报》2006 年 10 月 27 日 第 8 版。

不便、农田水利工程年久失修。为此，农民盼望政府与金融机构加大对村容村貌、农村道路、水电设施、水利沟渠等基础设施的投入力度，切实解决农民想办又无力办成的事，尽快帮助农民实现脱贫致富奔小康的愿望。此外，农民对精神文明建设、民主制度建设都统一忽略掉了；许多基层干部也认为新农村建设就是大搞基建投资，忽视"软环境"建设。农村软环境主要涉及农村教育、农村医疗保健建设以及乡风精神文明建设问题。表6－7显示，在农村居民消费结构中，农民用于文教、娱乐服务方面的支出比重维持在10%左右，且近年有下降趋势；用于医疗保健方面的支出比重仅在7%以下，大部分支出用于食品、居住等方面表明，农民对物质方面的投入比重普遍远高于对教育、医疗保健等方面的投入比重。

表6－7　1990～2007年农村居民消费结构　　（单位:%）

消费结构＼年份	1990	2000	2007	2008
文教娱乐服务	5.37	11.18	9.48	8.60
医疗保健	6.25	5.24	6.52	6.70
食品	58.80	49.13	43.08	43.70
衣着	7.77	5.75	6.00	5.80
居住	17.34	15.47	17.80	18.50

数据来源:《中国金融年鉴》（2008），第576页。

当前，农村村级公共活动设施匮乏，以前的农村传统的皮影戏、电影文化也销声匿迹，平时留守的女性、老年人以打麻将、"斗地主"打发日子，春节时外出打工的青壮年们一返乡就成为了赌博的"生力军"，导致不良风气蔓延，严重威胁到社会稳定和家庭和睦。这种情况要引起高度重视，政府必须通过以身作则以及宣传等措施引导农民理性投资。

其二，新农村建设专项资金使用效率低，摊派有所抬头。随着国家转移支付力度的加大，新农村专项资金的阳光也陆续普照农村大地。然而调查中也发现许多专项资金根本没有到位，管理混乱，体现在没有专门的机构来统筹安排，层层漏损，使用起来也没有用到实处。有些地方政府为了搞形象工程，开始不切实际地向农民摊派，如集资建房，搞短期投资等。如有些地方将农用地用来修建工业厂房然后出租，谋求简单的高回报；有些地方不让农民在房前屋后种瓜种豆，有的地方为了让农民住上别墅，统一建房，甚至让农民贷款买房，最终农民成了还不起贷款的"房奴"。有的地方为了不让路边简陋的农村住宅让路人看到，让农民出资出力，在路边建起几公里的围墙，号称新农村文化墙，弄得村民进出不便。这些情况实际上变相地增加了农民日常生活开支。这种长官意志、形式主义已经带来了不良后果。

第七章

新农村建设投融资实证分析

——以武汉市农村金融为例

资金短缺是各地在社会主义新农村建设中亟须解决的重大问题，在处于"工业反哺农业，城乡支持农村"的社会主义建设的历史性阶段和新形势下，对于一个有着四百多万农村人口、迫切需要解决"三农"问题的武汉市来说，实施社会主义新农村建设，单靠政府资金是远远不够的，而依赖于农民自己出钱也显得捉襟见肘。根据农村金融需求的特点，探讨如何建立一个功能完善、分工合理、产权明晰、监管有力的武汉市农村金融的融资体制，发挥武汉农村金融机构在武汉农村经济建设中的重要先导作用，有着非常重要的意义。本章主要对武汉市尤其是辖区内的新洲区农村金融支持新农村情况进行研究，分析的依据是武汉市统计局的统计数据以及调研数据。

第一节　武汉金融业对新农村
建设的融资概况

一、武汉农业、农村经济及新农村建设概况

湖北省武汉市拥有黄陂区、新洲区、东西湖区、蔡甸区、江夏区、洪山区、江岸区、桥口区及汉阳区等郊区与城区，农村户

数约八十多万户，乡村人口约 320 万人，乡村从业人员从事农林牧渔业者占多数，另外，黄陂区、新洲区、东西湖区、蔡甸区、江夏区、洪山区还有相当部分从业于国营农林牧渔场，合计起来看，武汉全市共有 450 余万农民，见表 7－1 所示。

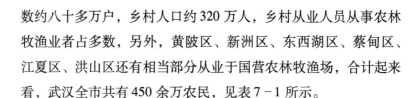

表 7－1　武汉各区农村从业人员情况（2007）

（单位：万人）

项目	黄陂区	新洲区	东西湖区	汉南区	蔡甸区	江夏区	洪山区	江岸区	桥口区	汉阳区	其他
一、乡村户数（万户）	23.48	18.22	2.42	1.88	8.62	9.56	4.96	0.94	0.41	0.64	2.89
乡村人口	82.55	70.91	7.75	5.32	80.83	38.21	16.3	1.99	0.97	1.98	9.71
二、乡村从业人员合计	44.21	34.62	3.62	2.84	15.54	18.91	9.99	1.32	0.65	1.23	6.07
#女性	20.51	16.35	1.73	1.36	7.61	9.09	4.89	0.63	0.31	0.65	2.88
乡村从业人员按部门分组											
1. 农林牧渔业	19.4	21.5	1.77	1.62	7.8	7.48	4.87	0.39	0.18	0.66	1.6
2. 工业	4.48	2.54	0.86	0.33	2.57	2.16	1.05	0.33	0.16	0.21	1.32
3. 建筑业	10.94	4	0.15	0.07	1.55	1.82	0.73	0.06	0.03	0.05	0.9
4. 交通运输业	1.85	1.11	0.1	0.08	0.73	0.86	0.65	0.05	0.03	0.08	0.74
5. 仓储业和邮电业	0.18	0.02	0.02		0.05	0.14	0.04		0.01	0.01	0.05
6. 信息传输、计算机服务和软件业	0.11	0.03			0.02	0.03	0.04		0.01		0.02
7. 批发零售业	2.34	1.4	0.07	0.11	1.88	1.06	0.5	0.1	0.11	0.07	0.32
8. 住宿和餐饮业	1.51	0.32	0.05	0.02	0.84	1.03	0.36	0.04	0.03	0.04	0.27
9. 其他非农行业	3.4	3.7	0.6	0.61	0.1	4.33	1.75	0.35	0.09	0.11	0.85
三、国营农林牧渔场从业人员	2.12	0.84	1.93	0.23	0.42	0.5	0.07				
1. 农业从业人员	0.98	0.51	1.52	0.13	0.31	0.33	0.07				
2. 非农业从业人员	1.14	0.33	0.41	0.1	0.11	0.17					

数据来源：《武汉统计年鉴》（2008）。

2005 年以来，武汉市逐步加大了新农村建设力度。新农村建设涵盖了农村一、二、三产业发展、村镇布局、基础设施建设、社会事业发展等内容。从 2006 年建设情况看，武汉市农村生产发展、生活宽裕度、乡风文明建设、村容整洁以及管理民主等五个方面成为了新农村建设的重点。除了少数项目如乡村劳动力受教育年限、农业科技人数比重、农村自来水普及率等方面外，绝大多数项目同比取得了长足进展，见表 7 - 2 所示。

表 7 - 2　武汉新农村建设项目及指标情况

项目	指标	单位	2006 数值	比上年增长
一、生产发展				
1	地方财政支出中农业支出比重	%	2.4	0.1
2	农业劳动生产率	万元/人	1.53	6.2
3	第二、第三产业从业人员所占比重	%	47.24	0.9
4	特色产业占农业总产值比重	%	79.09	0.4
5	农业产业化农户覆盖率	%	54.7	4.7
6	农机化综合水平	%	54.01	0.6
7	农田有效灌溉率	%	78.51	0.6
8	农村小城镇人口比重	%	35.6	1.0
9	常用耕地变动幅度	%	0.12	持平
二、生活宽裕				
10	农村居民人均纯收入	元	4748	9.4
11	恩格尔系数	%	44.4	-2.7
12	钢混结构住房面积所占比重	%	80.5	11.5
13	新型农村合作医疗参合率	%	82.65	21.7
14	农村养老保险参保率	%	9.4	持平
15	农民生活信息化程度	%	99.8	15.2
16	有线电视的入户率	%	30	8.5

项目	指标	单位	2006数值	比上年增长
三、乡风文明				
17	农村高中入学率	%	74.11	2.9
18	农村劳动力平均受教育年限	年	9	持平
19	农村劳动力专业技能培训覆盖率	%	30.7	0.7
20	万人农业科技人员数	人	13.96	−10人
21	文化娱乐支出所占的比重	%	4.9	0.2
22	村综合文化室标准化建设覆盖率	%	15.8	10.5
23	农村符合政策生育率	%	97.14	0.2
24	农村初中义务教育辍学率	%	1.68	−0.4
四、村容整洁				
25	通水泥路距离	公里	1640	1640公里
26	农村自来水普及率	%	55.6	持平
27	垃圾集中处理覆盖率	%	15.8	10.5
28	农村卫生厕所普及率	%	71.3	3.3
29	标准化村卫生室达标率	%		
五、管理民主				
30	农村对村务公开的满意度	%	90	2.0
31	农村对社会治安满意率	%	87	10

资料来源：武汉市统计局（2007）。

尽管前期武汉市新农村建设取得了很大成绩，进程明显加快，但面临的问题和困难还很大：一是现代都市农业还有待发展，主要表现在有带动力强的大型龙头企业还不多，农产品加工转化水平较低，农业知名品牌较少，出口创汇水平低，农业的标准化、集约化水平不高，农业的生态、旅游、休闲等功能还有待深度开发；二是农民纯收入水平比较低，增收难度大，而且城乡居民之间、农民之间的收入差距越来越大；三是农村基础设施建设起点低、基础差、底子薄，还有待继续加强；四是农村社会保障体系覆盖面还不完整，有待进一步提高。

根据武汉市政府常务会原则通过的《新农村建设空间规划》，未来十年里，武汉将以主城区为中心，向外围依次形成新城建设发展圈、都市农业发展圈、生态维育圈3个圈层；实现4个"集中升级"，即：远城区逐步实施工业企业向园区集中，农业用地向规模经营集中，农民居住向中心村镇集中，生产生活服务和社会服务向新型社区集中。构建"城—镇—村"三级7个层次居民点中心体系结构，建设若干卫星城，形成23个新城、15个中心镇、32个一般镇、107个重点中心村、405个中心村、7000个左右基层居民点。2008年，在完善2007年110个试点村建设的基础上，武汉市新增建设220个试点村，以深化新农村建设，同时进一步推进农业结构调整。由此，武汉市未来新农村建设压力巨大，投入巨大，除了政府财政投入外，金融信贷支持变得格外重要。

二、武汉金融机构支农概况

武汉市涉农金融机构主要有农业发展银行湖北分行及其武汉支行、国有商业银行尤其是中国农业银行、股份制银行、农村信用合作（联）社、武汉农村商业银行等机构。2007年年末，武汉市基层金融服务网点存款余额占全部金融机构各项存款的比重约为18.8%；全部金融机构涉农贷款余额占全部金融机构贷款总额的比重为19.75%，占GDP的25.42%。农村金融机构风险得到有效化解，基层金融机构不良贷款率大幅下降，利润总额和资产利润率增长较快。尽管农业发展银行、农业银行及农村信用（联）社网点数在减少，但邮政储蓄、农村合作银行网点数却有所增加。

（一）"城市金融"支农情况

主要考察国有商业银行、城市商业银行、股份制银行、外资银行等"城市金融"对农业的信贷支持情况。这类银行主要的活动区域是城区，对象是非农项目，因此我们姑且称之"城市金融"。表7-3显示，2007年，除了农业发展银行外的其他政策性金融机构（主要是进出口银行及国家开发银行等）、城市商业银行以及外资银行没有农业贷款；商业银行中，国有商业银行（主要是农业银行）以及股份制商业银行对农业有信贷支持，但两者合计仅仅5.32亿元，这对于武汉新农村建设庞大的资金需求而言，无异于杯水车薪。

表7-3 武汉地区"城市金融"支农情况（2007）

（单位：万元）

项目	合计	武汉地区政策性银行	武汉地区商业银行	类别			
				国有商业银行	股份制商业银行	城市商业银行	外资银行
农业存款	7755	—	7755	7119	636	—	—
农业贷款	53189	—	53189	49489	3700	—	—

资料来源：《武汉统计年鉴》（2008），金融机构中没包含农业发展银行以及农村信用（联）社。

（二）"农村金融"支农情况

我们再看看为新农村建设提供资金支持的主体力量——包括农业发展银行、农村信用合作（联）社、农村商业银行等"农村金融"（因其主要为政策性农业贷款或主要服务对象为"三农"）。经过多年的改革与发展，武汉市初步形成了多层次、广覆盖的农村金融体系，金融机构可持续发展能力不断增强，农村存贷款持续增加，金融服务已覆盖了绝大部分农村地区。

首先，武汉农村信用合作（联）社无疑是新农村建设的生力军。近年来，武汉市农信联社结合当前农村经济发展需求与自身实际情况，每年都制订出目标明确、重点突出的支农意见，并出台了支农服务的一系列实际举措，在不断延伸支农服务内涵的基础上，积极开创了支农的新局面。截至 2009 年 3 月末，武汉市农村信用（联）社"三农"贷款余额 79.9 亿元，比年初净增 10.2 亿元，增幅 15%。据武汉市农村信用联社理事长刘必金介绍，3 年来，联社"三农"贷款净投放额和累计投放额分别达到 40.9 亿元和 195 亿元，年平均增幅达到 20%，惠及全市 30 万农民和 62 家农业产业化龙头企业，为武汉"都市农业"建设做出了贡献。

其次，是政策性农村金融机构即农业发展银行湖北分行及武汉市所辖的一些支行。十多年来，武汉市农业发展银行在全面贯彻落实国家粮棉购销政策和有关经济、金融政策，为国家实施宏观调控、确保国家粮食安全、保护广大农民利益、促进农业和农村经济发展发挥了重要作用。尤其是近两年来，农业发展银行湖北分行在履行"新农村建设银行"中，结合武汉市被国务院批准为两型社会的实践，通过信贷投入，支持武汉市实行城郊区实施"家园"建设，取得显著成效。截至 2008 年 11 月，三年已支持农村公路建设、农民安居工程、农村安全引水工程、农业生态旅游、河流治理、农业水利等"家园"建设项目 28 个，累计投入贷款 40.82 亿元。

（三）总体来看武汉涉农金融资源配置不均衡

与此同时，我们也看到，武汉农村金融资源配置是极不均衡的。

首先，从总体情况看，武汉市各金融机构农业存贷差由负转正，越来越大，由 2002 年的 -4 亿元增加到 2007 年的 91.97 亿元，见表 7-4 所示。农业存贷差的缩小，意味着各金融机构从农业行业吸收的存款越来越大于贷款，农业资金流失程度越来越大。

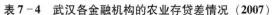

表7-4　武汉各金融机构的农业存贷差情况（2007）

（单位：亿元）

项目 年份	2002	2003	2004	2005	2006	2007
农业存款	3.10	4.34	6.63	4.66	104.48	147.36
农业贷款	7.10	5.86	5.91	5.54	56.29	55.39
农业存贷差	-4.00	-1.52	0.72	-0.88	48.19	91.97

数据来源：《武汉统计年鉴》（2008）。

其次，从武汉各金融机构农业贷款与其他行业贷款比较来看，2002年至2008年年初，金融机构对于农业的贷款数额要远远小于对工业、商业及建筑业的贷款数额，虽然由于新农村建设因素，2006年及2007年农业贷款对比2002年至2005年年均增加了10倍，但农业贷款仍然只有工业贷款的近1/7，商业贷款的近1/5，建筑业贷款的近1/2，数额相差悬殊，见表7-5所示。

表7-5　武汉各金融机构农业贷款与其他行业贷款比较

（单位：亿元）

项目 年份	2002	2003	2004	2005	2006	2007
工业贷款	241.48	252.68	272.14	237.64	298.69	346.31
商业贷款	233.33	242.72	225.85	208.69	205.16	251.64
建筑业贷款	34.09	37.96	51.39	89.78	110.15	102.79
农业贷款	7.10	5.86	5.91	5.54	56.29	55.39

数据来源：《武汉统计年鉴》（2008）。

最后，武汉市农村地区金融机构的网点数在急剧减少，部分地区还存在金融服务空白，甚至部分乡（镇）没有任何金融机构。由于县及郊区金融机构网点和从业人员的减少，县及郊区经济获得的金融服务力度明显不足。虽然平均每个区的银行业金融机构网点达到五十多个，但 30% 以上都集中分布在城区，每个乡镇的银行业网点平均不足 2 个，另外还有部分乡（镇）未设任何银行业金融机构营业网点。

鉴于"城市金融"与"农村金融"中，后者是支持武汉市新农村建设的主体，因此武汉农村金融发展中存在的问题特别引人关注。当前，武汉农村金融机构定位仍不很明确；农业保险、信贷抵押担保、农村信用体系建设以及农村地区的金融生态环境等方面也还存在一些问题，尚不能完全适应武汉农村金融发展的要求。总体而言，农村金融是武汉市金融体系中的薄弱环节，仍存在不少的困难和问题。

第二节　武汉新洲区金融服务于
新农村建设的个案考察

新洲区地处武汉市东郊，长江中游北岸，2008 年年末全区总人口为 95.1754 万人，其中农业人口为 73.4501 万人，占77.17%。下辖 9 个街道办事处，3 个镇，2 个农场。实施新农村建设以来，新洲农业发展非常迅速。全区农业由过去以粮棉为主导的传统农业向"蔬菜、食用菌、畜禽、水产"等四大优势特色产业转化，形成了独具特色的新洲现代农业。例如，双柳 10万亩无公害蔬菜产业园成为全省示范，徐古食用菌生态城享誉楚天，良种蛋鸡养殖列湖北第一。台湾升阳、武汉长华、香港高龙、深圳益升等农产品加工龙头企业达 31 户，年实现订单面积72 万亩，带动农民 11.5 万户。汪集鸡汤、徐古蘑菇、陶河板鸭、双柳蔬菜、张店鱼面、李集小香葱等特色产（食）品备受市场青睐，李集土鸡蛋远销香港，徐古蘑菇、凤凰香菇成为出口创汇的拳头产品，涨渡湖黄颡鱼成功申报国家地理标志产品。由此，除了传统种植农业以外，蔬菜、食用菌、畜禽、水产等4大具有新洲地域特色的现代农业基本形成。另外，新洲地区农业产业结构的完善与升级、农业与农村基础设施建设、农村精神文明建设还需要大力投入，除了地方政府财政力量外，还需要寻求金融的支持。

一、新洲区农村金融服务基本情况概述

新洲区是武汉各郊区中经济发展迅速和发达的地区。区内金融机构比较齐全，包括政策性银行、大型国有商业银行、股份制商业银行、农村信用合作社，现有分支级机构9个，金融服务网点74个，金融从业人员975人，其中涉农金融机构4家（含邮政储蓄），网点44个，从业人员618人。统计资料显示，在农村居民储蓄市场份额稳中略升的情况下，农村信用（联）社、农业银行及邮政储蓄机构吸收城乡储蓄总额呈逐年上升趋势，见表7-6所示。

表7-6　新洲涉农金融机构吸收城乡居民储蓄情况表

（单位：万元）

年份 金融机构	2004	2005	2006	2007	2008
农村信用（联）社	71532	79760	71481	70828	77670
农业银行	64854	66785	67857	67985	68513
邮政储蓄	22659	23589	25364	27452	29385
合计	159045	170134	164702	166265	175568
城乡居民储蓄总计	315784	332578	358975	372956	388951
农村居民储蓄市场份额（％）	22.7	22.1	22.1	22.2	22.8

数据来源：武汉市新洲区政策研究室。

统计资料还显示，2004～2008年9月末新洲区各金融机构

存款余额分别为 39.4 亿元、45.3 亿元、55.9 亿元、69.96 亿元、82.63 亿元，年均增幅 16.79%；各项贷款余额分别为 35.7 亿元、39.91 亿元、49.11 亿元、56.55 亿元及 68.42 亿元，年均增幅 14.78%。其中，各金融机构投放农村各行业贷款分别为 14.2 亿元、16.5 亿元、16.4 亿元、10.2 亿元和 15.6 亿元，年均增幅 4%，分别占当年信贷投入总量的 39.17%、42.19%、40.26%、33.4% 和 38.16%，见表 7-7 所示。

表 7-7 新洲区金融机构历年对农村各行业信贷投入情况

（单位：万元、%）

金融机构 ＼ 年份	2004	2005	2006	2007	2008
国有商业银行	46	0	0	0	0
农业发展银行	91173	105828	97632	34902	58671
农村信用联社	51635	59324	67194	67735	97890
合计	142854	165152	164826	102637	156561
涉农贷款占信贷投入比重	39.17	42.19	40.26	33.4	38.16

数据来源：武汉市新洲区政策研究室。

从表 7-7 可见，农村信用联社逐步充当了支农主渠道，国有商业银行以农业银行为主，由于基层分支机构减少及"信贷进城"现象，2005～2008 年基本没有农业信贷。农业发展银行对农业的投入也呈减少之势。

二、新洲区金融服务于新农村建设的主要举措

武汉市新洲区服务于新农村建设的金融机构主要有政策性金融机构即农业发展银行，以及农村信用联社。

（一）在政策性金融方面，农业发展银行发挥了重要作用

农业发展银行积极拓展了农业商业性信贷业务，对非国有粮棉油相关企业予以信贷支持，累计发放商业贷款 2.5 亿元，支持

了农村商品的流转。此外，农业发展银行还从传统业务拓展到农业基础设施项目、农村电网改造和水电、沼气等农村清洁能源建设等，积极探索了政策性金融支持社会主义新农村建设的有效途径。

（二）农村信用联合社发挥了主力军作用

新洲区农村信用联社认真贯彻落实中央一号文件精神，紧扣新农村建设主题，始终坚持"以农为本，为农服务"的办社宗旨，合理确定市场定位，适时调整信贷结构，以"百千万"活动为信贷载体，采取"小额普及，户户扶持；大中选优，量力而行"的方法，积极支持新洲区农业综合开发、地方特色产业、农村生态产品和区域性经济的发展，初步走出了一条信贷支农、助农增收的新路子，使农村信用（联）社真正成为新农村建设的助推器。通过积极开办小额农民信用贷款，试办农民联保贷款业务，并且根据农村经济发展情况，在贷款额度、贷款期和贷款方式上不断进行改进，较好地支持了农业生产的发展。据统计，2008年9月末，新洲区农信联社发放农村农民贷款余额为57505万元，农民受益面达到40%。此外，全区还积极开展信用区、信用乡镇、信用农民创建工作，农信社根据农民的信用等级适时发放信用贷款，至2008年9月末，农信社发放小额信用贷款为33107万元。

此外，人民银行积极发放支农再贷款，对农信社的小额农民贷款予以再贷款支持，2004年以来，累计发放支农再贷款16900万元，并积极推动农村信用工程建设，努力促进农村信用环境改善，为农村金融服务创造良好的金融生态环境。

三、新洲区金融服务于新农村建设存在的主要问题

（一）区内农村金融服务网点逐步萎缩

从武汉市新洲区近年来金融机构、人员情况表看，存在

"两低"现象。其一是营业网点覆盖率低。新洲区目前有工行、农行、中行、建行、农业发展银行、交行、信用联社、邮政储蓄等8家金融机构，营业网点达到74个，同1998年机构网点高峰期相比，网点减少168个。其二是金融从业人员绝对数下降。2008年9月末，全区从事金融业务人员有874人，比1998年减少了709人，金融从业人员人均服务面扩大了，影响了业务服务质量，大量农村人口得不到便利的金融服务，给农民带来很多不便。而表7-8则显示，以服务于农村建设为己任的农发行、农业银行以及农村信用联社服务机构数及服务人员都减少了。

表7-8　新洲区金融机构近年机构、人员变化情况表

（单位：个、人）

金融机构	1998年		2004年		2005年		2006年		2007年		2008年	
	机构数	人数	机构数	人数	机构数	人数	机构数	人数	机构数	人数	机构数	人数
农发行	1	28	1	28	1	28	1	28	1	27	1	27
工行	18	127	5	110	5	110	5	119	5	85	5	85
农行	28	154	13	137	13	137	13	137	11	163	11	163
建行	24	138	8	125	9	125	8	133	9	125	9	125
中行	22	121	4	88	4	88	4	98	2	52	2	52
交行	1	20	1	7	1	7	1	12	1	6	1	6
信用社	37	950	35	398	37	398	35	403	32	353	32	353
邮政储蓄	11	45	14	44	11	14	11	44	13	63	13	63
合计	142	1583	81	937	81	807	78	974	74	874	74	874

数据来源：武汉市新洲区政策研究室。

（二）农村正式金融机构支农作用弱化

武汉市新洲区正式金融主要有农业发展银行、农业银行、农村信用联社及邮政储蓄银行，目前，这些机构支农作用不断弱化。首先，从政策性机构方面看，农业发展银行的目标是支持整个农业开发和农业技术进步，保证国家农副产品收购以及体现并实施国家的农业产业政策。但在实践中，其支农职能不断弱化，

已演变为专门从事粮棉油收购贷款的银行，并没有充分发挥政策性银行应有的作用，而且其职能定位也发生了偏离，"有头无脚"，业务单一，服务农村的功能明显短缺。其次，农业银行是以工商企业为主要服务对象的国有商业银行，随着商业化改革的提速，农业银行已完全转变为商业性银行，从以支持农业为主转变为以支持工商业为主，在商业利益的驱动下，涉农贷款比重明显降低，在武汉新洲农村金融体系中的地位日趋弱化。虽然农业银行设有较多分支机构，但是由于其实行严格的贷款权限控制，普遍只存不贷或存多贷少，致使农村资金供求矛盾更加尖锐。这集中体现为农行的"信贷进城"的现象，导致新洲区农行在2005～2008年间没有农业贷款余额，参见表7-9所示。

从新洲区农村信用（联）社方面看，"单打一"的现象也很突出。从表7-7可见，近五年新洲区信用联社支农贷款余额分别为51635万元、59324万元、67194万元、67735万元以及97890万元，支农资金80%用于农业方面，信用社支农主体地位突出，对拥有76万之众的新洲区农业人口而言，支农任务十分艰巨，呈现出"一农"难支"三农"的现象。而且，同其他信用社一样，新洲区的信用社也存在如下问题：长期形成的弊病如产权不清晰，所有者缺位；历史包袱过重，资产质量差，经营困难，潜在的经营风险很大；法人治理结构不完善等。虽然进行了渐进式的改革，但基本上停留在内部组织机构体制和行业管理体制的层面，没有实质性的制度突破。这进一步弱化了其在支农过程中的作用。最后是邮政储蓄银行。新洲区邮政储蓄银行并没有改变"只存不贷"的单一金融服务功能，使得大量的农村金融资源被抽走。

另外，表7-7考察的是对农村各行业贷款情况，如果单从农、林、牧、渔业即从狭义农业角度观察各金融机构信贷情况，新洲区农业贷款余额在各项贷款余额中的比率是略有下降的，见

表7-9所示，这与农业增加值的稳步上升有些不相称。

表7-9 新洲金融机构农业信贷资金投入情况一览表

（单位：亿元）

年份	各项贷款余额	农业贷款余额	占比	农业增加值
2004	35.7	5.2	14.6	21.0
2005	39.1	5.9	15.1	22.6
2006	49.1	6.7	13.6	24.3
2007	56.6	6.1	10.8	26.8
2008	68.7	9.1	13.2	—

数据来源：武汉市新洲区政策研究室。

（三）新洲区农村金融信用环境有待改善

讲信用、重承诺是中华民族的优良美德，有一个良好的信用环境是促进地方经济健康发展的重要保证。从调查情况看，目前新洲区农村信用环境尚不尽如人意，农民诚信意识差、企业逃废债严重等现象依然存在，主要体现在：一是部分农民信用意识差，有的将依靠信用社贷款发展生产获得的收入用于建房、供子女上学等，到期不及时偿还贷款本息。还有些农民错误地认为，"农村信用（联）社发放的小额农贷是政策性贷款，是扶贫贷款，还不还无所谓"。正是这种信用意识淡薄，使农村信用（联）社在催收这些不良贷款的过程中要花费大量的人力、物力，无法拿出更多的精力进行深入调查研究，小额农贷的运用成效也随之降低。除此之外，每年到了春耕备耕时节由于小额农贷需求量大、面广，使得放贷工作量过大与信用社有限的信贷人员数量之间矛盾日益突出，加之部分小额农贷不能及时归还，削弱了小额农贷风险分散的优势，使得农村信用（联）社审慎放贷成为必然。二是由于个别企业的信用意识差，导致了银行业出现大量不良贷款，形成了资金的沉淀，减少了可用资金的投放，进而导致了金融业对贷款的审慎发放，造成当地经济建设发展的资金短缺，在一定程度上制约了经济发展。此外，借企业改制、重组之机想方设法逃废金融业债务；个别党政干部、公职人员拖欠贷款等，在社会上有一定的负面影响。这些都严重影响了投融资环境，制约了新洲区经济的快速发展及后劲。表 7-10 显示的是新洲区金融机构历年不良贷款情况。

表 7-10　新洲区金融机构历年不良贷款情况

年份 不良贷款及占比	2004	2005	2006	2007	2008
不良贷款余额（万元）	143362	99690	83499	82572	22409
占同期贷款余额比重（%）	40.1	25.5	16.9	14.6	3.2

数据来源：武汉市新洲区政策研究室。

从上表可以看出，尽管金融机构不良贷款占比不断下降，但绝对数额仍然较大，而且不良贷款并不包含国有商业银行剥离的不良贷款，倘若农村信用（联）社放弃四类分类法而采用目前运行的五级分类法，则不良贷款比率仍然较高，严重影响了新洲区信用等级，抑制了信贷营销。

（四）新洲区农村金融业务发育不全

主要表现在区内农村金融服务产品单一、手段落后。农村金融机构业务仍然以传统的存款、贷款、汇兑为主，中间业务也仅仅局限于代理保险、代收代付、代签汇票等简单的业务范围内；银行卡业务受区域、品牌等影响，发展相对滞后；金融机构在城市推出的很多成熟创新产品也未能在农村推广，个人金融产品严重匮乏，无法满足农村经济主体多层次、多样化、现代化的金融需求。此外，新洲区农业基础还比较薄弱，农村金融市场体系先天不足，后天发育不全，农业保险发展滞后，农村金融生态环境尚需健全完善，金融机构在信贷支农上缺乏足额的抵押和担保，无法有效分散风险，农村金融市场整体风险水平依然偏高。

四、对新洲区金融支持新农村建设的一点展望

在武汉市各郊区中，新洲区是农业发展相对比较快的地区，农业发展十分有特色，农村精神文明建设与物质文明建设发展迅猛。而与此相对应的金融服务却没有同步跟上，为此，金融机构必须转变思想与观念，农业发展银行要开办农村综合开发、农村基本建设和扶贫等贷款业务，把农村基础设施建设、农业产业化等纳入支持范围，提高农业综合生产能力。同时，适当在农村增设经营网点，增强为农业和农村经济发展服务的功能。农村信用（联）社要继续深化改革，完善法人治理结构，转换经营管理机制，增强支农实力，充分发挥好农村金融主力军作用。国有商业银行要增强自我调节和自我发展能力，致力于县域经济和新农村建设，在按照商业化、市场化原则调整市场定位和业务布局的同时，要着眼长远，围绕新洲区农村信贷市场的深度开发，增加对特色农副产品基地、农业产业化龙头企业、农副产品流通载体和农村个体私营企业的信贷投入，大力支持农村经济结构的战略性调整。

第八章

重塑新农村建设投融资体系格局的对策

第一节　新农村建设中财政
投融资体系的重建

重建新农村建设中的农村财政投融资体系，不能过多依靠中央财政。事实证明，中央财政只能通过加大转移支付力度及增加国债投资规模来促进新农村建设。但按照中央取消农业税政策的精神，上级财政的转移支付目前只能是每年600亿元左右的规模，只相当于农村公共服务所需资金的1/3左右，其余2/3左右的资金就没有着落了[①]。在这种情况下，农村财政投融资体系的重建，应由中央财政牵头，并主要着手于农村基层财政投融资体系的构建。

一、总量层面：增强农村基层政府自主培育财力的能力

在新农村建设中，要认真落实《农业法》的规定，不断增加对农业的投入，确保对农业投入的增长幅度高于财政经常性收入的增长幅度。上级财政应增加对县级财政一般转移支付的比重，缩小安排专项资金的规模，在项目建设上区别不同地区，确定符合实际的配套及自筹资金规模，使县级财力更多用于农村公

---

① 倪红日：《取消农业税需要解决的五大问题》，《中国经济日报》2004年6月24日。

益事业。要进一步完善相关法规，合理划分中央和地方在支农资金投入上的事权，进一步明确各级政府的支农投入责任，促进稳定可靠的财政支农投入保障机制的形成。发挥财政资金导向作用，通过财政贴息政策，加大政策性金融支农力度，增加支持农业和农村发展的中长期贷款，并吸引社会资金，加大对农业的投入。

从中央财政讲，可每年从财政收入增量中安排一块，逐步累积，增大盘子。即在今后 10 到 20 年的时间内从每年新增的财力中拿出一定百分比，如 10%、15% 或者 20%，专门用于农村综合基础设施建设。由于财政收入增长比较快，每年增量拿出一部分，并不影响正常财政支出的增长，即使拿出 20%，还有 80%的增量可用于新增公共财政支出的需要，何况目前众多方面的公共财政支出保障水平已经比较高。

更重要的是从地方财政而言，要增强农村基层政府自主培育财务的能力。取消农业税后，中央财政的转移支付固然重要，但要建立可持续、自主性财政融资机制，还必须依赖农村经济的发展及基层政府自主培育财力的提高，以增强其可自主支配资金，夯实服务新农村建设的能力。主要长期性措施是调整县域农村经济结构，各级政府则必须通过必要的财政支持（如增加农业基础设施投入），大力调整产业结构、抓好特色经济和县属国有企业改革等来帮助贫困镇、村走出困境，缓解因关闭"五小"企业、实施天然林保护工程和退耕还林（草），一些资源型乡镇企业纷纷停产、关闭而出现的财源增长"断档"的情况。同时，大力支持农业基础设施和生态环境保护建设，提高农业的综合生产能力，实现农业可持续发展；支持实施科技兴农战略，提高农业经济效益；支持社会文化服务体系及农产品交易市场建设，推进农业生产的社会化、专业化、市场化；支持农业产业化发展，增强农业内部积累能力；积极支持农业结构调整；支持小城镇建设，推进农村城市化进程；调整农产品补贴政策，改变农产品补贴环节；建设政策型农业保险制度。总之，通过多种途径整合财力，从根本上实现农村基层财政的可持续发展，为农村财政投融资提供源头活水。

二、制度层面：实施农村财政投融资制度创新

投融资体制的创新最终取决于社会投融资结构及其赖以存在的社会体制和运行机制。当前在我国投融资体制上存在着的一个较为突出的问题就是市场经济条件下的投融资微观基础没有真正确立起来。一方面，国有企业还没有成为真正的投资主体，缺乏自我约束机制；而另一方面，非国有经济作为庞大的市场经济主体，在投融资体制上缺乏金融与财税支持。

必须在明确建立"新农村建设"的财政投融资制度基础上，发挥政府投融资的"吸水"功能，吸引民间资金，引导农民自主投融资。可采取如下方式开拓农村财政投融资的筹资新方式：一是深化农业投入机制创新。在合理划分中央与地方支农责任，建立农业投入分担机制，以及处理好政府、市场、农民关系的基础上，抓紧研究划分中央与地方支农事权和财权，探索建立支农资金分级投入和管理的机制，明确各级政府投入责任，逐步实现支农事权与财权的统一。二是利用当前国际资本大举流入中国的契机，运用产业政策引导外资流向农村。如通过并购农村信用社与农村商业银行，入股农村社区银行等途径引入中长期外资，政府也可以以财政担保方式鼓励企业和部门在投资项目中大胆借用外资。三是突破行政区划限制，采用多种方式筹集财政资金。积极探索财政贴息、投资参股、以物代资、以奖代补等行之有效的投入激励机制，引导信贷资金、民间资本投入新农村建设。四是适当吸收社会个人资金。可考虑创立社会共同基金，吸收社会小额投资者资金，也可以以适当方式吸收个人大额信托存款。五是

发行地方财政建设债券，如发行"新农村建设公债"。农村基本建设和公共服务领域的资金投入一般难以偿还，或者偿还周期较长，风险较大，银行资金难以成为新农村建设的直接资金来源。对此，建议可以通过发行支农特别国债或特别政策性金融债的方式解决这一矛盾。由财政或政策性银行向商业银行发行，由政策性银行发放，由农村信用社代理，按商业原则运作，将筹集的资金运用到农村，增加"三农"投入，解决新农村建设资金投入不足的问题。2006 年我国国债负担率约为 16.8%，2007 年由于发行了 1.55 万亿特别国债作为新成立的中国投资有限责任公司的资本金，我国的国债负担率达到 21.3%。纵然如此，我国国债负担率与国际公认的 60% 的警戒线仍相去甚远，国债发行的规模还有很大的拓展余地。另外筹集预算拨款、专项借款、捐赠收入等设立专项投资基金作为补充。六是增大政策性银行筹资量。农业发展银行担负着包括农业在内的基础产业政策性融资任务，有必要随着国内信用总量的增长相应增大其筹资量。此外，通过财政手段间接引导农村投融资，以税收优惠和以财政资金补偿金融机构贷款风险等措施引导资金回流农村。对不同地区的金融机构实行差别税率政策，将减免税与存贷款比例挂钩，引导资金流向农村，通过一定的税收优惠等配套政策支持，鼓励县及县以下邮政储蓄份额超过 20% 的部分通过适当方式运用于农村，鼓励邮政储蓄机构在农村试办农村小额贷款机构，投资设立农村小额保险组织，购买农业发展银行的政策金融债，也可委托其他金融机构发放"三农"贷款，对存放农村信用社的大额协议存款，当地财政应给予适当贴息优惠。

三、运作层面：构建统一的农村财政投融资运作体系

建议以财政部为主体，协调省、县、市及基层财政或农业部门，建立一个类似日本"资金运用部"这样一个统筹资金、协

调行动的管理机构，协调管理农村财政资金，负责编制计划，进行日常管理，从而在管理体制与运行机制方面构建统一的农村财政投融资制度。在管理体制模式、基本运作制度以及法律规范、制度规定方面建立适合农村地区情况的财政投融资制度。要在制订《新农村建设的财政投融资促进法》或类似法律及相关配套法规基础上，以法律形式对新农村建设的财政投融资的主体、运作机构、范围、方式、财务管理及资金筹集、运用方向、监管等方面做出具体规定。明确农村财政投融资与公共预算的运作范围和对象间的区别。每年应编制《农村财政投融资计划》，全面反映农村财政投融资的融资规模、资金来源、资金运用等，同时建立严格的财务监管体系和科学的风险控制制度。严格按照公共需要和宏观政策意图，把每年的各项农村财政投融资来源、资金使用规模、具体使用项目、各项资金使用的条件和使用收费等等，都按国家预算形式，列明细、编计划，做农村财政投融资预算。农村财政投融资预算编制计划后，可送国务院批准，并呈人民代表大会备案，人民代表大会对计划实施日常监督，并保持农村财政投融资运作的灵活性。同时，在实施农村财政投融资预算的过程中，要确立农村财政资金委托—资金管理—资金运用三者相分离的投融资体系。在明确委托代理关系基础上，确立实质性的投融资主体和监督主体，使农村财政资金在供给、管理、运用三个环节间有明确的责任和清晰的产权分界，确立资金使用的硬约束与有偿性。同时建立多级农村财政投融资管理体系，中央级以财政部门为主，设立资金管理运用部。地方财政投融资部门的投融资活动则须受中央财政投融资管理部门的协调和监督，以此构建统一的农村财政投融资运作体系，促进社会主义新农村建设。

四、效益层面：完善投资管理，提高农业投资效益

财政投资作为政府实践其职能的一种重要手段，在我国的经

济活动中起着非常重要的作用。随着我国社会主义市场经济体制的逐步确立、发展和完善，我国由计划经济体制沿袭下来的财政投资管理体制暴露出了许多弱点，如效率低下，资源浪费严重，易滋生腐败现象等等。从目前财政支农的现状看，财政支出的效率相当低下。以农产品政策补贴支出（其中主要是粮食价格补贴和粮食风险基金等）为例，最终落到农民头上的实惠不足国家财政支出的50%。因此，要切实将增加农民收入落到实处，必须理顺和完善财政支农机制，提高财政支出效率，确保支农资金收到实效。十六届三中全会在《完善社会主义市场经济体制若干问题的决定》提出"……健全政府投资决策和项目法人约束机制……改革预算编制制度，完善预算编制、执行的制衡机制，加强审计监督。建立预算绩效评价体系。实行全口径预算管理和对或有负债的有效监控。加强各级人民代表大会对本级政府预算的审查和监督"对于提高财政投资效率问题提供了方向指南。鉴于此，通过探讨财政对农业与农村投资的预算管理体制及运行机制，规范政府农业专项资金使用问题以提高农业投资效率，无论对于新农村建设，还是对于正处于向市场化、国际化转型阶段的我国财政改革都具有重大意义。

以投向农业的国债项目为例，当前我国财政农业投资项目的产生机制是，在国务院的领导下，成立"国家加快基础设施项目"领导小组，属于部级机构。该小组将国债建设项目有关的各个部委都囊括进来，主要负责将国债投资和国债项目管理好、使用好。国债项目产生前首先要经过全国人大批准，确定了国债发行规模之后，由国家发展改革委员会根据中共中央、国务院有关国家经济建设的重大指示精神，结合国民经济发展的情况，提出一个国债投资分行业、分建设方面使用的安排方案，将此方案提交发展改革委员会办公会讨论。通过之后，再提交国债项目建设领导小组，由他们牵头组织有关部门的专家提出修改意见，然后再向国务院汇报。设立项目方面，在国债项目领导小组下面设有行业建设项目小组，这个小组既有发展改革委员会的人员也有各个部委的人员，大家共同审核地方部门上报的项目，按照基本建设和固定资产投资的程序办事。应该说，这个机制是新中国成立以来中国最好的议事机制，因为它能够充分调动方方面面的力量。国债项目在实施当中，每一个建设项目都有一套完整的、严格的管理办法。尽管这样，国债项目还是出现了一些问题，比如，退耕还林出现的弄虚作假现象、虚构国债项目套取资金现象等。原因是，目前我国在政府投资管理上相当程度上沿用了计划经济时期的管理体制，预算编制时间短、审批论证不足；投资的范围、方式、方向欠缺明确，不够完善；中央政府各部门之间、中央与地方政府之间关于投资方面的职能权责不清，管理分散，政出多门；政府投资职能界定不清，既存在越位，也存在缺位；重视前期审批，相对忽视全阶段管理，没有做到全过程监管等。

应对措施如下：

（一）改革政府对农业投资支出的预算管理制度

目前我国政府农业投资支出的预算制度缺乏科学性、前瞻性与严密性。由于沿袭传统体制，财政管理权限集中，预算编制涉及利益关系的安排和调整，以及技术手段和方法来等问题，使得政府投资预算编制找不到可靠的市场依据，造成政府投资预算周期过短、论证不充分，以及按基数法预算、审批不严等问题造成效率损失。由于预算管理体制、运行机制及法律规范尚未完善，使得政府对农业投资支出项目的选择，方向的确定、支付制度等缺乏科学性，导致有关部门或机构随意性较大，政府农业投资运作非常不规范。改革的措施，一是调整预算年度和预算周期，使政府在农业投资项目筛选方面有足够时间进行论证。将历年制改为跨年制，可定为每年的 4 月 1 日至次年的 3 月 31 日或者是每年的 7 月 1 日至次年 6 月 30 日，这样就可以避免目前的历年制遇到的问题。同时应该延长我国的预算周期，争取使预算编制工作充分有序地进行。二是将国家的农业预算更加全面化、透明化。即使国家预算反映的内容更加充实和全面，完整地反映政府的农业收支活动，特别是收入与支出的对应情况，使广大的人民代表能够更加全面、彻底地了解政府对农业与农村的收支计划，从而有利于他们履行决策和监督的职责。就政府农业投资预算而言，不仅要反映全国各年度的农业资本性支出总规模，而且应该按照各省区、各行业、各部门反映支出的总规模。对于某些重大的农业支出项目和工程，还应列示重要的财务计划。而且，还应将相应的收入来源及收入的保证程度、应急的方法和措施、资本性支出的经济和社会效益等均列示出来，使人民代表能够全面了解政府的年度农业资本性支出方案。三是改进预编制方法。目前对农业资本性支出预算的编制主要还是采用基数加增长的方法，不能反映农业资本性支出对农业资源配置的效率要求。因此，从提高政府农业资本性支出效率的要求出发，在编制政府农业资本性支出预算时应该摒弃基数加增长的方法。目前比较适合于农业资本性支出预算的编制方法是绩效预算法。按照20世纪50年代初美国总统办公室的定义："绩效预算是这样一种预算，它阐述请求拨款是为了达到目标，为实现这些目标而拟定的计划需要花费多少钱，以及用哪些量化的指标来衡量其在实施每项计划的过程中取得的成绩和完成工作的情况。"这就是说，绩效预算更为看重支出的绩效，它将支出的目标与实际效果联系起来，预计为达到这些目标与效果需要支出的资金数额，以此为基础来编制预算。绩效预算通过设计出一系列指标对支出效果进行衡量，使预算的编制更加具有明确性和可靠性，因而可以说是一种效率预算编制方法。因此，如果我们将眼光放到改进预算编制方法上，以提高政府农业投资效率，那么绩效预算应当是一种比较理想的方法。当然，我们还需要探索和解决一些技术手段问题，对于那些社会性特别明显的农业与农村投资项目，可以考虑采用其他有效的方法来编制预算。

（二）建立我国政府农业与农村投资支出的控制管理制度

包括：（1）建立规范的政府农业与农村投资可行性论证制度。政府的每一项农业与农村投资项目，都必须对其建设的必要性、建设规模、建设内容、使用功能、总投资分析、资金筹措、预期效益等项内容进行科学的论证，然后在此基础上提供评估意见，供决策部门参考。（2）加强对农业与农村项目建设过程的监控。监控的内容包括：是否严格按照施工进度施工，期间的调整是否符合有效性；是否按规定使用各种材料，有无偷工减料或以次充好；是否严格按照项目规划投资，有无施工遗漏或"拼盘"投资。（3）理顺支农资金管理体制。目前支农资金分散，管理多头，政出多门，效益不高。为此，必须理顺各部门间的关系，明确财政管理各项支农资金的主体地位，设立隶属于各级财政部门的支农资金管理机构，将分散于各部门的资金统归其管理，集中使用，形成财政支农的强大优势，集中财力办大事。（4）提高财政支出管理效率。主要是应减少管理层次，降低管理成本，提高工作效率。一方面，将中央财政支农资金的50%以基数加因素的办法下到省级，以增强省级支农的调控能力，降低基层向中央财政申报一般项目的几率。另一方面，省对基层的项目直接到县，减少中间环节，确保资金落实到位，同时给予县级充分的项目申报自主权，减少行政干预。另外，应构建支农资金绩效评价体系。财政部门要从项目申报开始，进行必要的调查研究和可行性论证，参与到事前、事中、事后的全过程中去，编制项目全程报告，对其进行跟踪问责，保证支农资金落到实处。由于支农资金目前还是多渠道投入，因此，中央部门还需要将支农资金进行整合。比如，针对部门和行业特点，明确各自的投入重点和支出范围，适时推进中央预算安排的支农资金整合，统筹安排支农资金的使用。从一些地方实践的经验看，经过整合后的支农资金相对集中，数额较大。因此，更要强化支农资金运行各个环节的监管力度，确保资金使用安全。这包括建立健全资金管理各项规章制度；改革和完善项目立项管理，推行项目招投标制、公告制、专家评审制等制度，建立项目库制度；推行国库集中支付、政府采购、县级报账等管理措施，强化资金运行监管等。（5）实施农业与农村投资项目的验收制度和后评价制度。投资项目的验收包括对施工质量、施工周期、投资预算的执行与最终结果等方面。需要强化投资项目验收制度的约束力，对于验收不合格的工程，必须依法追究相关人员的责任，而不能再以"交学费"了之。投资项目的后评价是在项目建成运营之后的若干年（一般是2～4年）内根据项目实际运营的结果，对项目的决策、设计、施工等方面的质量进行的评价。进行后评价主要是总结经验教训，为以后的建设项目提供借鉴；同时主管部门可以据此对比项目可行性论证的预测结果与实际运营的差距，评定可行性论证的质量，并予以公布，作为评定可行性论证单位业绩的主要依据。还必须在政府农业与农村投资项目上实行立项—建设—经营三分开制度。投资项目建设立项时，应在程序上、时间上有别于经常预算，如要赋予同级财政部门较大的调整权，时间上比经常预算提前，立项单位与管理部门统一等。项目建设要采取招标制，实行项目预算管理。即依据专项资金性质、目标和要求，将资金预算落实到具体项目，细化项目支出内容，明确相应支出标准，从项目发布指南、形式审查、评审、经费概算、合同的签订到资金监管，都要实行规范化和程序化的管理，克服现行资金使用管理办法的不足。各部门要在预算管理模式改革的基础上将财政监督贯穿于预算编制、预算执行、决算审核全过程之中，由事后监督转向事前审核、事中监控、事后检查，同时提高财政监督的针对性、时效性、科学性以及规范性。对大型项目建议书和可行性研究报告的审批，严格按"十五"计划确定的结构调整目标、技术进步要求和社会经济效益原则来把握。在重大投资项目上，要采取实施标准性工种的办法在全国范围内招投标，狠抓投资项目法人责任制、项目招标制和工程监理制。并将投资产权严格明晰化，界定投融资行为的权责关系、风险与收益的约束关系，塑造明确的投资主体，优化投资支出行为并降低成本，最终增强政府投资活动的约束力和应有的透明度。要积极推行代建制。在代建制下，依靠专业人士实行社会化管理，将有效地提高建设水平，降低管理成本，提高政府农业与农村投资项目实施情况的透明度，方便监督管理。同时，可以使相关部门单位免去组织管理工程项目实施的具体事务，解决外行业主、分散管理、重复设置机构等问题，体现专业化的现代生产发展的规律要求，有利于推进政府部门职能转变。如北京市在修建四环路时尝试了改变直接由政府投资，成立法人公司在政府监督下控制工程预算，结果预算140多亿元的四环路实际投资只用了不到90亿元，工程建设中预算水分高达50亿元。因此对于政府农业与农村投资建设的工程，特别是一些重大的农林水利工程、农村房屋建筑工程等可全部纳入"代建机构"管理。

（三）积极改善财政农业投资结构，以结构促效率

我国财政农业支出60%至70%左右用于人员供养及行政开支，而用于建设性的支出比重不高；在农业建设资金中，用于大中型水利建设比重较大，而农民可直接受益的中小型基础设施建设比重较小；在农业投入中，直接用于流通环节的补贴过高，而一些关系农业发展全局的基础性、战略性、公益性项目，或没有财政立项支持，或缺乏足够的投入保障。因此，政府对农业投资的重点，一是支持农业基础设施建设。目前，由于长期投入不足，我国农业始终抗灾能力弱，综合生产能力提高缓慢，靠天吃饭的状况仍未改变。虽然国家已加大了治理工作和投入力度，但

就问题的严重性而言,农业基础设施建设仍是政府支农的重点。这主要是由于改善农业生产条件的投资大,直接经济效益低,集体和农民无力也不愿负担,国家进行直接投资,十分必要。对于这些项目,国家还可以实行财政贴息办法,引导集体经济组织和农民利用银行信贷资金进行建设,以拓宽农业资金投入渠道,缓解国家资金投入压力。当前尤其要将农村电网设施建设放在重要位置。我国目前有 70% 人口在农村,农村消费是我国潜在的最广阔市场,但是由于农村电网设施落后,线损大、电价高,不少地区有电用不上、用不起,不仅影响发电量的增长,而且严重制约了农村对彩电、冰箱和洗衣机的消费。二是必须增加财政对农业科研的投入。目前,国际上的农业生产已进入高科技时代,遥感、物理、化学、电脑、生物工程等技术正被深入利用,而我国农民还从事传统劳作,农业科技对生产的贡献率仅为 27% ～ 35% ,发达国家这一比例已高达 70% ～80% 。近几年来,农业科研经费仅相当于农业总产值的 0.17% ～0.27% ,远远低于 1% 的世界平均水平,使我国农业增长方式从粗放型向集约型转变失去了依托。因此,政府应加大农业科研投资比重,投资总额由中央和地方两级政府按每年的财政收入比分担,政府农业科研投资在农业科研总投资中的比重,可以保持适度上涨或稳定,且绝对量也应以一定比例增加。同时应对农业科研经费支出结构进行调整,提高课题经费占总支出的比重,结合我国具体情况,目前应至少提高到 30% 以上。还要适度调整基础研究和应用研究所占比重。目前二者分别在 7% ～8% ,而 20% 以上较为适宜。三是支持农业产业化。农业产业化有利于增加农民的收入,控制通货膨胀,拓宽农村市场。因此,财政要将支持农业产业化作为进一步改革财政支农工作的一个契机,改变以前忽视农民增收、支农资金投放过于分散、难以形成规模效益等问题。要从扶持农民、农村,扩大到扶持国有农垦企业的产业化,以帮助农垦企业转换经营机制，提高经济效益；从扶持一般的种植业、养殖业产业化，到扶持水产产业化，以充分利用我国丰富的水面养殖资源。还要把支持农业产业化与其他财政支农资金投入的改革结合起来。在产业化项目区，把支持农业的科技进步资金、支持农业的社会化服务体系资金、支持乡镇企业发展基金，以及帮助农口事业单位办实体转变机制资金等结合起来。

第二节　创新农村金融机构投融资体制

一、深化农业发展银行的投融资制度改革

（一）在强化政策性业务的同时拓宽支农范围

中国农业银行是我国唯一的一家正规的农村政策性金融机构，在支持新农村建设中具有不可替代的作用，对"三农"的发展不仅发挥了政策导向和宏观调控的作用，还起着示范引导与信用保障的影响作用。在解决其资金来源缺乏、业务范围狭窄以及业务经营困难等重重问题之前，首先就得为其重新定位。这个定位就是必须在强化政策性业务同时拓宽支农范围。农业发展银行要坚定不移地以服务于"三农"为宗旨，坚持政策性银行办行方向，扩大对农业、农村和农民的服务范围，把农业发展银行办成为新农村建设以及农村经济发展提供多方面服务的综合性农业政策性银行。该定位得到了中央的首肯，2010 年中央一号文件明确要求："加大政策性金融对农村改革发展重点领域和薄弱环节支持力度，拓展农业发展银行支农领域，大力开展农业开发和农村基础设施建设中长期政策性信贷业务。"

在业务拓展方面，可以结合新农村建设的金融需求和农村金融改革的实际情况，围绕合理界定业务范围，继续推动农发行深化内部改革、进一步完善信贷支农职能、拓宽资金来源渠道、解

决政策性挂账问题、健全外部激励约束机制、提供法律保障等问题，加强其服务三农的功能，使其成为农村金融体系的骨干和支柱。在新农村建设中，为了调整信贷结构并拓宽支农范围，一是在缩减粮食收购资金金融支持的同时转而支持农业生产结构的调整，较大比例地提高对农业开发、生产、产业化服务等的贷款比重，把粮棉油信贷支持领域从流通领域向生产和加工领域延伸。对于经济与生态能协调发展的农、林、牧、渔业等一些获利能力较低的生产经营项目给予低息贷款的支持，提高农民的收入水平，促进生态环境的改善与农业的可持续发展；二是积极拓展其支农领域，形成"一体两翼"的业务发展格局，即由过去单一支持粮棉油购销储业务，逐步形成以粮棉油收购贷款业务为主体，以农业产业化经营和农业农村中长期贷款业务为两翼，以中间业务为补充的多方位、宽领域的支农格局。其中，在对农业农村中长期贷款业务中，要大力开展农业开发和农村基础设施建设中长期政策性信贷业务，以此支持新农村建设发展。有些创新性业务，农发行也可以尝试着做，如可试行将现有的县级政策性的小额信贷款归入其统一办理，承办农业政策性保险业务，如生猪保险业务等。

（二）拓宽农业发展银行的融资渠道

稳定的资金来源是抵御和防范风险的有效手段。因此，为了提高农村政策性金融机构抵抗风险的能力，我们必须改变农村政策性金融机构向央行再贷款的单一的融资来源，拓宽其筹资渠道。除常用的向中央银行再贷款、向国有商业银行发行金融债券外，还须积极开创新的融资渠道。

1. 通过国内与国际资本市场与信贷市场获得资金来源

从 2004 年 7 月开始，农业发展银行首次以市场化方式发行政策性金融债券，截至 2005 年 9 月，累计发行 17 期金融债券，共筹集资金 1901.7 亿元。目前，我国居民收入增长十分迅速，居民储蓄存款已超过 20 万亿人民币，随着居民投资意识的觉醒，发行债券潜力越来越大。今后，可以通过准确把握债券发行时机，降低发行成本，合理安排发行品种，适度增加浮动利率债券发行量，增加单支债券的发行规模，有效提高二级市场流动性，增强农发行债券的吸引力，不断提升市场影响力和知名度，以加大政策性金融债券的发行力度。此外，还要利用政府担保从国际金融组织和外国政府获得低息优惠贷款，从而降低资金成本。

2. 增加存款来源与渠道

农发行在设有分支机构的县域地区，要积极开办吸收除居民储蓄存款之外的公众存款业务，使存款业务范围在已有的企业单位存款、财政存款和同业存款等基础上进一步拓宽，实现各类存款大幅增长，使之成为低成本资金来源的重要构成部分。

3. 增加财政资金来源

政府可以按照 WTO 农业协议的规定，将支持农业的资金划拨给中国农业发展银行。一方面，农业发展银行的政策性性质能够保证资金的投向，有利于健全农业支持保护体系；另一方面，出于自身发展的需要，这些资金也可以得到良性循环和有效使用。此外，财政资金的注入也有利于减轻农发行的坏账压力，使其能更好地发挥支农、维护农民的利益的作用。除此之外，农业发展银行还要积极探索具有农发行特色的流动性管理模式，逐步建立以资金调拨管理为中枢的资金营运机制，统筹规划债券发行、组织存款、资金交易等各项筹资业务，合理安排各项资金来源，逐步理顺资金筹措与资金运用在时间、数量和期限等方面的不匹配问题，最大限度减少资金闲置。

（三）完善农业发展银行的财务补偿制度

在国外，政策性金融业务是严格按政府指令运作的，对出现的损失政府给予全额补贴，如巴西发展银行（BNDES）、日本政策投资银行（DBJ）、美国国民抵押协会（GNMA）、韩国住房金融公司（KHFC）等。我国的农业发展银行和农业开发银行即属于此类。中国农业发展银行目前存在的困难有一部分是历史原因形成的，如由于财政历年拨补不到位而使中国农业发展银行累积了大量的历史包袱，由此在其账面上形成了大量的风险资产，从某个层面上说，农业发展银行实际上是承担了我国中央、地方两级隐性财政赤字。因此，借鉴国外经验，政府应该采取一定的措施，对农业发展银行的政策性业务给予相应的财务补偿制度，使农业发展银行能得到一定的财务补偿，提高竞争力。其一，国家在农业发展银行的资本金充实问题上要承担一定的持续性责任，并建立长效补充机制。其二，对于农业发展银行的政策性业务，国家应给予财政贴息或者让农发行以国家信用筹集低成本资金。此外，我国还应尽快制定一些相应的制度，消除农业发展银行的呆账、坏账，赋予农业发展银行一定的坏账核销自主权，提高农业发展银行的资金使用率和抗风险能力。为了防止农业发展银行用国家信用与商业银行进行不公平竞争，可通过分账制等方式，将其政策性业务和商业性业务分离，分账核算，分别考核。当然，从世界各国发展趋势看，主要依靠政府补贴的传统意义上的强政策性机构在减少，实行市场化运作的政策主导性机构在扩大，并成为当今政策性金融的主要类型。所以，通过采取如上所述措施，当农业发展银行实力发展壮大后，可以逐步减少这些财务补偿措施。

（四）建立政策性金融法规及有效的金融管制制度

市场经济是法制经济，政策性银行作为社会主义市场经济的产物和特殊的市场主体，必须将其全部经营活动纳入法制化轨道。随着我国经济和金融形势的发展变化，政策性银行的经营环境发生了很大的变化，迫切需要制定一部完善的政策性银行法和专门针对政策性银行进行金融监管的法律或法规，来明确政策性银行的法律地位，明确界定其与政府、央行、商行、企业等各方面的关系，摆脱外部主体超越法规规定的干预，维护自身的合法权益，保障资产的安全。不管是国际上成立政策性银行时间较早的美国、加拿大和德国，还是成立时间较晚的日本、韩国，都制定了自己的政策性银行法，如美国的《国民银行法》、《银行法》，日本的《政策投资银行法》等。我们必须加快我国农村政策性金融的立法进程，就当前情况而言，我们必须尽快通过出台政策性银行法，明确农业发展银行的业务定位、服务领域、经营宗旨、经营原则、风险补偿机制和有关部门对农业发展银行的监管职责。农业发展银行是特殊的法人主体，不适用于《商业银行法》，应借鉴国外经验，并结合中国实际，尽快制定《中国农业发展银行法》以及《中国政策性金融法》，把农业发展银行的性质、地位、运营管理与政府机构、商业银行及其他性质的机构区别开来。明确农业发展银行与政府、中央银行、农村信用合作联社的关系以及政府支持方式、监管模式等，实行依法经营、依法监管。在监管中要突出中国银监会的权威性，完善中国银监会对农业政策性金融的监管体系，避免出现监管多头的现象。此外，还应形成社会监督机制作为中国银监会监管的补充。

二、以上市促农业银行转换机制，增强支农动力

（一）农行股改时应按"业务分拆"以增强支农功能

众所周知，中国农业银行改革的难点在于必须同时考虑农业银行的双重身份：既作为农村金融体系主力军，又是国有大型商业银行。如果说建设新农村是一场大合奏，中国银行业的改革就是穿插其中的咏叹调——农业银行除了支持三农发展，还要寻求一条改革之路以承担自我可持续经营的任务。在全国这么多金融机构中，还没有一家银行如农行这样，改革必须同时考虑农村金融和国有商业银行两大职能范畴。按省分拆还是按业务分拆，是农业银行股改时最受争议的问题。提出"按省分拆"方案的学

者认为，农行应按照省级区划进行股份制改造，各个省行在股改后成为独立的经营实体，总行转变为国有投资公司，不再具有业务经营管理职能，代表政府履行国有金融资本出资人职能。支持这一方案的学者（郭田勇，2006）指出，我国各地区的农村金融市场状况差别较大，由总行单一决策难免出现偏差，因此经营管理中心下移是农行改革的关键所在。农行的本质是商业银行，缩小后的农行既有利于支持中高端农村金融需求，又有利于形成有效公司治理，还降低了境内外投资者参股门槛。"按业务分拆"方案，指按照业务线重组的原则，把涉农业务和非农业务分离，根据人随业务走的原则组建"中国农业信贷银行"和"中国农业银行股份有限公司"，总行管理部门相应成立"中国农业银行集团"，控股两家银行。业务分拆方案的结构比较清晰：上面一个集团法人（中国农业银行集团），下属两家独立法人。农行集团和汇金公司共同控股农业信贷银行，保持其国有独资或国有控股性质；农行股份则是单纯的上市商业银行，其治理结构实行完全的市场化。"按省分拆"和"业务分拆"的根本分歧在于，前者认为分拆的前提是必须明确农行的本质是商业银行，须在城市业务发展不受削弱的前提下加强农村业务。而后者则认为，农行必须把自己作为一个"农村金融机构"来改革，发扬自己在广大农村地区优势的同时，并行开展非农业务。笔者倾向于后一个方案，即农业银行必须弄清自身的定位，要将服务"三农"自始至终作为自己的本源业务之一。

（二）完善农业银行组织结构

农业银行拥有全国性的网络，其清算、储蓄、银行卡和网络优势是其他机构无法取代的，是全国农村金融市场沟通的渠道，因此，必须充分发挥农业银行的组织结构优势。从总体来看，农行的经营单元可分为城区经营行和县域经营行两大块，以县域支行为平台，重新搭建独立的事业部制，受市级分行的领导，间接受省级行与总行的领导。农业银行所有县域行必须侧重于面向"三农"，服务"三农"，同时可以兼顾商业运作的经营机制。

此外，在促进新农村建设过程中，农业银行要积极创新信贷模式和信贷方式，如可实现"龙头企业+农民"、"行业协会+会员联保+授信贷款"和"农村资信证+小额信贷"等信贷模式，以扩大支农业务。

三、优化农村信用社在新农村建设中的融资保障机制

农村信用社的融资保障机制的优化不是一日之功，它必须从解决历史问题入手，端正合作的本质，健全经营机制和环境，加快业务创新，提升优质服务。只有做好这四点才能全方位地完善农村信用社的支农功能。

（一）历史包袱的进一步化解

2003 年的改革在很多方面对化解农村信用社多年的历史包袱做出了十分有利的支持。比如中央政府的央行票据、保值贴补、税收减免等三大政策：由人民银行发行专项中央银行票据或安排中央银行专项借款对 2002 年年底实际资不抵债数额的 50%进行资金支持；对亏损信用社因执行国家宏观政策开办保值储蓄而多支付的保值贴补利息，由国家财政分期给予补贴；从 2003年 1 月 1 日起至 2005 年年底对西部地区的农村信用社暂免征收企业所得税，对其他地区的农村信用社按其应缴纳税额减半征收企业所得税，对试点地区所有农村信用社的营业税按 3% 的税率征收。这些政策使农信社减轻了历史包袱，改善了财务状况，同时发挥了积极的导向作用。特别是央行的资金政策，设置了发行和兑付条件，鼓励农村信用社自身通过清产核资获取央行票据注资、增资扩股等方式进一步化解历史包袱、增强资本实力，极大地调动了地方财政资金的注入以及政府制定配套扶持政策的积极性，解开了农信社巨大资不抵债额阻碍其逐步走向良性发展的

"死结"。

可是我们还是应该看到，虽然改革试点工作取得了较大成效，农村信用社得到了较大的发展，但是历史包袱没有全部消化的潜在风险依然存在。2008年后，随着国际金融危机的爆发与传递，中央与地方两级政府主要注意力集中于扩大内需、保增长方面，对于农信社的改革问题，已经不像2003、2004年时那样的迫切了，对农村信用社的管理权也成功地移交给了地方政府。尽管几年来不断有人呼吁二次票据发行，但现在看来基本上不太可能了。农信社今后改革发展的责任，已经主要落在了地方，需要在地方政府的领导下，自己想办法了。在这种情况下，对于信用社历史包袱的化解，可以按以下思路进行：其一，通过定向增发股份，吸引社会资本参股，以化解不良资产，并向农村商业银行发展。参股对象可以重点考虑民营资本，尤其是农村非正规金融，这种情况适宜于自身基础较好、发展现状好、潜力大的农村信用社，像宁夏黄河，以及顺德农商行就是成功的例子。实际操作过程中，可以考虑允许农信社在改制为商业银行时，降低财务标准，以引入有实力的外部投资者，解决投资者不愿意接盘、政府难以消化的尴尬局面。监管部门可考虑先授牌，使农信社全部更名改制为农村合作银行或农村商业银行，赢得竞争空间，再限期达标。其二，对于自身发展有一定基础，但无法达到政策规定的农村商业银行设立条件，且对地方经济发展起着重要作用而得到政府扶持的农村信用社，可以考虑由政府牵头，为农信社与社会资本牵线搭桥，情况较差的，地方政府可以直接清收部分不良资产或注入优质资产。其三，对于经济落后地区的特困农村信用社，由于其可能达不到规定的标准，只能通过并购重组方式，由条件好的金融机构进行接收，以彻底地解决问题。

当然，化解历史包袱的同时还必须防止新的不良资产的继续产生。要加大财政资金投入力度以维持乡镇政府的正常运转，减少乃至杜绝农村信用社的乡镇债务，加快农村信用社体制改革，确立社员及其代表大会的监督地位和权力，避免行政干预事件再度发生，降低道德风险。同时，在改革过程中要避免利用解决"历史包袱"的借口，向中央漫天要价，加重道德风险。

（二）保证合作性质的体制改革，转换经营机制

如前所述，农村信用社体制混乱的根本原因是没有真正把握其合作的本质，只有明确并保证其合作性质才能从源头上破除体制上的障碍。真正意义上的互助合作性的农村信用社填补由于国有银行在农村地区收缩和现有农村信用社改造、撤并造成的金融服务空白和断层是完全有必要的也是可能的。剥离不良资产、注资、增资扩股、溢价引进投资者，这一金融改革模式被成功地应用于国有商业银行改革和股份制银行、城商行的改革之中，现在我们也必须借鉴这一模式改革农村信用社体制。

体制改革的核心是产权改革。产权结构不合理是制约农村信用社健康发展的主要原因，只有在明晰产权的基础上对现有不完善的产权结构进行调整，并对信用社的管理体制作相应的安排，才能促进其健康有序地发展，真正解决农村信用社"所有者缺位"和产权约束机制乏力问题，进而促进农村信用社持续发展，这是信用社体制改革的首要内容。产权制度改革就是要求按照"明晰产权关系、强化约束机制、增强服务功能、国家适当支持、地方政府负责"的总体要求，将农村信用社建成符合市场经济规律，反映产权制度要求，体现地区特色的"自主经营、自负盈亏、自担风险、自我约束"的真正的合作金融组织。由此，必须从明晰产权入手，改革股权形式，广泛发动农民（包括各种承包户、专业户）和集体经济组织（包括乡镇企业、经济联合体、社会化服务组织）入股入社，扩大信用社组织的覆盖面，着力优化股权结构，明确股权主体，更好地支持经济发展；端正以往由于为了完成政府分派的任务、获得高于存款利息

的稳定分红、获得贷款等错误的入股动机，树立为了约束信用社经营者的行为，进而从信用社长期发展中获利的观念，引导信用社社员互助合作、民主管理意识的复苏，真正让信用社再次成为农民自己的"小银行"，而不是政府的附庸。健全"三会"制度，完善法人治理结构是农村信用社持续发展的关键所在，为此，要充分发挥社员代表大会的作用。信用社县级联社、省级联社要不断建立和完善理事会、监事会及社员代表大会等组织机构，实现经营权、决策权和监督权的三权分立的法人治理结构。农村信用社在改革中还要继续不断健全完善法人治理机制，同时恢复信用社管理上的民主性，落实民主选举制度。社员享有平等权利，不能以入股资金多少决定管理权限大小，应由入社社员代表选举产生理事会、监事会。理事会成员为投资人的代表，其推荐选拔的重要条件之一就是要看他的出资额大小，凡达不到规定的出资额度，就不能作为理事的推荐候选人，要切实解决"由谁出资、由谁管理、出了问题谁负责"这一问题。经营班子必须由理事会推荐、考核、聘任。监事会应与经营班子完全脱离，独立行使监督权利。

为了坚定不移地走合作化方向，无论从国家银行业宏观发展角度考虑，还是从各类银行业金融机构的布局出发，现有的2000多家农村信用社县级法人不宜向成立全省统一法人的方向转变，避免减少县一级的农村信用社独立法人。政府应当将鼓励支持合作组织发展作为一项长期方针，尽快通过立法程序将合作金融政策法制化，把软约束的倡导式的政策规定转变为硬性的法律条款，填补国家关于合作金融的立法空白，进一步促进合作金融事业稳健发展。制定有效的扶持合作组织发展的优惠政策时，最重要的是实行减免税制度，对作为自助自救的合作性质的信用社实行所得税和营业税的免征。政府还要加强对信用社的教育培训工作，宣传普及合作思想，增强合作意识，培养具有合作精神的企业家。只有通过以上合作化方向的产权体制改革，才能保证信用社经营机制得到优化，而转换经营机制是进一步发挥农村信用社在新农村建设中作为农村金融主力军作用的关键，强化"支农"意识则是保证农村信用社经营不脱离为新农村服务轨道的关键。

（三）加大政策倾斜、健全农业保险机制，以完善融资环境

加大政策倾斜、健全农村保险机制，在支持三农问题上做到统筹兼顾、科学管理，既能维护农村信用社经营自主权，又能充分调动农村信用社支持"三农"的积极性，走活农村信用社政策支农和商业化经营两盘棋，更好地为社会主义新农村建设发挥主力军作用。

由于农村信用社与一般商业银行的经济条件不同，因而政府政策的倾斜是优化信用社市场环境的必要条件。中央和地方政府通过制定一些新的倾斜政策，既体现对三农的政策扶持，又体现对农村信用社政策性亏损的弥补，保证国家金融体系对广大农村地区的覆盖面。首先，是税收政策。在明确区分信用社的商业性贷款和政策性贷款，并进行分账结算的基础上，政府可以对政策性业务给予补贴，保持减免农村信用社营业税、所得税政策，为"三农"贷款提供财政贴息等，以此建立正向激励机制。通过税收减免、财政贴息等政策的扶持，可以降低农村信用社的经营成本，一定程度上改革其财务状况，消化历史包袱并增强信用社补充资本的能力，将对农村信用社改革试点工作的深入开展和阶段性成果的取得起到非常积极的作用。其次，赋予信用社优惠的金融政策。对于用于支农的贷款达到一定比例的农村信用社，可以享受较低的法定存款准备金率、业务准入优先政策，还要允许农村信用社实行灵活的利率政策，降低上存资金的利率，贷款利率可在基准利率的 1 至 2 倍范围内浮动，壮大信用社信贷资金实力；要加大支农再贷款的投放力度并制定配套的风险补偿措施。

再次，必须通过大力发展政策性农业保险，促进农村信用社融资环境的优化。政策性农村保险是推进社会主义新农村建设的重要举措，体现了国家对保险业的重视和信任，也是保险业服务"三农"和保障民生的重要途径。政策性农业保险制度的建立和完善，有利于通过保险机制发挥财政支持政策的杠杆效应，通过风险分担机制及风险转移机制提高农村信用社贷款对象的资信能力与还款能力，从而促进农村信用社涉农贷款的增加。国家应当给予必要的支持，将农业保险与一般的商业保险分离，单独作为政策性支持的业务。

（四）业务的回归与创新

农村市场是信用社赖以生存和发展的基础。农村信用社必须自始至终将服务于"三农"作为其宗旨，尤其是在社会主义新农村建设中，依旧要充当主力军作用。为此，必须合理设置农村信用社的经营网点，坚定为农业服务的经营宗旨不动摇，保证信用社继续扎根广袤的农村土地、贴近广大的农民群众。通过体制的有效变革，明确经营管理权归社员所有，将决策权回收，保证"支农"方向不变。

信用社业务的回归不仅要与农村资金的回流同步进行，还要实施业务创新，在提高盈利能力的同时，扩大对新农村建设服务的覆盖面及深度。农村信用社的经营业务创新原则是：破除陈旧观念，树立创新意识；改善经营方式，调整经营战略；扩大服务领域，拓宽增收渠道；加强科技创新，开辟业务新品种。具体措施包括：一是实行现场放贷、上门送贷、柜台放贷，在农村开展"地毯式"服务。农村信用社仍然要利用服务农村数十年的历史经验，深入农村各乡镇，继续承担农业发展银行难以完成的对介入面和介入深度有较高要求的政策性业务；二是通过对不同时期新农村建设发展情况及农村经济发展趋势的预测，探索具有农村特色的信贷投放和管理之路，快速提高农村信用社的市场占有率和业务竞争力。要继续坚持小额信贷的发放，对有条件的大项目在适当的担保条件下要给予积极支持，积极发展适合农村地缘特色的贷款种类，真正做到服务于农村，真正让社员、农民自身得到实惠。三是大力发展中间业务，如代办保险、代收费用和代理有价证券的发行与兑付，满足农村多层次的消费需求。要完善结算服务网络，积极开展汇兑、抵押、担保、承兑、贴现、承诺、代收代付等业务，努力拓展信用卡业务、网上银行业务等是农村信用社必须尽快完成的，以此可以提升信用社中间业务和表外业务在经营业务的比重，在扩大经济效益的同时增强抵御风险的能力。四是在个人贷款业务尤其是农村消费贷款、助学贷款、子女教育贷款等领域创办出自己的特色，进而启动农村消费市场。社会主义新农村建设必将极大地促进农业产业发展，使农民生活更加富裕，必然导致农村消费总量的扩大和结构的升级，为农村信用社拓展业务领域、开展消费信贷服务和针对农民的投资理财业务带来新的机遇。五是重视利用地缘人缘优势搜集各种贷款用户信誉道德品质等软信息，建立用户信用档案和信誉数据库等历史信用记录，提高社会信誉服务的市场化程度，确保信用社正确进行贷前调查、效益分析和贷款风险预测；简化发放贷款程序，保证农业贷款时效性的需求。另外，还要完善信用社贷款利率定价机制。可以根据信用社的信贷资金实力、资金的运用水平，综合分析贷款类型、贷款期限、贷款对象，贷款人所在行业的风险状况，农户个人的经营能力，以及当地经济发展的承受能力等，完善贷款利率定价参照系统。

四、促进新型农村微型金融机构的发展

为适应新农村建设的需要，我国目前应发展多层次、广覆盖、多形式、多所有制的农村金融服务机构，建立功能齐全、分工合理的农村金融服务体系。尤其应大力发展新型农村金融机

构。这样，在一定程度上既可弥补农村金融服务不足，也可有效防范风险。

政府应有序引导符合条件的境内外金融资本、产业资本和民间资本投资设立农村社区银行、村镇银行、贷款公司、农村资金互助社等新型农村金融机构，更好地实施调整与放宽农村地区银行业金融机构准入政策，以有利于促进金融机构多样化，提高农村金融机构覆盖率和服务的充分性。目前，通过降低准入门槛，新型金融机构得到了有效发展。如县（市）级村镇银行，注册资本门槛为人民币300万元；乡（镇）级村镇银行，注册资本不得低于人民币100万元；乡（镇）级信用合作组织，注册资本不得低于30万元；在行政村的信用合作组织，其注册资本不得低于10万元；而商业银行和农村合作银行设立的专营贷款业务的全资子公司，其注册资本不得低于人民币50万元。同时重点建立农村社区银行，实现农村金融改革的目标，即加强和改善金融服务，防范和化解金融风险，建立起真正意义上不偏离市场经济规律的农村金融形式，即功能完善、分工合理、适度竞争、产权明晰、监管有力的金融实体。政府还应允许非国有资本进入银行业及发展中小型民营商业银行，提供其他激励政策鼓励商业银行为农村发展服务，建立多元化的农村金融服务体系。

（一）重点大力发展农村社区银行

新型农村金融机构中，农村社区银行是发展的重点。我国目前的村镇银行实际上属于社区银行的范畴。在某种意义上，社区银行可以理解为按股份制银行建立的直接向所在地居民、企业募集成立，提供当地吸收存款、发放贷款等简单金融服务的银行机构。社区银行的特征可以表现为以下几个方面：（1）市场定位明确，区域性强。在市场细分上，把社区银行的定位和服务立足于社区。社区银行与居民、中小企业同根同源，共处一地。（2）信息流通顺畅。在充分地利用信息沟通的前提下，可以便利地利用地方的信息流，高效而低成本地解决社区内中小企业经营状况、项目前景和信用水平等问题，从而克服信息不对称，降低金融机构的交易成本。（3）规模小。在美国，社区银行的资产规模通常在 1000 万美元至数十亿美元之间不等。2003 年年底美国平均每家社区银行的资产规模在 1.5 亿左右。（4）资金运作较封闭。社区银行通常将一个地区吸收的存款继续投入到该地区，以推动该地区的经济发展。（5）在贷款审批上，社区银行信贷人员在审批中小企业和居民贷款时，不仅仅靠一堆财务数据，还会考虑这些作为邻居的借款人的性格特征、家族的历史和构成、日常的开销特征等等个性化的因素。由于审批在本区域运作，因而社区银行可以迅速做出信贷决定。

社区银行的发展必须遵循如下原则：其一，市场化原则。美国社区银行可以根据客户的性质特征、产品服务成本，自主设定产品服务的机构，争取发展空间，自由发挥自身的竞争优势。鉴此，在农村社区银行的建立和发展过程中，应坚持市场化原则。其二，自愿性原则。改造和新建农村社区银行，应遵循自愿性原则。像美国的社区银行高度自治，是由社区中的居民和企业自发成立的。其三，服务于"三农"原则。发展农村社区银行，就应该以服务三农为最终目标，解决农民收入增长缓慢问题，进行农村金融体制改革，加快建设新农村。

在发展模式选择上，我国社区银行的发展可以分为改造模式和新建模式两种。

1. 改造模式

目前，结合我国国情，发展社区银行的改造模式主要为将小型金融机构、农村信用社或部分邮政储蓄分支行改造成急需的社区银行。（1）将现有小型金融机构改造为社区银行。当前，各个地区的城市信用社、城乡衔接处的农村信用社以及地方政府控股的城市商业银行由于市场变化亟待转型，将他们改造为适应当地需要的社区银行，这正好与当前中小金融机构改革相统一，易于被金融监管层采纳。特别是农村信用社，可以通过适当的资本结构优化和机构整合，逐步改造成为产权明晰、按市场化运作的社区银行。农村信用社之前分散的两级法人制难以满足中小企业的资金需求，无法有效支持农村经济的发展。将农村信用社改造为社区银行与当前中小金融机构改革相统一。（2）在部分邮政基层机构基础上进行改造，组建社区银行。银监会自2003年成立伊始，即对邮储的经营网点进行了一次长时间的摸底调查，并在此基础上分批陆续批准邮政储蓄新增设1891个网点，其中有相当部分是为了填补县域金融服务空白。按照审慎监管原则，可以选择业务发展较好的地区，支持邮储银行开办农民小额信贷业务试点，稳步推广，再逐步发展农村消费信贷、小企业贷款等风险性业务，这些举措在进一步提高邮储网点的分销能力基础上，还有助于部分邮政储蓄银行分支机构向社区银行转化。当然，从长期看，邮政储蓄银行已成为我国第五大银行，长期来看它不可能满足于社区银行这一角色，但可以由其分支机构进行组建。农村信用社和农村邮政储蓄在改造成社区银行过程中应明确其性质和组织形式，应按照市场化原则自主设立、独立运营、服务于农村中小企业和个人。改造而成的农村社区银行必须始终坚持为"三农"服务这一经营宗旨，使农村走上产业化道路，解决农民的金融问题。

在具体改造过程中应注意以下几个问题：（1）在改造组建农村社区银行时，应明确产权关系，实现产权组织形式的多样化。只有产权关系明晰了，才有可能建立科学合理的农村社区银行，进一步推进新农村建设。（2）合理设置社区银行股权结构。应以社区居民为主，广泛吸收社区内农民和中小企业的资金。在改造过程中，也可适当引进民间资本。鉴于一些从事资金交易的民间非正规金融的经营效率更高，可以积极引导，将其纳入正规金融体系。而改造为农村社区银行，不失为一种很好的机制。通过农村社区银行将民间闲散资金组织运用起来，可以不断壮大资金实力。（3）增强社区银行的活力。可以学习先进的银行经营理念和管理经验，选择合格的管理人员，提高经营管理能力和队伍素质。

2. 新设模式

主要指民营性质的社区银行。当前民营资本组建民营银行的愿望十分强烈，新组建的银行没有历史包袱，产权清晰，市场目标明确，易于内部管理，因此可以新设农村社区银行解决目前农村金融融资困境。我国应逐步放宽金融管制，特别是对民间资本的限制，允许民间资本进入农村，新建农村社区银行，支持新农村建设。民间资本在农村经济中发挥了积极的作用。民间资本的规范化也就成为当前农村金融发展的重要任务。应当运用适当的政策引导，利用民间资本建立新的农村社区银行，发挥民间金融的积极作用。我国现阶段有条件采取这条途径的地方主要在东南沿海城市，而且有些城市已经进入"试点"阶段，比如，温州、台州两市就率先成立了民营社区银行，主要是为当地的中小企业提供融资服务。通过组建社区银行将非正规金融导入正规化、合法化金融运作领域，其意义将十分深远。具体操作方式为：由金融监管部门首先选择一家或一位经营业绩良好、资金实力雄厚、社会知名度较高、信誉良好的企业或资本持有人作为社区银行的"发起人"，组织、鼓励和引导辖内具有一定规模的民间非正规金融资本参与，采取股份制的形式，分散股权，明晰权责，将民间非正规的金融资本导入正规的金融体系。组建民营性质的社区银行在为民服务的同时，要防范民营资本由于趋利动机而导致过度扩张造成金融风险，因此对民营社区银行的监管将是亟待研究的重大课题。

（二）当前着力解决农村微型金融发展中的三个问题

1. 解决发展目标问题：在福利主义与制度主义间取得均衡

在发展目标上，首先要解决这样一个问题：信贷是不是天生与贫困者无缘？答案是，贫困者也有信用。按照微型银行创始人尤努斯的看法，穷人并不缺乏摆脱贫困的勇气与决心，贫困者的困难首先在于他们不能像其他人一样从正规金融机构得到借款，在于缺乏用以摆脱贫困的最基本物质条件！而微型金融提供的小额信贷恰恰就是这样一个打破信贷市场失灵的制度创新，它适应了目前农村中以家庭经济为特点的分散性和小规模生产方式的特点，也为社会尤其是贫困者提供了一种改变初始要素配置的途径。其次，必须在福利主义与制度主义间取得均衡。在福利主义目标下，微型金融由于对资金的依赖及使用限制而难以实现可持续性，而只有当参与微型金融的机构能够实现可持续性和盈利，才可能被大量复制、推广，才能不断延伸社会扶贫的范围与深度。在制度主义目标下，不可避免地又会使缓贫及对低收入者的扶持效果大打折扣。鉴于此，可以实现"福利主义"与"制度主义"均衡的微型金融目标，即可以将我国以新型农村金融机构为主的微型金融的发展目标的形成纳入福利主义倡导者、制度主义倡导者以及公共管理者长期动态博弈的占优均衡之中。

2. 以市场化手段解决贫困者及低收入群体发展所需的金融服务

这里，必须解决第二个问题：给低收入者尤其是贫困者放贷注定是不可能盈利、风险大而不可持续的吗？其实问题的关键在于如何探寻有中国特色的为低收入者及贫困者融资的市场化机制。国外的小额信贷实践表明，兼顾公平和效率的发展途径，也就是用市场的手段来解决贫困人口发展所需的金融服务问题，是完全可以做到的。尽管微型金融放贷给贫困者可能没有担保条件，但可以创立一套严格的考核机制，就是只把钱贷给那些致力于摆脱贫困并且有一定思路的穷人。正是依靠这套机制和相互的信任，尤努斯创办的银行一直保持着盈利纪录。当然也要积极使用一些抵押和抵押物，主要是采取一些联保，如五户联保形式，这是个比较有效的保证制度，对防范信用风险还是可以起到比较有效的作用的。同时，政府必须强化广泛的引导措施，例如，农村微型金融可以通过与政府支农资金合作，减少在农村市场的信贷风险；再比如，支农财政资金可以通过招标的方式，贴息50%给一些村镇银行进行投放，变财政资金输血为银行资金造血。此外，通过市场经济方式，适当引入竞争机制，创造相关经济氛围和微型金融政策环境，例如放宽市场准入、明确进入条件、降低进入成本、加强进入后的监管等，实现政府扶持下的有中国特色的微型金融发展之路，拓展扶贫的广度和深度。

3. 通过创新与风险防范实现微型金融的可持续发展

一方面，实施管理机制和金融工具方面的创新，结合合理的筛选规则、有效的群组模式，以及充分的知识培训，探索符合中国国情的微型金融可持续发展之路。例如，在产品开发方面，根据性别进行市场细分。在农村历来有重男轻女的观念，男性比女性接受教育时间普通要长，微型金融机构在信用遴选、有效群组和还款计划中对性别进行有效的控制，可以提高贷款回收质量。在广大的农村，微型金融机构也可以扩大消费信用，像大宗耐用消费品、电信消费需求等，可以考虑将这种需求与微型金融的小额信贷形成促销捆绑，如利用赠送通话时数激励提前还款的信誉良好的借贷人；利用短讯息提示还款资讯；从提前缴付的电话通话费中自动扣取还款，或以电话形式办理相关金融业务等。这类业务的开展，不仅可以加速还款，还可以启动农村消费，提高农民收入及生活质量。

另一方面，要通过防范风险促进微型金融机构的可持续发展。新型农村微型金融机构试点要防止一哄而起，当地监管机构要切实加强试点工作的过程监管与控制，要始终把防范风险放在第一位。要切实对农村微型金融实行如下监管模式：一是差别监管或递进式监管。根据资本充足率、不良贷款率、贷款关联度和集中度等监管指标对农村微型金融机构实行区别对待。二是可持续监管。在监管流程上，将非现场监管、现场检查、风险处置和市场退出结合起来，并且在时间上连续，不能有空白。三是并表监管。主要针对贷款公司，对贷款公司的各项指标与发起金融机构并表监管。四是协调监管。新型农村金融机构一般设在县及县以下，机构小链条长，需要当地政府和中介机构等有关方面配合进行协同监管。与此同时，要优化微型金融机构的公司治理机制，强化机构内部自律。尤其对于当前发展快速的村镇银行及贷款公司，要严格按照现代金融企业制度的要求，优化产权结构，完善治理结构，加强内部控制，强化资本约束，提高人员素质，提升经营管理和支农服务水平，增强可持续发展能力。新型微型金融机构还可以通过与发起人如发起银行之间合作，从服务链的角度来弱化信贷风险。如由于涉及监管指标以及风险控制问题，目前村镇银行对于大型农民加工企业尚不能进行信贷投放，但发起银行可对其进行支持，从最开始的生产到加工、销售的产业链，发起银行可对村镇银行进行全程辅导，分担村镇银行的风险。

五、规范农村非正规金融

要客观审视农村非正规金融的作用，适当促进民间非正规金融的发展。正规金融与民间非正规金融既竞争又互补，二者之间的良性互动对农村经济的增长和农村金融的深化至关重要，忽略或排斥民间金融是对国家总体金融资源的浪费。中国社科院的研究结论是，农村非正规金融目前安全性较高，违约率较低，经营风险趋于降低，应该允许其存在、发展和创新。要以辩证的观点认识、处理农村非正规金融问题，扬其长，抑其害，放松金融压抑，提倡充分竞争，调动农村非正规金融的力量，进一步发展农村金融市场。

为了加强农村非正规金融在新农村建设中的作用，可以采用如下措施：

（一）实施制度创新，让农村非正规金融"浮出水面"

应打破国家对金融业的垄断，有步骤地向民间资本开放金融业，变农村非正规金融为合法的民营金融。首先，可以为一部分农村非正规金融正名，促进其公开化和合法化。通过制定和完善《民间融资法》等法规体系，给予民间借贷一个合法的活动平台，将一些不属于违法范畴的灰色金融合法化，特别是对民间借贷的最高利率应有所界定，充分发挥其拾遗补缺的作用。其次，走合作化道路，将农村部分非正规金融发展为名副其实的基层合作金融组织。可以以融资、合作为目的设计一些新的金融机构组织形式，如互助会、信用合作社、储蓄贷款协会、贷款公司、农村信托投资公司等，并在经营章程中确立合作性质，以新的途径缓解新农村建设中农民及农村中小企业融资难的问题。根据目前我国大力发展新型农村微型金融机构的政策，尤其要鼓励非正规金融向新型农村金融组织如社区银行、村镇银行、小额贷款公司等转化。此外，鼓励非正规金融组建民营银行。对于民营银行发展之争辩，在我国已经延续了十几年，至今没有获得突破性进展。目前四大国有银行之外的银行，虽有民营股份，但并非真正意义上的民营银行。直到2004年才出现了具有较多民营色彩的浙商银行，但就其经营机制来看，却远非纯粹意义上的民营银行。现阶段应通过放宽民营银行设立条件，尽快把农村非正规金融活动放到阳光之下，并纳入现有监管体系，从而控制住非规范运作的风险，这样显然是利大于弊的。

（二）促进农村非正规金融与正规金融的合作

诺贝尔经济学奖获得者加里·贝克教授在访问中国时曾说过，一个"有弹性的市场"和"具有市场意识的个体"是经济发展的两个要素。在实际运作过程中，正规金融与非正规金融互相衔接的方式多种多样，应该允许具有市场意识的个体因地制宜地进行创新。农村非正规金融与正规金融的合作途径是很多的，如组建允许非正规金融参股的区域性中小商业银行，探索大规模民间资本借助资本市场介入中小商业银行的途径。民间资本是国有资本和跨国资本之外的第三支力量，但现有的资本市场还没有把民间资本充分激活。因此，两者合作之路是非常多的。一些中介机构也可以作为正规金融机构与非正规金融联系的媒体。如可通过商会形式架起银行和农村中小企业的联系桥梁，以解决企业的融资困难。要吸纳社会力量，拓宽投入渠道，鼓励更多农村非正规金融与正式金融合作，并参与金融改革，促进小额信贷机构等农村民间金融健康发展，给传统金融注入新鲜的活力与营养。农村非正规金融可有效利用信息、关系、社区法则等社会资源，与正式金融在公平竞争中进行连接，展开合作，降低交易成本，增加农村金融服务供给，进而实现双方的共同发展，共同为建设社会主义新农村做出贡献。

（三）合理规范非正规金融发展并实施有效监管

为了防范风险，对农村非正规金融的规范与监管缺一不可。首先，为了合理规范其发展，必须制定相关的法律法规和明确的管理规定，给予非正规金融一定的法律地位，保护合法的借贷活动，维护债权人的合法权益。要严格规范非正规金融的组织形式、财务制度、经营范围以及市场进入、退出机制等，完善金融保险制度，优化农村金融生态环境，引导非正规金融在秩序框架内加入到一体化的金融市场去。其次，要对农村非正规金融机构的金融活动加强监管，避免金融风波。由于农村非正规金融数量多、分布广、经营规范性差，因而对其监管的成本较高，金融管理当局应创新监管制度和方式方法，实现监管成本和监管效益的匹配和结合，明确监管主体，提升监管能力，遵循市场规律，减少高成本、低效率的管制活动。银监当局的合作金融监管部门应尽快转变为"农村金融监管部"。同时加强司法监管，即着重于法院以更务实的态度对民间金融纠纷进行理性的案例监管。对于非正规金融参与的新型农村金融机构，要将市场退出机制市场化，按照法律规定和市场原则该破产的就实行破产，以保证民营中小金融机构健康高效地运行。为了强化农村非正规金融的市场退出制度，保护和补偿中小贷款人的利益，当务之急是必须尽早建立农村存款保险制度和担保补偿，为农村非正规金融的发展提供"外围保障"。有关部门可与财政共同出资，加快建立风险担保基金。同时由政府负责组建面向地方性金融机构的存款保险公司，既可分散地方性金融机构所承担的风险，也能为没有国家财政支持的民营金融组织打造信用基础和公平竞争的环境。还要进一步加强对农村非正规金融活动的定点监测，定期发布监测报告、政策指引和风险提示，引导和规范农村非正规金融的活动。鼓励合规的民间金融从事对"三农"的金融服务，同时扼制违法的金融活动。

（四）稳步推进农村利率市场化进程

当前我国利率管理程度较大，利率不能真实反映资金成本与供求关系，不仅造成资金价格的扭曲和资源配置的低效率或无效率，而且影响正规与非正规金融在农村市场的盈利水平。非正规金融的自发性使得其借贷利率更为市场化，更接近市场均衡利率水平，进而使得原本从逻辑上看低效率的非正规金融活动，在农村金融市场上，却比正规金融更具效率。实际上，无论承认与否，农村非正规金融的利率已经市场化了。农村非正规金融存在的最直接最主要的原因就是对资金价格的上限管制，是利率上限管制为其创造了获利空间。逐步取消利率管制、扩大利率浮动的范围、淡化利率政策承担的财政职能、推动货币市场基准利率体系建设、进一步增强价格杠杆的调控作用，才能抑制那些具有高利贷性质的地下金融。

逐步放松利率管制，加快利率市场化步伐，不仅是农村非正规金融合法发展与规范发展的市场条件，也是农村非正规金融与正规金融共同发展的条件。在农村金融市场上，当正规金融获得同样的政策许可时，其效率必将得到较大提升，竞争力大大增强；同时，非正规金融也因其拥有独特的信息优势而继续保持一定的竞争性，这样，正规金融与非正规金融的良性竞争，将有利于改变农村的金融抑制状况，极大地缓解新农村建设的融资压力。

六、调整邮政储蓄银行的经营制度与业务定位

中国邮政储蓄银行的成立，是我国邮政体制改革取得的又一重大阶段性成果，也是在国家金融监管部门的指导下，金融体制改革取得的又一项新的重要成就。中国邮政储蓄银行的成立，必将进一步促进我国银行业的发展和银行体系的完善，加快推进我国社会主义新农村的建设，也必将有力地支持我国国民经济建设和社会各项事业的发展。近几年，邮政储蓄得到了迅猛发展，其存款余额逐年攀升，截至 2006 年年底，全国邮政储蓄存款余额为 12285 亿元，储蓄市场占有率达 9.25%，储蓄规模仅次于 4 家国有商业银行和农村信用社；全国邮政储蓄营业网点已超过 36000 个（其中县及县以下农村网点占 2/3 以上），成为国内网点数量最多的金融机构。目前，邮政储蓄新增存款自主运用形成的资产已达 3519 亿元，邮政储蓄已在我国金融领域占有十分重要的地位，其改革一直被人们广泛关注。

目前中国邮政储蓄银行的市场定位是，充分依托和发挥网络

优势，完善城乡金融服务功能，以零售业务和中间业务为主，为城市社区和广大农村地区居民提供基础金融服务，与其他商业银行形成互补关系，支持社会主义新农村建设，为构建社会主义和谐社会做出新的贡献。但至今，邮政储蓄的主要问题仍然在于，由于其不提供贷款业务，而是将资金转存中国人民银行，因此，很大一批农村资金通过它流向了城市，这些严重制约了农村经济的发展。成立专门的邮政储蓄银行之后，也面临着业务转型与重新定位问题。邮政储蓄银行是紧随工、农、中、建之后的我国第五大银行。这样一个巨型银行我们不能够期望它仅仅安于做一个主要经营小额信贷的"社区银行"，因为连规模远不及它的原来那些所谓的区域性股份制商业银行都力图抹去"区域性"的痕迹而尽力将自己打造成全国性银行。实际上，根据美联储对美国社区银行的定义，美国的社区银行是指只在一个小范围内经营（即在一个州内或者只有几个州内经营）的、资产小于一定数额的银行（2004 年年末是 10 亿美元）。按照这个定义，将网点遍布全国每个乡镇、规模全国第五的邮政储蓄银行长期定位在经营小额信贷的社区银行，显然是不现实的。如果把邮储银行再建成一个毫无任何特色的普通商业银行，其从商业利益出发，大量资金必然会流出农村，从而进一步加大农村资金缺口。因此，应鼓励其积极寻求新的业务定位。就近期而言，邮政储蓄银行应当淡化商业性，突出政策性；但就长期而言，邮政储蓄银行必将从社区走向全国，从小额信贷走向全方位提供金融服务，从零售银行走向全能银行。

为了推进邮政储蓄银行改革进程，建议采取如下措施：

（一）进一步理顺管理体制

一是建议把邮储银行二类支行的人财物全部划归邮政储蓄银行，实现邮政金融机构网点、业务统一经营和垂直管理，真正实现"自主经营，自我约束，自我发展，自担风险"的商业化运营。二是尽快出台邮储银行和邮政企业代理合作协议，明晰产权关系，分清职能职责，明确在代理网点的管理、利益分配和业务操作上双方的职责和权利。三是通过引进战略投资者，完善公司治理结构，引入先进经营管理理念，提升风险管理和产品开发能力，形成错位竞争优势。

（二）变革邮政储蓄银行的经营制度

可以效仿西方发达国家和我国台湾、香港等地区邮政储蓄发展的成功经验，调整邮政储蓄的业务范围，在中小城市和广大农村地区提供存贷款双重业务。邮储银行必须专门设立农村金融服务部门，积极完善网络服务功能，面向"三农"开展业务。考虑到邮政储蓄有2/3的网点分布在县及县以下农村地区，特别是在一些偏远地区，邮政储蓄是当地居民唯一可获得的金融服务。因此，从满足广大农村群众日益增长的基础金融需求，完善农村金融服务角度出发，未来邮政储蓄银行的农村网点要从服务"三农"的大局出发，通过完善功能、充实业务，加强与政策性银行和农村合作金融机构的全面合作，进一步加大邮储资金支农力度，进一步扩大农村基础金融服务的覆盖面和满足度。此外，利用对当地民情和企业信用状况熟悉的优势，由邮政储蓄银行成立分支机构，并将这些分支机构办成吸收居民储蓄并向中小企业和城乡社区发放贷款的社区金融机构。而邮政储蓄发放贷款外的富余资金，可继续通过购买农业发展银行、其他金融机构的金融债券或拆借给农村信用社等形式返还到农村。还可以切断邮政储蓄与中国人民银行之间的资金往来关系，使邮政储蓄银行业务成为农业银行或是农村信用社的储蓄代办，使农村资金留在农村，建立农村资金良性循环机制。

（三）创新贷款业务品种，促进新农村建设

在风险可控的情况下，一是切实简化手续，提高效率。适应农村资金需求规模小、时间急、季节性强、频率高的特点，简化贷款手续，提高服务效率，确保贷款能在最佳时刻得到最佳运用。二是改进贷款方式，解决贷款抵押难问题。如对普通农民采取信用贷款、联保贷款方式；对种植大户采用土地使用权抵押、果树抵押、政府扶持资金抵押和行业协会担保等方式；对个体工商户和农村中小企业采取货物、应收账款或存款担保方式发放封闭贷款。三是综合运用担保方式。对金额较大、风险较高的贷款，可采取抵押为主、保证和信用为辅的"多形式联合保障法"的担保方式，既方便客户又能控制风险。

七、发展农村资本市场

资本市场不仅具有筹资功能，而且还有优化资源配置、分散风险、调整结构以及其他社会功能，对于农业产业而言，资本市场不仅可以扩大农业直接融资规模，拓宽农业项目资本金的来源，克服农业发展的资金制约以及促进农业投资行为的市场化进程，而且可以消除行业壁垒，盘活农业资本存量，诱导农业企业向规范化股份公司转变。

（一）利用股票市场融资

利用股票市场融资主要有以下步骤：农业企业化、农业企业股份制改造以及农业股份制企业发行上市。其中，企业化是农业进入资本市场的前提，农业经营性资产必须经过企业改组才能进入证券市场融资。据统计，2008 年在我国的 11823 个农业产业化组织实体中，龙头企业带动型占大多数，为 5380 个，占 45.6%。这些企业存在的问题是普遍规模小、技术层次低、自我积累弱、资金短缺。许多农业企业都是在原来国有农场或集体、私营企业基础上经过股份制或股份合作制改组而成，经营机制不灵活，尤其是在运用财务杠杆、挖掘生产潜力以及开拓市场方面薄弱，再加上低水平重复建设和过度竞争，"一年合伙、两年散伙"现象严重。对这类企业要加强规范化改制，使之成为规范化的股份制企业。此外还可以以农民联合兴办实体、对乡村集体企业进行股份（合作）制改造等形式促进农业的企业化以及规范化的农业股份制企业的生成，然后以国家的农业产业化经营政策为契机，努力提高其经营管理水平，在国家产业政策指导下扶持和推动符合条件的农业股份公司进入股票市场发行股票，走资本经营的道路，使之在更大范围内、更高层次上实现资源的优化配置和要素的重新组合，以担当起农业集约投入、改造农业运行机制和建设新农村的重任。同时建立农村产权交易市场，完成农业资金在农业企业间的优化配置。时机成熟时再创造条件选择一批农业企业赴国际证券市场发行证券，并允许外商投资农业企业在国内与国外上市所发行的股票。

（二）利用债券市场融资

我国的债券市场发展要远远落后于股市以及信贷市场。企业参与程度低，农业企业更是极少能够在债券市场上进行融资。农业利用债券市场主要有三种方式：发行公司债券、发行经营型的基础设施如路、桥、水库等项目债券以及政府发行农业专项债券，目前可供农业利用的债券主要是企业债券。在我国《公司法》中对企业发行债券的要求是比较严格的，可以考虑对从事基础性投资、社会公益性投资活动的农业企业或业绩比较优良且符合国家产业发展政策的农业企业从规模限制、盈利要求以及筹资成本等方面适当降低企业债券的发行要求，此外政府也应将在国债市场上筹集的资金更多地用于大型农业项目。

（三）利用基金市场与风险资本进行融资

我国农业产业基金由一系列基金组成，包括国家级农业发展基金和各地农业发展基金。这里所指的基金形式主要是证券投资基金以及产业投资基金。当前，要有步骤地发展农业产业投资基金，并为大中型工商企业进入农业开发领域创造良好的金融环境。农业产业投资基金形成的基本思路是，在有利时机由基金管理公司或其他金融机构发起设立，时机成熟时联合农业上市公司或部分非银行金融机构，根据国家有关建立投资基金的法律或另行规定，建立具有独立法人地位的投资基金管理公司，并将所募集的农业产业投资基金委托给农业银行监管。农业基金管理公司应熟悉农业经济、农业科技，拥有农业经济学家、资本运营专家等人力资源。基金上市后，由投资基金管理公司负责在国内市场上流通，投资对象则以农业上市公司为主。通过资金和技术援助，基金管理公司可以在获得部分股权和产权的同时，促进农业上市公司的发展。由于农业产业的基本特性，这类基金可以采取封闭式基金形式。农业产业化投资基金设立之后，还要从保护农业发展及农民利益的角度出发，通过建立健全相应法规，如建立产业投资基金管理法、投资者保护法等，使资金流向农业产业化经营的必要环节。除此之外还可以引入风险投资机制，由风险投资公司向有潜力的农业创业企业注入资金与管理，一旦农业公司股票上市后，可以通过转让所持股权，从中获得收益。

八、完善农村投融资的法律保障与保险体系

各国在进行农村投融资体制改革的过程中，都将法律制度的建设摆在首位，如美国、法国、日本等。这说明了法律制度建设在农村投融资体制改革中的重要性。反观我国农村投融资体制改革中法律制度建设的实际情况，一个时期以来，关于我国农业投融资的措施主要以政策性文件的形式出台，没有把法律手段作为改革的主要操作手段。而且，农村公共财政立法滞后、法制体系不健全的现象普遍存在，适用于农村的法制体系中大量规定以行政法规和部门规章的形式存在，缺少基础性的法律法规，这些都是我国农村投融资不畅的重要原因。因此，要建立农村金融改革的长效机制，必须相应地加快农村金融法制建设的进程。

（一）制定《农业投资法》

虽然世界上鲜有将农业投资专门立法的例子，但大多数国家（地区）均以大量单行法专门规制农业投资某一方面的具体内容，从而形成较全面的农业投资法律制度。如美国 2002 年的《农业安全与农村投资法案》，法国 1999 年的《农业指导法》，俄罗斯 1990 年的《农户（私人）农场法》，匈牙利 1992 年的《关于建立农业基金的法案》，日本 2000 年的《食物、农业和农村基本法》、《农村中央金库法》、《农林渔业金融公库法》、《天灾融资法》、《农业改良资金助成法》、《农业现代化资金助成法》、《农林渔业信用基金法》等。我国虽然在《农业法》中对农业投资有所规定，但限于《农业法》的农业基本法性质，其具体规范和制度内容原则化和抽象化，操作性不强，对于实践中广泛存在的各级政府农业投资总量不足、结构不合理、随意改变农业预算投入方向等问题未设计出切实可行的解决方案，因此，必须制定专门的《农业投资法》，规定农业投资的法定含义、农业投资的基本原则、农业投资的管理体制、农业投资的基本形式和方式、法律的适用范围等基础性问题，在法律上优化新农村建设的投资环境，将投资行为纳入法制化轨道。

（二）制定《农村合作金融法》

对于合作金融立法的问题，国外也早已有之。德国于 1849 年在莱茵地区创立了世界上第一个农村信用合作社，二十余年后于 1871 年颁布了德国第一部合作社法即《产业及经济合作社法》，1949 年《德意志合作银行法》颁布，1976 年修改为《德国合作银行法》，这些法律对德国合作银行体系的发展起到了积极作用。美国 1916 年通过了《联邦农业贷款法案》，联邦土地银行就是根据这一法案成立的，1933 年又通过了《农业信贷法》，建立了两个农村信用合作机构，即联邦中期信用银行和合作社银行。日本政府于 1947 年颁布了《农业协同组合法》，通过法律的形式确定了农协的特殊地位，同时，对农村合作金融机构也给予了明确的法律规定。在我国，农村合作金融的性质和地位是维系其发展的最根本的问题。当前，由于我国没有专门法律的确认，性质不明、地位不清问题，已经直接制约了农村合作金融的健康可持续发展，并且也直接制约着其支持服务"三农"作用的进一步发挥。因此，有必要通过立法来推动农村合作金融发展，使合作金融的参与者从法律中明确各自的基本权利、义务和风险，形成相互制约和促进的关系，有助于参与者形成稳定的预期和行为，也可以较好地避免决策中容易出现的追求部门利益或任意性问题。在农村合作金融法律中，要对农村合作金融组织的产权组织形式、融资渠道、经营机制、管理模式、运营规则、职能作用等做出明确规定。并通过法律形式规范农村合作金融在资金、利率、税收等政策方面的优惠情况。同时，由于我国农村合作金融发展的历史特点，存在着地位不独立、自主权不落实、容易被地方政府左右等问题，因此还要在立法中对农村合作金融组织的性质、经营目标、经营业务、与政府的关系等内容做出规定。这样既可以为农村合作金融组织的改革和发展提供法律的依据、规范和保障，又可以规范农村合作金融市场，为农村合作金融的健康发展奠定良好的法律基础。

（三）制定《农业保险法》

我国农村的保险业发展缓慢，目前只处于初创阶段。农业保险还不适应农业发展的需求。由于农业生产受自然条件和市场环境的影响较大，使其赔付率较高，商业保险公司的目的是盈利，所以保险公司不太愿意开展农业保险业务。此外，由于农民的金融知识不足，缺乏主动投保的意识，故农业保险的覆盖率低。我国农业目前仍主要是靠民政主管的灾害救济为主的农业保险保障。补偿性质的灾害救济，受国家财力的限制，不适应农村经济市场发展的要求，也不利于培养农民参与保险的积极性，在一定程度上限制了农业保险的发展，进而制约了金融机构支农信贷投放的积极性，导致农村信贷资金投放不足。必须通过制定《农业保险法》，逐步建立多种形式的农业保险组织制度体系。根据我国农业保险发展的实际需要，农业保险的组织形式应多样化，包括政策性农业保险公司、地方性农业保险公司、商业性保险公司、农业保险合作组织等。并为其提供优惠政策。对农业保险公司及其分支机构经营的政策性农业保险业务免税，对其经营的商业保险业务则降低税率，对商业保险公司经营的政策性农业保险业务实行免税；对农业保险的投保人提供贷款担保或对向投保者提供低息农业贷款的金融机构给予利息补贴。

九、建立新农村建设中金融系统资金的回流机制

（一）政策性金融资金回流机制

在目前农村金融环境恶劣、农村资金大量外流情况下，农业发展银行应该发挥政策性银行引导作用，引导商业性金融回流农村。通过政策性金融发展农业，把基础设施等环境因素搭起来，使得农业经济发展的条件得到改善，使大家认为搞农业也有利可图，这样商业性金融自然就进来了。因此，农业发展银行应该在支持新农村建设中发挥先锋带头作用，凡是商业性金融不愿介入的地方，正是需要政策性金融代表国家扶持的地方。因此，农业发展银行必须重新定位，职能要扩大，农业基础设施建设、荒山开发、高新技术推广等所有支持农村经济发展的开发性业务都可以做，农发行可以通过发行政策性金融债券等增加资金来源渠道，确保资金供给。只要农业发展银行改变过去的单一支持粮食流通环节这种情况，增加新的贷款种类，配合农村经济实际，重点支持农产品加工业的发展，就一定会造成原先流出农村市场的资金回流。因为在农村的政策性金融供给较为充足的情况下，合作金融的发展具备了好的环境，商业性金融也敢放心地进入了。

同时，监管部门也应明确农业发展银行在县及县以下机构网点新增存款75%以上用于支持当地农业和农村经济发展的比例，堵住农业发展银行的商业化业务资金非农化的口子。

（二）邮政储蓄银行资金回流机制

邮政储蓄银行必须反哺农村经济。邮政储蓄业务发展以来，一直充当着加速农村经济领域资金外流的"抽水机"角色，这一状况只能依靠政府对体制进行再安排来解决，将转存给央行成为基础货币的资金以贷款形式反哺农村经济。邮政体制改革后新组建的中国邮政储蓄银行（简称邮储银行）将服务目标定位于城市和农村社区，这就要求它在保留邮政网络的吸储功能外，充分发挥其网络优势，完善城乡金融服务，同时以零售和中间业务为主，与其他商业银行形成良性互补，引导资金回流农村。同时，要拓展邮储资金运用渠道，建立邮储资金回流农村的政策补偿机制。一是委托农发行或农业银行，开办商业性贷款业务或农村住房按揭贷款业务；二是通过协议存款、银团贷款等方式，加大对综合性农业开发、农村基础设施建设、农业结构调整和产业化经营的支持；三是利用邮储网络资源和客户资源优势，开办银行结算代理、存款代理等业务，促进农村资金的流通和运用；四是要建立政策性金融的财政补偿机制，通过补偿财政性支出，引导邮储资金回流。例如，对回流资金在税收上给予适当减免，对投资到基础性农业产业的贷款和政策性贷款给予利息补贴等。

（三）农业银行与农村信用社的资金回流

从农业银行方面看，一方面，要进一步扩大和稳定县域农业银行分支机构，发挥商业银行的金融支持作用。在新农村建设实施过程中，应当充分发挥商业银行的优势，将农业银行定位于服务农业的专业银行。给县级金融机构以更大的信贷自主权，重点支持农村经济组织、龙头企业和农业产业化经营等新型发展模式，逐步提高涉农贷款的总量和比例。另一方面，需利用价格机制引导其信贷投放，引导农业银行加大对农村经济支持的力度，并区别各地不同情况适当给基层分支机构贷款的发放权力。

从农村信用社角度看，近几年来，我国银行业存在着流动性过剩问题，作为农村金融的主力军，农村信用社也同样存在着流动性过剩的问题。衡量金融机构流动性最主要的指标便是存贷比和超额备付金比例。自 2005 年以来，全国农村信用社存贷比一直在 70% 以下，且连年下降。2008 年年末，全国农村信用社存贷比为 65.92%，存贷差高达 19266 亿元；超额准备金率 10.12%，超过全国金融机构平均值 5.01 个百分点。这说明农村信用社存在着流动性过剩问题。流动性过剩问题的存在充分说明了农村信用社运用资金不充足，服务"三农"的潜力还没有完全发挥出来，同样说明农村信用社存在资金回流农村的基础条件。因此，必须继续深化农村信用社改革步伐，完善治理结构运行机制。要明确农村信用社改革的支农方向。针对当前部分农村信用社的"弃农进城"战略，政府应在农村信用社改革中明确其支农方向，提出其投放农户贷款和农业企业贷款的比例要求，利用机构多、人员足的优势做好小额贷款的零售业务，有效满足农村经济发展的资金所需。同时强化农村信用社内部管理和自我约束。完善贷款审批、利率定价、风险防范和内部财务内控制度，逐步把农村信用社发展成为经营有特色的社区性农村银行机构。要在有效防范风险的情况下，简化农村信用社贷款手续，降低贷款利率，减少资金成本，方便农民借贷，有效地促进农村信用社的资金回流农村。

（四）建立金融机构资金回流农村的导向激励政策

综合运用财政、税收、补贴等经济手段，构建导向激励机制，引导和促进商业金融、合作金融及其他社会资金流向农业和农村。对新设立的涉农金融机构或分支机构在场地征用、税收减免等方面可享受外资引进的全部优惠政策；对农信社继续实行免所得税和降低营业税的措施；对涉农贷款可适当参照扶贫贴息贷款管理模式，财政予以贴息；对资金拆向农村的拆出方实行财政贴息，而对拆入的农村金融机构实行优惠利率，促其通过市场化手段增强资金实力。建立风险补偿基金，将部分财政支农资金以利息补贴和风险补偿的形式，用于对农业政策性金融机构在支农经营中的损失补贴，同时对商业性保险机构从事的生产性保险业务予以补贴，以分散和转移保险机构的经营损失，增加经济补偿能力。

当然，为促进金融机构资金持续回流农村，还必须努力提高农业产业的稳定性和收益率，并为资金持续回流农村奠定坚实的产业基础。比如说提高农业的比较利益，或者不同农村应结合自身特点着力培育自己的支柱产业，形成"规模经济"效应，让农户有一个比较稳定的预期，以提升农户对资金的有效需求。尤其是落后地区，政府要制定适合本地的产业政策，优化投资环境，让外来资金可以产生好的回报预期。如果存在超额利润，那么资本自然会积极主动回流。最后，也需要农业保险的"保驾护航"。通过开展政策性农业保险，不断完善农业保险制度建设，进一步提高农业保险的覆盖面，切实增强农民抵御风险的能力，有利于提升农业经营主体资金融通能力。同时，随着政策性农业保险的稳步发展，可逐渐降低金融机构从事农业信贷的风险，进一步完善农村金融信贷环境，对于引导金融资金投入农业建设来说是有效的制度保障。

第三节　优化新农村建设中的农民投融资行为

农民是新农村建设的主体和受益者，理所当然应当成为新农村建设中的排头兵。为此，一方面必须大力宣传，调动广大农民参与，充分发挥农民的积极性与主动性，强化农民对新农村建设"为什么要建"、"怎么样建"的知情权、参与权和决策权；另一方面，通过提高农民文化素质、组织农民加入合作经济组织等措施，真正确立农民的主体地位。改变当前农民在政治上的弱势、组织上的分散、素质上的劣势地位，改变政府主导上的包办代替格局，使他们自然而然地成为新农村建设投资主体。除此，还应从投资与融资两个层面入手，优化农民投资行为，改善农民融资地位。

一、优化农民投入行为，重塑微观农业投入机制

农民作为农业生产的基本单位和最终决策单位，掌握着生产要素的配置权，扮演着农业投资的主要角色，存在着生活消费、非农投资与农业投资等多方面的动力机制。因此，在市场风险、投资报酬率的相互权衡之中优化农民投入行为，建立起一种激励和保护农民投入的微观机制，是农业投入稳定增长的关键。

（一）强化利益诱导机制

在市场经济条件下，农民投入行为以追求自身经济利益为动因，因而，吸引农民的农业投入必须遵循价值法则，并以此作为吸引农民农业投入的"动力源"。利益机制具有诱发农民投入冲动和导向农民投入行为的作用，是整个微观农业投入机制的主导机制。构建有效的利益诱导机制，主要应做好以下工作：

1. 改革农用土地制度：强化农民对土地投资的制度动因

许多人在论及现行农村土地制度改革时，主张用租赁制代替承包制，或同城市土地使用权出让一样，农村集体土地也应一律实行有偿出让使用权或承包权。事实上，如果一律以租赁制取代承包制，则会在客观上使承包人的权利受到侵害，使农民对政府的土地政策失去信任感，势必影响土地的利用效率与农业生产的发展。因此不宜简单地废止已被农民接受并具有优越性的承包

制，而应当在稳定承包制的基础上，逐步向土地有偿使用和使用权的商品化迈进。主要措施包括：（1）在农业用地承包经营中因地制宜地推广"两田制"和有偿承包，并根据当地经济发展水平，合理确定"两田"的比例。随着经济发展水平的提高，不断提高"商品田"的比例，逐步实现土地承包经营的规模化。"商品田"由集体经济组织合理划分为若干等级，根据不同等级确定收取费用的标准进行发包，从而使级差地租在经济上得以实现。"口粮田"按人均分配，实行无偿耕种。（2）建立土地流转机制，扩大承包者的权利，允许承包人在不违反法律与承包合同的前提下自由转让和交换土地的承包权，使土地承包经营权在有偿的前提下作为商品进入市场。由于承包的土地不同，支付的费用不同，人们在进行转让和交换的时候，必然要受到土地商品价值规律的制约，这样可以防止承包经营者的短期行为，增强其责任心和效益观念，促进其增加对土地的投资。承包方转让承包权，一般应实行有偿转让，新承包者对原有承包者在承包期间的所有投资（包括劳动积累和资金积累）都应支付合理的价款。这既是对原承包者的一种补偿，也是对新承包者的一种约束。有偿转让承包权的价格，可由转让方和受让方在不违反法律规定的情况下以转让合同约定。（3）在商品化程度提高、生产力较发达地区，如没有必要区分"口粮田"与"商品粮"，可实行土地租赁承包制，并逐步向租赁过渡。租赁承包制是在现在土地承包的基础上，由集体土地所有者或其代表（村民委员会、村民小组）出租土地，农民以上缴租金的形式租用土地，按照国家政策法令充分行使生产经营自主权。出租和承租土地双方以合同形式规定责任、权利和义务。租赁承包制保持了家庭联产承包责任制的内在优势，又运用法律手段强化了土地经营机制。它改变了过去包产到户时按人口分配承包土地的"均田制"，在一定程度上引入了竞争机制和风险机制。从内涵意义上讲，租赁承包制是运用商品价值规律，把农民经营土地应承担的责任以货币抵押形式体现出来，从而突出了土地经营者的独立商品生产者的地位，增强了农民的经营决策权。实行土地租赁承包制或租赁制是适应农村经济由自然经济、计划经济向商品经济、市场经济转化的要求。因此，这项制度的具体内容也必须以土地经营权的商品化、土地财富的不断增值和合理利用为宗旨。规定的租赁期限，应该比承包制的承包期限更长，使农民获得足够的土地使用稳定感。为保证土地的使用效率和防止农业的副业化倾向，规定主要从事非农业生产的劳动力不能租赁使用土地。已经租赁使用地的农民，如果其主要劳动力后来转而从事非农业生产，则应放弃土地的租赁使用权，向集体退出租赁的土地。

2. 深化农业产业化战略：强化农民投资的利益分配机制

从 1979～1984 年，继我国出现了一个农产品数量和农民收入同步增长的局面之后，农产品的"卖难"和"买难"便开始交替出现，农业愈来愈受市场变化的摆布，内部的深层次矛盾暴露无遗。农业的比较利益下降，农民收入增长停滞，由此引起的农民积累能力弱化，农民农业投资动力不足成为我国农业增长乏力的直接原因。为此，必须以提高农业比较利益为中心，按照产业化组织发展农业，提高农民收入。（1）农业产业化生产经营组织是农业微观组织的一种创新形式。同原有经营方式相比，由于产业化组织水平先进，与市场结合紧密，技术含量高，因而给农民带来的利润比原有分散的生产经营方式要多。农民在产业化组织内部虽然是一家一户的分散劳动，但通过产业化组织把农民联成一个整体，拉长了产业链条，扩大了生产规模，农民可获得规模经营带来的收益，增强其积累能力。（2）通过农业产业化使农民农业投资取向多样化，并优化投资结构。（3）通过农业产业化促进农民科技创新能力及科学管理水平的提高，促使农民依靠科学管理手段，以科技创新为核心对农业进行投资，形成农业发展新的增长点。农业产业化在给农民带来收入增长的同时，更重要的是使农民认识到科技对农业生产经营的作用，以及市场信息的重要性。利益的驱动激发起广大农民通过各种途径获得科学知识的愿望，从而综合生产经营素质得以提高，更有效地提高农民农业投资的质量和效果。（4）通过实施农业产业化战略，使农业生产的各要素在利益的驱动下实现快速的流动和有效的结合，在外在的牵引作用和内在的利益驱动下使农民新增积累能力得以转化为现实的生产能力。

（二）提高农民积累投资能力

提高农民的积累能力最重要的是提高农民收入水平。这是一项涉及工农产品价格的调整、减轻农民负担以及增强农业增值能力的复杂的系统工程。农民的积累投资能力与国家政策、农产品价格水平有密切关系。改革开放以来，为改变农业作为国民经济主要积累源的状况，国家对农业资金分配政策进行了重大调整，主要是提高农副产品价格，对农民实行税收优惠价供应。1979年国家较大幅度地提高了 18 种主要农副产品的收购价格，以后逐步推行了双轨制的价格体制。农产品价格部分放开或全部放开，实际上也是提高价格水平。1979 年至 1986 年，财政对农业税收减免达 58.19 亿元，再加上对农业生产资料价格补贴 261.8亿元，农民在这 8 年中通过国家资金政策调整共受益 3544.89 亿元。分配政策的调整，对农业生产注入活力，起着不可低估的促进作用，这是有目共睹的。然而，农民收入快速增长仍存在两个挑战：一是农民收入增长速度存在着明显波动，某些阶段甚至会出现低速状态下的持续徘徊。例如，1998～2003 年农民人均纯收入真实增速年均为 3.96%，远低于 1990～1998 年年均增速6.50% 的水平。二是城乡收入差距尚未出现持续缩减的态势，农民收入增长往往伴随着城镇居民收入的更快增长，城乡收入差距呈现出在波动中相对拉大的趋势，1978～1985 年城乡居民收入差距从 2.57 倍降至 1.86 倍，此后在波动中又逐渐增至 2008 年的 3.31 倍。因此必须按照商品经济规律的要求，在提高农产品的价格水平同时，提高农民增加农业投入的积极性，建立起自我积累、自我发展、具有极强的竞争性的利益激励机制。加速农民收入增长不可能也不应该将基点放在政府的外部"输血"，而更应强调农民内生的"造血"功能增强，政策实施应为农民"造血"能力提升创造外部环境。从增收结构来看，我国农民收入主要源于四个部分：家庭经营性收入、工资性收入、转移性收入和财产性收入。2008 年这四部分占农民人均纯收入的比重分别是 51.2%、38.9%、6.8% 和 3.1%。显然，家庭经营性收入和工资性收入是农民收入的主要方式，因此，必须采取措施围绕农业产出效率提高和农民议价能力提升进行机制设计。

为了提高农民家庭经营性收入，必须持续提高土地生产率，持续增强对农业生产的基础设施投资力度，通过实施农业补贴和农业保险来弥补农业弱质性，依托机械和生化技术供给增加来推动农业技术进步；为了提高工资性收入，应通过农业产业结构调整和产业链延伸，为农民在农村内部的非农就业提供有利条件，同时应推进以产业集群为核心的城镇化和服务业发展，尤其要通过财税金融、产业政策等改革深化来优化民营企业经营环境，不断凸显民营企业在就业创造和劳动吸纳中的基础作用。与此同时，提高农民转移性收入和财产性收入来源，最终提高农民积累投资能力。

（三）提高农民的劳动投入对资本投入的替代程度

针对我国土地、资本日益短缺的特点，在实现农业经济增长由粗放式经营向集约式经营方式转变的过程中，也要大力发展劳动集约型农业。农业劳动积累以活劳动的投入作为积累形式，它的产品并不是农产品本身，而是农业生产的固定资产、基础设施以及公共工程等。它的作用体现在下一轮生产周期以及以后若干周期农产品增加之上。增加劳动投入的意义在于：（1）节省和替代资本，缓解物化劳动与技术投入不足的矛盾。有人曾测算出，1980 年至 1988 年间，乡镇工业企业每增加 1.22 个岗位和 2300 元固定资产就增加 1 万元产值，而同期的国有工业企业每增加 1 万元产值就必须增加 1.08 万元固定资产，并只能增加 0.25 个就业岗位。由此推算，乡镇工业企业等于用 0.97 个劳动力就可以替代 8500 元固定资产（张留征等，1992）。表明，在一定技术条件下，劳动对设备等资本的替代潜力是巨大的。（2）提高农村就业，改善农业生产条件并提高农民收入。我国农业劳动力过剩已成为制约社会经济发展的因素。据估计，目前我国的农村劳动力资源约 6 亿，能够从事农业劳动的约 5.8 亿，而充分就业的（包括已转移出来的 1.2 亿）仅约 3.4 亿，劳动力剩余包括隐蔽性剩余当在 2.4 亿～2.6 亿之间，利用率只在 56.7%～58.6% 之间，剩余率为 45% 左右[①]。短期内 2 亿多剩余农村人口向非农领域转移是不可能的。对于乡镇企业，1983～1987 年，平均每年吸纳 1262.4 万人，而这 4 年内平均每年净增农业劳动力为 933.725 万人，但 1988～1998 年，平均每年只能吸纳 258.9 万人。表明乡镇企业也解决不了农业劳动过剩的问题。因此，增加劳动投入可以实现农业过剩劳动在农业领域的就地消化，此外还可以引导农民精耕细作，实现集约化经营，提高农民收入。

现在政策上对组织农民投工投劳参与村庄公共工程建设已经有了松动。根据调查，如果能让农民直接受益，大多数农民愿意为集体小型公共工程出资出劳。为了防止农民负担反弹，组织动员农民参与公共工程建设，要把握好三个原则：一是不要急于求成，要充分考虑农民的实际承受能力，处理好吃饭与建设的关

---

① 王景新：《集约农业与劳动投资分析》，《中国农村经济》1997 年第 4 期，第 49～52 页。

系；二是不能违背农民意愿，要建立在农民自觉自愿的基础上，禁止乱摊派；三是绝不能以新农村建设的名义变相向农民要钱要物，要建立起严格的对农民筹资投劳使用的监督和管理制度。

（四）提高农民素质，矫正农民投资行为

内生增长理论认为，经济长期增长的主要原因是：第一，获取新知识，包括革新、技术进步、人力资本积累等；第二，刺激新知识运用于生产；第三，提供运用新知识的资源如人力、资本、进口品等，表明人力资本投资对经济长期增长能力有重要影响。例如，1964 年，西奥多·W·舒尔茨（Theodore. W. Schultz）在对发展中国家农业深入研究的基础上，提出了"贫困但有效的理性小农"的假设。他认为，发展中国家的传统农业尽管人均产量很低，但生产要素的运用却很有效率。他提出，改造传统农业的关键是投资问题，其中主要是人力资本投资。后来有学者测算，美国农民教育程度指数每提高 1%，农业劳动生产率则提高 0.77%。由于人力资本投资与研究开发投资具有很强的正外部效应，其私人收益率可能低于社会收益率，因此，政府必须直接增加人力资本投资尤其是研究与开发投资，同时提供税收刺激或财政补贴，鼓励企业和家庭增加人力资本投资尤其是研究与开发投资，以形成世代人力资本。还要通过引进大量国外先进技术设备来达到技术进步的目的。

目前在我国，文盲的劳动生产率指数为 1，小学程度为 1.43，中学为 2.08，大学为 4。尤其在农村劳动力队伍约 2/3 是文盲和半文盲，6～14 岁辍学儿童高达 400 万以上，而这些未来的文盲却将要成为 21 世纪农业现代化的建设者！我国广大的农民身上有着优点和缺点，一方面，他们有勤劳、朴实、勇敢的优良传统；另一方面，狭隘、保守、闭锁、愚昧的心理也十分明显。或许是几千年封建专制愚民政策的特定环境逼压及其惯性，把中国农民扭曲成为一些善于劳动不善思索的人、善于动手不善动口的人。他们能够忍受各种苦难去争取少有的欢乐，有着强烈的务实求真心理，不愿冒险。只有在农事节日时才喜中见刚；在苛捐杂税面前才愤世嫉俗；在珍惜土地和庄稼时才有厚重的舍命之气。如此等等，使得农民的投资一般都表现为短期性，即只注重眼前利益而忽略长远的投资回报；偏农性，即信奉"士农工商，以农为本"的传统文化教条，忽略科技投入等，这些都严重地限制了农村生产力的提高。因此，必须通过农民素质教育来砸碎他们思想上的弱点，提高他们积极主动的投资行为能力。从根本上讲，促进农村教育水平的提高是提升农村人口素质、适应加入世贸组织的要求、降低失业率的重要举措。但是，我国政府在农村教育尤其是义务教育上投资不足现象尤其严重。在近年的教育国债投资中，只有 20 亿元是用于中小学危房改造工程，不到全部教育国债资金的 1/5，仅占全部国债资金的 0.36%。

提高农民素质，首要的是要全面落实农村义务教育。正规学校教育是人力资本形成的最主要、最有效的途径。发展中国家的发展经验表明，小学和初中阶段的义务教育投资是各项投资中收益率最高的，尤其是在农村。从新农村建设的长远着眼，必须把农村义务教育当成刻不容缓的头等大事来抓，切实抓紧、抓好、抓实。各级政府和相关部门要树立正确的政绩观，要从为民族未来负责的高度真正重视农村义务教育，采取切实可行的措施保证完成九年义务教育，从源头上杜绝新文盲的再产生。未来新农村建设投资应向教育倾斜，特别是向农村义务教育倾斜。财政教育投资要重在扶持贫困地区、边远地区和县以下农村地区的基础教育，以从根本上改善这些地区中小学校的办学条件。当务之急是提高教育投资占财政支出中的比重，使之逐渐达到世界平均水平甚至接近发达国家水平，改变我国受教育群体比重过低的现状。与此同时，要开展各种形式的职业技能培训，职业技能培训要立足于农业新技术的推广应用和农村产业结构调整的实际，要让农民学习、掌握和应用新的适宜技术。职业技能培训还要着眼于农村劳动力的转移，既要抓好季节性进城务工农民的技能培训，又要有计划的对即将变为城市人口的农民进行培训，要为农民身份的改变创造就业结构改变所要求的职业技能条件。

总之，新农村建设除了物质建设，更要注重农民素质建设。除了加强农村硬环境建设，诸如盖房子、修路、街道布局和建沼气池，以及强化如村庄亮化、村落绿化、垃圾处理、悬挂横幅、粉刷墙壁等改造村容村貌的投资活动，更要重视农村软环境投资建设。在软环境方面，应该增加村庄中的公共文化设施投资，如图书室、室内外活动场所、娱乐健身设施等，为农民提供学习、娱乐和健身的活动场所和相应设施；应恢复和弘扬部分乡土文化活动，如唱地方戏、扭秧歌等；应组织农民多参与公共文化活动，如下棋比赛、唱歌比赛、农民运动会等。通过软环境投资建设，提高农民综合素质。要重视农民多元化需求，根据需求因地制宜进行新农村建设投资。各地政府应该根据各地的自然资源和经济发展水平，以当地农民的特殊需求为导向，因地制宜地确定新农村建设的投资方向，并引导与优化农民投资行为。

（五）杜绝以新农村建设为名重新加重农民负担的做法

在新农村建设中，一些地方借口增加新农村投资而加重农民负担的现象较严重，这与政府部门确定的资金配套体制密切相关。如在湖南西部 X 县，在村庄交通建设资金安排上，要求农民自费配套的比例高达 40%。县交通部门要求村民自己先修通毛路，县里再支持修水泥路。在 X 县，修建村庄水泥路的成本为每公里 16 万元，县里解决每公里 9 万元，村民需要自筹每公里 6 万元。要求农民以集资的方式修建公路等基础设施，是该县加重农民负担的普遍做法。如果城市的街道改造都要住在两边的市民集资解决，也许没有市民会接受得了。当地一些开明的乡镇干部也认为，如果上面对农民群众自筹配套资金的比例低一点，农民群众的积极性可能就更高一些。

因此，在新农村建设上，必须将尊重农民意愿放在第一位。在新农村建设中，应当取消要求村里资金配套的地方政策，坚决制止向农民摊派集资、加重农民负担的旧做法。各地在农村基础设施建设上，如果是因为资金短缺，宁可缓慢一些，也不要以加重农民负担为手段去搞什么"大干快上"工程。新农村建设中，必须牢牢把握保障农民权益这个重大原则。在投资方向选择、土地流转等重大问题方面，基层政府不能搞长官意志、形式主义。出台的新农村建设投资规划，必须从疼爱农民、尊重农民的意愿、减轻农民的负担出发。投资规划即使是"一朵花"，也要尊重农民在建设新农村问题上的话语权。凡是农民不喜欢、不同意的所谓新农村建设规划，不应强制推行。新农村建设中的投资问题，必须先行科学规划，注重科学性、可行性。要因村制宜，量力而行，不搞"一刀切"。更重要的是，在投资规划中要广泛征求群众意见，交村民代表大会、镇人代会表决通过，并通过村民代表会、群众座谈会、村广播会，利用宣传栏、宣传单等多种形式，将村庄规划的意义向每户农民宣讲，征求意见，以尊重农民的意见，不给农民形成新的负担。

二、改善农民融资环境，减少逆向脱媒

农民作为微观经济个体，享受的信贷是非常有限的。为了减少逆向脱媒行为，改善农民融资环境，就必须从信用体制建设、担保物、组织建设等方面解决农民贷款难问题。同时采取配套措施提高农民所享用的信用额度，还农民一个与市民相对平等的融资权利。

（一）可以扩大农村担保物范围

制度建设和行政管理、政府服务应充分保障目前法定允许的担保物范围和担保手段能充分利用。目前，法律允许抵押的荒地使用权或荒地承包经营权，林木所有权，乡村企业的土地使用权及建筑物所有权，农村车辆包括农用车、农用大型设备所有权，应加强初始、流转、抵押登记，实施办证制度，使其作为抵押物的权能充分利用。要以经济和社会发展的客观需要为本，根据地域确定允许抵押的农村住宅房地产范围；根据用途，允许经营性房地产抵押。家庭承包的土地经营权应突破抵押限制，允许抵押；其他方式承包的土地经营权抵押也不应再设置农村集体同意的条件限制。此外，创新农林牧渔产品预期收益担保制度，完善农业保险制度建设并加强实施。除扩大担保物范围外，还应当鼓励在农村设立担保公司，作为促进农民融资手段、改善金融生态环境的重要手段之一。农村已有诸多借贷组织的试点，但一直缺乏担保公司。担保公司的设立，可以将借贷组织实现债权可能遇到的操作障碍和操作难题，转化给担保公司以各种灵活的方式来实现债权。这样，通过建立相对完善的担保机制，以及相应的风险补偿机制，让各农业投资主体拥有高效的风险分散渠道和农业风险保障机制，进而促进农业投资的增加。

（二）塑造良好的政策条件促进涉农金融机构对农民融资

对涉农金融机构，可以实行涉农贷款优惠如税收优惠待遇，以对金融机构涉农贷款风险进行有效转移或补贴。如对于将新增存款一定比例用于支持"三农"的，财政部门应分档次实行优惠税率；对农行设立在县以下的农村网点，减免营业税。同时，比照农村信用社的政策，对农行涉农业务执行优惠利率。财政、税务还应当为商业银行完善自身的风险补偿创造条件，除继续执行按贷款余额1%提取呆账准备可免税外，对提取专项准备实施优惠税率，以扭转呆账准备金不足，抵补沉积能力下降的因素。

（三）推动农村信用建设，营造良好的农村金融信用环境

推进农村信用环境建设，有利于促进农村居民与农村金融的互动双赢。要结合当前的新农村建设工作，纵深推进"信用乡

（镇）、村、农民和企业"等信用评比活动，建立健全信贷激励约束机制，可以对信用农民进行倾斜支持；要进一步扩大对金融政策、信贷规章制度、金融知识等的宣传和普及，增强农民金融意识，强化银行、信用社与农民之间的沟通联系。在农民工大量流动的情况下也要针对农民工群体建立相应的信用体系。农村金融部门也必须深入农村，了解农民发展生产项目的现状和资金需求，增加小额信用贷款的授信额度。政府部门要引导农民发展资金互助组织，大力吸引民间资金的投入，尤其是引导农村返乡资金参与新农村建设。考虑到民间借贷占较大比重的现实，现阶段必须引导、规范民间借贷行为，促进民间融资健康有序发展，防范农村金融风险，谨防农民陷入贫困循环。

（四）提高农民组织化率，建立一种"联合信用"

当前我国农民组织化率非常低，在农业专业化、社会化程度越来越高，农业产供销脱节程度严重，在农民作为经营主体独立化、分散化的情况下，引导农民走合作化道路，如鼓励农民与农业产业化龙头企业联合，加入专业合作组织等，都是理性选择，可以有效提升个人信用，提高农民融资能力。一方面，引导农民与农业产业化龙头企业进行合作，组建"公司+龙头企业"链。农业产业化龙头企业能够真正做到产销结合，具有"公司+市场+基地+农民"的经营组织模式，与农民存在着利益联结机制，然后通过这种利益共同体提升融资能力。从农村信用社开办小额信贷的实践可以看出，农民小额信用贷款占比偏低，究其原因，除了农村信用社本身发放成本高外，最重要的是农村信用社与单个农民之间不存在利益联结机制。因此，纯粹的"小额信贷+农民"这种模式不利于农村小额信贷组织的顺利发展。如果依托农业产业化龙头企业，发起成立小额信贷组织，就能为农村小额信贷业务的发展创造良好的组织条件。另一方面，要改变以农民为主体的农村信用形态，鼓励农民参加各种农民专业合作经济组织，在此基础上针对农村经济合作组织、专业协会等组织平台进行信用建设。农村专业合作社内部实行股份合作、信用加盟、风险同担、利益共享的运作形式，与农民之间具有生产或销售合同协议，除了提升农民信用级别外，还为规范各种农村非正规金融的民间借贷创造了较好的条件。当然，农民专业合作组织作为农村新型经济组织，有其自身发展的特点和规律。因此在优化其融资环境过程中，也要考虑农民专业合作组织发展的客观规律，不能照套照搬。从宏观货币政策导向上，要依据《农民专业合作社法》切实把农民专业合作组织纳入金融服务对象范围，引导金融机构有的放矢地支持农民专业合作组织的发展；各家金融机构也要针对农民专业合作组织的发展实际，制定符合农民专业合作组织融资特点的信贷管理政策和融资准入条件，积极探索和开发适合农民专业合作组织融资的信贷服务产品。

主要参考文献

1. Allen N. Berger and Gregory F. Udell："Small Business Credit Availability and Relationship Lending：The Improtance of Bank Organisation Structure", *Economic Journal*, February 112, 2002, pp. 32−53.

2. James, M. Poterba："Capital budgets, Borrowing Rules, and State Capital Spending", Working paper, No. 4235.

3. Joan Parker："Where does Microfinance Fit?", *CGAP*：*Focus Note* 20, May 2001, www. Cgap. org.

4. Leland, Hayne E. and Pyle. David H.："Information Asymmetries, Financial Structure, and Financial Intermediation", *The Journal of Finance*, Vol. 32, 1977, pp. 372−387.

5. Michael C. Jensen and William H. Meckling："Theory of the Firm：Managerial Behavior, Agency Costs and Ownership Structure", *Journal of Financial Economics*, Vol. 3, 1976, pp. 305−360.

6. Jacob Yaron："From Old to New Roles of Government in Establishing Sound Rural Finance Institutions", Workshop on Rural Finance and Credit Infrastructure in China, 2003（10）.

7. Johan Swinnen, Liesbeth Dries："Vertical Contracting and

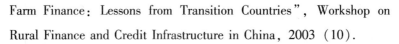

Farm Finance：Lessons from Transition Countries"，Workshop on Rural Finance and Credit Infrastructure in China，2003（10）.

8. Paul M. Dickie："Rural Banking in Emerging Asian Markets：Lessons for China"，Workshop on Rural Finance and Credit Infrastructure in China，2003（10）.

9. 白钦先、曲昭光：《各国政策性金融机构比较》，中国金融出版社1993年版。

10. 白钦先、郭翙：《关于我国政策性金融理论与实践的再探索》，《财贸经济》2000年第10期。

11. 陈池波、谢升峰：《解析农业投资不足的成因》，《农业经济问题》2001年第1期。

12. 陈池波：《农业投资决策体制评析》，《农业经济问题》1997年第8期。

13. 崔萍：《村镇银行与农村金融改革》，《农村经济》2008年第7期。

14. 陈希、尤杰：《中国农业政策性金融定位探讨》，《农村金融》2005年第3期。

15. 丁忠民、冉光和：《西部地区农村投融资体制改革与政策选择》，《财经问题研究》2008年第7期。

16. 戴天柱：《中国财政投融资问题研究》，经济管理出版社2001年版。

17. 郭春丽：《公共财政保障新农村建设的若干问题研究》，《宏观经济管理》2006年第4期。

18. 高志英：《人口变动的生态经济效应分析》，《湖北大学学报》（哲学社会科学版）2007年第6期。

19. 何广文：《农村信用社制度变迁：困境与路径选择》，《经济与管理研究》2009年第1期。

20. 何广文：《中国农村金融转型与金融机构多元化》，《中国农村观察》2004 年第 7 期。

21. 胡金焱、李永平：《正规金融与非正规金融：比较成本优势与制度互补》，《东岳论丛》2006 年第 3 期。

22. 胡超建、刘伟、王秋凌：《国外农业政策性金融运作特点及我国政策性银行的发展定位》，《中国农村经济》2001 年第 5 期。

23. 姜旭朝、丁昌锋：《民间金融理论分析：范畴、比较与制度变迁》，《金融研究》2004 年第 8 期。

24. 蒋建忠：《新农村建设：韩国的经验与借鉴》，《决策》2006 年第 1 期。

25. 金一：《关于农业政策性金融的几点思考》，《农业经济问题》2002 年第 4 期。

26. 康书生、鲍静海、李巧莎：《外国农业发展的金融支持——经验及启示》，《国际金融研究》2006 年第 7 期。

27. 李明贤、周红梅：《社会主义新农村建设的财政支持问题研究》，《农业现代化研究》2006 年第 7 期。

28. 李珊：《国外农村政策性金融发展对我国的启示》，《时代金融》2007 年第 5 期。

29. 刘清泉：《完善农村金融支持体系推动新疆社会主义新农村建设》，《新疆金融》2006 年第 8 期。

30. 刘民权、徐忠、俞建拖：《信贷市场中的非正规金融》，《世界经济》2003 年第 7 期。

31. 刘新彦：《完善农村投融资体系，建设社会主义新农村》，《金融经济（理论版）》2007 年第 5 期。

32. 刘荣茂、马林靖：《我国农村政策性金融发展的国际借鉴与改革建议》，《江西农业大学学报》（社会科学报）2005 年第 3 期。

33. 柳松、程昆：《中国农村非正规金融：绩效、缺陷与治理》,《农业经济问题》2005 年第 8 期。

34. 卢平、蔡友才:《构建农村政策性金融体系问题研究——我国农村政策性金融国际借鉴与改革思路》,《南京农业大学学报》2005 年第 3 期。

35. 苗德新、席浩林:《拓宽投融资渠道促进新农村建设》,《社科纵横》2006 年第 12 期。

36. 庞明川:《新农村建设中投融资保障机制的构建》,《财贸经济》2006 年第 11 期。

37. 庞明川:《新农村建设需要构建全社会投融资保障机制》,《东北财经大学学报》2006 年第 5 期。

38. 祁卫士、刘澄、曾琳:《中国农村投融资体制改革的现实思考》,《海南金融》2004 年第 9 期。

39. 任辉:《完善农村金融体系促进社会主义新农村建设》,《北方经济》2006 年第 7 期。

40. 苏伟文:《为内地微型金融寻出路》,《香港商报》2008 年 8 月 5 日。

41. 田建中:《扶贫办:2007 年中国农村贫困人口减少 1378 万人》,中国经济网 2008 年 2 月 29 日。

42. 王曙光:《新型农村金融机构运行绩效与机制创新》,《中共中央党校学报》2008 年第 4 期。

43. 王曙光等:《农村金融领域系统性负投资与民间金融规范化模式》,《改革》2006 年第 6 期。

44. 王卫东、李国斌:《社会主义新农村建设的融资模式及路径选择》,《济南金融》2006 年第 10 期。

45. 王雪珍:《完善农村金融体系促进社会主义新农村建设》,《企业家天地（下半月版）》2006 年第 8 期。

46. 王健:《农村信用社发展面临的问题和对策》,《中国经济时报》2010 年 2 月 3 日。

47. 谢平：《公共财政、金融支农与农村金融改革》，《经济研究》2006 年第 4 期。

48. 谢升峰：《政府投资效应研究》，中国财政经济出版社 2004 年版。

49. 谢爱辉：《我国农村政策性金融体系构建方略》，《农村经济》2006 年第 11 期。

50. 肖东平、陈华：《美国的农村金融体制及借鉴意义》，《当代亚太》2006 年第 6 期。

51. 熊学萍：《农民融资制度的理论与实证——一个文献综述》，《金融发展研究》2008 年第 9 期。

52. 胥兴军：《社会主义新农村建设与四川农村贫困地区融资体制创新》，《商场现代化》2006 年第 23 期。

53. 杨序琴：《小额信贷发展的占优均衡：福利主义宗旨与制度主义机制的有机融合》，《金融理论与实践》2007 年第 2 期。

54. 严瑞珍、刘淑贞：《中国农村金融体系现状分析与改革建议》，《农业经济问题》2003 年第 7 期。

55. 严启中：《国家农业投资问题研究》，《经济研究参考》1997 年第 15 期。

56. 于洪放：《完善的农村金融体系是建设新农村的重要保障》，《理论观察》2006 年第 3 期。

57. 应寅锋、张婷：《对农业发展银行改革的思考》，《山西财经大学学报》2006 年第 2 期。

58. 殷本杰：《社会主义新农村建设中的非正式金融问题探索》，《江海学刊》2006 年第 4 期。

59. 周小川：《关于农村金融体制改革的几点思路》，《经济学动态》2004 年第 8 期。

60. 赵鸣骥：《创新财政支农机制支持新农村建设》，《农村财政与政务》2005 年第 12 期。

61. 赵鑫、王丽娜：《改革农村投融资体系，引导农民加大农业投入》，《北方经济》2006 年第 3 期。

62. 张亮：《国际微型金融机构的发展趋势》，《经济导刊》2007 年 12 月 14 日。

63. 张友：《村镇银行试点周年：汇丰假服务三农真赚钱悬疑》，《21 世纪经济报道》2008 年 1 月 12 日。

64. 张德江：《论农业政策性金融发展策略》，《中国农垦》2006 年第 4 期。

65. 张静、王煜宇：《农村投融资体制的国际比较研究》，《金融理论与实践》2007 年第 5 期。

66. 张序江：《孟加拉国有个"穷人银行"》，《乡镇企业导报》2006 年第 6 期。

67. 张序江：《孟加拉国有个"穷人银行"》，《世界知识》2006 年第 8 期。

68. 张朝晖、贾卓鹏：中国农经信息网，2007 年 7 月 27 日。

69. 张文棋：《农业投融资与农业可持续发展》，《农业经济问题》2000 年第 2 期。

70. 翟照艳、王家传、韩宏华：《中国农户投融资行为的实证分析》，《经济问题探索》2005 年第 4 期。

71. 张书杰：《我省农信社第二阶段改革之化解历史包袱问题的思考》，《现代信合》2009 年第 6 期。

72. 郑新立：《韩国"新村运动"启示录》，《人民论坛》2006 年第 2 期。

后　记

　　农民，农村，农业，始终是我不解的情结。不仅仅因为我是农民的儿子，是个土生土长的"前农村人"和至今难以完全融入城市的"后城市人"，更重要的是我国农村 2 亿 4 千万小农户、8 亿农民，其生存和奋斗时刻让人揪心。他们心灵质朴，劳作艰辛，虽勤劳、朴实、勇敢，但亦不乏狭隘、保守、闭锁和愚昧，虽戴月披星、耕风耘雨而小有所获，但城乡差距却越来越大。自然灾害面前他们只能祈祷"上苍"，重大疾病来袭时，还得掐指算算医治费用与余生还能赚多少钱两者孰高。时钟敲过了20 世纪，老人妇女们固守着自己的一亩三分地，农忙时抢种抢收基本靠手，农闲时打打"晃晃"、"斗地主"苦中作乐。在通货膨胀面前一座楼房穷尽了一户人一生的资财，收入上严重的依赖是早早下学的子女，这些孩子们却以文盲的身份加入了一批又一批农民工队伍。党中央在十六届五中全会提出了建立"生产发展、生活宽裕、乡风文明、村容整洁、管理民主"的"社会主义新农村"，无疑给亿万农民带来了福音。但是根据本书的预测，未来新农村建设资金供求缺口每年高达 3000 亿。本书提出了构建促进社会主义新农村建设的投融资体系，如果能够给新农村建设提供哪怕微薄的建议，作者也将感到十分欣慰。

　　本书是在我的博士后出站报告《促进社会主义新农村建设

的投融资体系研究》基础上完成的，在站撰写报告期间得到了第41批中国博士后基金资助。在本书即将付梓之际，我的心情依然无法平静，令我惴惴不安的是能否在这里画上一个哪怕不算太完美的句号。往日历历在目，作为我的指导老师，财政部财政科学研究所的王朝才副所长在写作方面给了我许多无私的帮助和建议；流动站有儒雅之风且和蔼可亲的贾康所长，刘尚希、白景明、苏明副所长，以及研究生部罗文光主任，他们的学识和文风也给我带来了深刻的印象；流动站的张野平老师和武汉大学的刘成奎师兄，他们在工作和写作中给予了我不少的帮助。在此，我对他们表示深深的感谢和诚挚的敬意！

我还要特别感谢湖北大学商学院金融系朱小梅副院长，还有人民出版社经济编辑室郑海燕副主任，是她们给了我出书的信心和勇气。同时感谢金融系重点学科基金对本书的资助。最后我还要感谢培养我长大，含辛茹苦的母亲，以及在背后默默支持我的妻子金才敏，没有他们对我工作上的支持和生活上的照顾，我将无法安心完成本书的写作。

谢升峰

2010 年 5 月 17 日于武昌沙湖之滨

策划编辑:郑海燕
封面设计:回归线设计

图书在版编目(CIP)数据

促进新农村建设的投融资体系研究/谢升峰 著.
　-北京:人民出版社,2010.8
ISBN 978－7－01－009133－4

Ⅰ.①促… Ⅱ.①谢… Ⅲ.①农村金融-投资-金融体系-研究-
中国②农村金融-融资-金融体系-研究-中国 Ⅳ.①F832.35
②F832.48

中国版本图书馆 CIP 数据核字(2010)第 136339 号

促进新农村建设的投融资体系研究

CUJIN XINNONGCUN JIANSHE DE TOURONGZI TIXI YANJIU

谢升峰 著

人民出版社 出版发行
(100706 北京朝阳门内大街 166 号)

北京龙之冉印务有限公司印刷 新华书店经销

2010 年 8 月第 1 版 2010 年 8 月北京第 1 次印刷
开本:710 毫米×1000 毫米 1/16 印张:17.25
字数:224 千字 印数:0,001-3,000 册

ISBN 978－7－01－009133－4 定价:37.00 元

邮购地址 100706 北京朝阳门内大街 166 号
人民东方图书销售中心 电话 (010)65250042 65289539